创新创业教程——方法与路径

唐德淼　主　编

科学出版社
北　京

内 容 简 介

本书介绍了创新创业的相关理论与案例，内容包括创新创业思维、创业素养历练、创业机会选择、创业团队组建、产品创新开发、商业模式构建、项目路演孵化、创立企业运营、企业成长战略、创业风险防范等。本书从创新创业基本理论出发，辅以创业案例、产业发展及现代管理思维，致力于创业者商业运营能力的有效提升和创业企业的永续成长。

本书既可作为大学生创新创业能力育成的通用教材，也可作为创业者商业实战运营的参考读物。

图书在版编目（CIP）数据

创新创业教程：方法与路径/ 唐德淼主编. —北京：科学出版社，2020.8

ISBN 978-7-03-063186-2

Ⅰ. ①创… Ⅱ. ①唐… Ⅲ. ①大学生-创业-高等学校-教材
Ⅳ. ①G647.38

中国版本图书馆 CIP 数据核字（2019）第 249217 号

责任编辑：薛飞丽　都　岚 / 责任校对：马英菊
责任印制：吕春珉 / 封面设计：东方人华平面设计部

科学出版社 出版
北京东黄城根北街 16 号
邮政编码：100717
http://www.sciencep.com

新科印刷有限公司 印刷
科学出版社发行　各地新华书店经销

*

2020 年 8 月第　一　版　开本：787×1092　1/16
2021 年 3 月第三次印刷　印张：12 3/4
字数：293 000

定价：39.00 元

（如有印装质量问题，我社负责调换〈新科〉）
销售部电话 010-62136230　编辑部电话 010-62135397-2039

前　言

2015 年政府工作报告中提出，推动“大众创业、万众创新”，培育和催生经济社会发展新动力。为此，国务院和教育部分别颁布了《关于大力推进大众创业万众创新若干政策措施的意见》和《关于大力推进高等学校创新创业教育和大学生自主创业工作的意见》，把创新创业教育与实践提高到新的高度。创新创业教育是以培养具有创业基本素质和开创型个性的人才为目标，不仅是以培育在校学生的创业意识、创新精神、创新创业能力为主的教育，而且是面向社会，针对计划创业、已经创业、成功创业的创业群体，分阶段、分层次地进行创新思维培养和创业能力训练的教育。

本书正是迎合当前创新创业教育与创业型经济发展的需要，基于唐德淼教授构建的“创新创业教育论＋创新创业实践路径法”的框架体系撰写而成。本书具有以下特点。

1）以问题为导向，以案例为载体，提炼创新创业教育基本理论，激发创业者用创新创业理论分析问题，提升创业者解决企业成长实际问题的能力。

2）以能力成长与提升为导向，从创新创业基本理论出发，辅以产业发展案例、现代管理思维提炼等内容，解决新时代创业企业运营问题及能力成长。

3）具有易学易懂，实践指导性强的特点。

本书由唐德淼担任主编。具体编写分工如下：唐德淼编写第 1 章～第 9 章，沈迪编写第 10 章及创业计划书的撰写和教学辅助资源的建设；Andrew T. 负责图表制作。

本书的出版得到江苏省“333 高层次人才培养工程”中青年学术技术带头人、江苏省高校“青蓝工程”中青年学术带头人、江苏省社科精品课题“江苏‘众创空间’的发展路径与成长机制研究”（16SYB-040）、江苏省高校社科基金项目“基于‘中国制造 2025’创新工匠型人才培养机制、模式和路径研究”（2017SJB0889）、国家社会科学基金重大项目“现代产业体系发展的理论与政策研究”（11&ZD142）等项目的资助。本书也是江苏省教学成果奖“校企深度融合的创新创业文化生态育人模式”（排 2）项目中的成果。

本书在撰写过程中，借鉴了大量前人的研究成果，在此向相关专家、学者表示诚挚的感谢。

由于编者水平所限，疏漏和不足之处在所难免，敬请广大读者提出宝贵意见，以便再版时修正。

编　者

前言

目　录

第一篇　创新创业教育论

第二篇　创新创业实践路径法

第一篇
创新创业教育论

第一章　创新创业思维——系统育成

创新创业和商业实践教育的引导就是把创新创业思维内化为第一本能。在商业机会的有效把握和无处不在的内部或岗位创新创业的过程中，创新创业思维的育成与知行合一的实践，影响着价值观和团队整体绩效的提升。

案例导入

旱冰鞋的产生

英国有位名叫吉姆的小职员，每天坐在办公室里抄写东西，常常累得腰酸背痛。他消除疲劳的最好方法，就是在工作之余去滑冰。冬季很容易就能在室外找到滑冰的地方，而在其他季节，吉姆就没有机会滑冰了。怎样才能在其他季节也能像冬季那样滑冰呢？对滑冰情有独钟的吉姆一直在思考这个问题。想来想去，他想到了脚上穿的鞋和能滑行的轮子。吉姆在脑海里把这两样东西的形象组合在一起，想象出了一种“能滑行的鞋”。经过反复设计和试验，他终于制成了四季都能用的“旱冰鞋”。组合想象思考法是指从头脑中某些客观存在的事物形象中，分别抽出它们的一些组成部分或因素，根据需要进行一定的改变后，再将这些抽出的部分或因素，组合成自己想象的结构、性质、功能与特征的能独立存在的特定事物形象。

根据认识和改造客观世界的需要，人们通过组合想象，可以使已有的一些事物形成新的联系，可以构成见所未见、闻所未闻的事物形象。组合想象思考法在人们各方面的创新活动中发挥着重要作用。

（资料来源：佚名，2017．创新思维的名人事例七：旱冰鞋的产生［EB/OL］．http://www.xuexila.com/naoli/chuangxinsiwei/2826148.html，节选，有改动．）

第一节　创新的内涵

作为专业词语的“创新”是知识产权意义上的创新，必须在原理、结构、功能、性质、方法、过程等方面有显著性变化。“创新”与其他专业名词组合，则有观念创新、知识创新、教育创新、艺术创新、文化创新、环境创新、技术创新、服务创新、制度创新、组织创新、管理创新等。

斯蒂芬·P. 罗宾斯（2012）认为，创新是指形成创造性思想并将其转换为有用的产品、服务或方法的过程。可以说，创新就是变革，创新就是发展，它贯穿于人类社会经济生活的各个领域。创新从本质上说是一种理念，是一种不断追求进步、追求发展、追求卓越的理念，是一种通过变革有效地促进企业演进、社会进步和经济发展新旧动能转换的原动力。

约瑟夫·熊彼特（1912）在《经济发展理论》一书中提出创新概念，包括以下5种情况：①创造一种新产品，也就是消费者不熟悉的产品，或者已有产品的一种新的特性；②采用新的技术、新的生产方法，这种方法不一定非要建立在科学新发现的基础之上，可以是以新的商业方式来处理某种产品；③开创一个新的市场，即以前不曾进入的市场，不管这个市场以前是否存在过；④开辟原料的新供应源，不论这种来源是已经存在的，还是第一次创造出来的；⑤采用新的组织管理方式或企业重组，建立或者打破垄断地位。

企业创新发展主要存在三维模式，即技术创新、组织创新和市场创新。创新过程是技术、组织和市场相互作用的过程。技术创新是手段，组织创新是保障，市场创新是目标。企业制度和管理活动都会随着企业组织体制和经营组织模式的变革与创新而改变。[①]

第二节　创新的特征

现在是一个充满竞争的时代，无论是企业还是企业管理者，只有不断创新，才能在激烈的竞争中立于不败之地。创新是新鲜血液，是组织的灵魂和生命。那么，创新到底有什么特点呢？创新不同于发明。发明是指通过试验，促成新概念、新设想或新技术的产生，它是一种科技行为。而创新的本质是一个经济概念，它是把新概念、新设想或新技术转变成经济上的成功。因此，创新具有以下几个基本特征。

（1）新颖性

创新不是模仿、再造，因此新颖性是创新的首要特征。创新是对现有的不合理事物的抛弃，是革除过时的内容，确立新事物。新颖性就是“前所未有”，是原创性成果。对于现实的个人，只要他产生的设想和成果是自己独立思考或研究的成果，就是相对新颖的创新。

（2）高价值性

价值是客体满足主体需要的属性，是主体根据自身需要对客体所做的评价。创新的目的是赋予创新活动相应的价值。创新活动的成果满足主体需要的程度越大，其价值就越大。一般来说，社会价值越大的创新成果，将越有利于社会的进步；相反，没有社会价值的创新，将不利于社会的进步，也就没有任何社会意义。创新可以重新组合生产要素，从而改变资源产出，提高组织价值。而对于企业来说，利润是最重要、最基础的部分，通过创新可以使同样的生产要素产出更高的价值。因此，创新可以使企业获得更多的利润，这是创新高价值的体现。

（3）目的性

创新具有明确的目的，即不仅要知道“是什么？为什么？”，还要知道“有什么用？怎样才能产生效益”……任何创新活动都有一定的目的，这个特性贯穿于创新过程的始终。人类的创新活动是一种有特定目的的生产实践。比如，科学家进行纳米材料的研究，其目的在于发现纳米世界的奥秘，认识纳米材料的性能，促进材料工业的发展，提高人类改造

① 李宇，苗莉，2018．创新管理：获得竞争优势的三维空间［M］．北京：机械工业出版社．

自然的能力。

（4）风险性

创新有可能成功，也有可能失败。在创新过程中，这种不确定性构成创新的风险。因此，没有风险实际上是不切实际的，只能通过科学的设计与严格的实施来降低创新的风险。

（5）动态性

创新是一个动态的过程。在知识经济时代，唯一不变的就是一切都在变，而且变化得越来越快。任何创新都不可能是一成不变的。因此，只有不断地变革和创新，才能适应时代发展的要求。

第三节　创新的类型

创新有多种分类方法，就企业而言，其最基本的类型有产品创新、工艺创新、营销创新、制度创新等。根据创新与产业演化的关系，创新又可以分为结构性创新、空缺性创新、渐进性创新和颠覆性创新。

1. 结构性创新

有些新技术往往能够重新塑造产品、市场、企业和用户之间新的连接方式，其突出特征是新产业的创造和老产业的重塑。结构性创新有 3 个比较突出的特点：①要打破以前产业对新技术的结构性控制和支配；②设计概念的持久性，这种持久性是指所创造出来的设计概念将在很长时间内在产业中占主导地位；③结构性创新将以科学的创新为支撑，但创新本身并不是科学所激发出来的，它是技术与市场巧妙结合的产物。

结构性创新突破现有产业的约束，不仅影响技术的发展，而且为企业产品、市场和用户之间的连接打开了新的途径。结构性创新往往是由技术突破所引发的，它常常包含一些破坏性的因素，把以前的多种技术创新综合起来，为创新者赢得较高的市场地位。

2. 空缺性创新

使用新技术概念形成新的市场连接方式是结构性创新的实质，而使用现有技术打开新市场机会则是空缺性创新的核心。空缺性创新对现有生产和技术系统的作用是保护和强化了现有的设计。比如，充电宝就是空缺性创新的例子。这类创新对已有的技术进行细化、改进和变革，从而创造了一个新的市场。在某种情况下，空缺性创新只涉及较小的技术变化，对生产系统和技术知识的影响是渐进的，但是这类创新也常常能够导致新产品的出现和技术上的变革与精细化。这种变化建立在现有技术之上，从而提高了它在新兴细分市场的适用性。

虽然空缺性创新能够创造出空缺市场，对创新企业的生存有实质性作用，但实践表明，单单只有这类创新不足以建立长久的竞争优势。如果创新易于模仿，甚至很容易在此基础上取得新的进步，那么它的竞争力就会大大降低。

空缺性创新的特征表现为：技术上的变化常常引起市场的巨变，但从一个创新中取得的竞争优势不太持久。如果新技术不足以阻挡竞争对手的模仿，那么无论新设计多么好地满足当前市场的需要，创新的长期作用也会大大减弱。这并不是说空缺性创新不重要，而是提醒人们从这种创新中得到的优势是暂时的。若要在市场中取得持久的竞争优势，必须引入一系列的产品、工艺创新，以抵制竞争者的进攻。因而在空缺性创新中，创新的时机和快速反应是关键。

3. 渐进性创新

结构性创新和空缺性创新都是看得见的。相比而言，渐进性创新几乎看不见，但它对产品的成本降低和性能提升具有很大的累积效果。渐进性创新是指通过不断的、渐进的、连续的小创新来实现管理创新的目的。比如，针对现有产品的元件做细微的改变，强化并补充现有产品设计的功能，而对产品架构及元件的连接则不做改变。虽然单个创新所带来的变化是很小的，但它的重要性不可低估。这是因为：①许多大创新需要与它相关的若干创新辅助才能发挥作用；②小创新的渐进积累效果常常促使创新发生连锁反应，导致大的创新出现。渐进性创新是从无数的小创新开始的，当大量的小创新不断改善企业的经营管理并达到一定程度时，就会导致产生质变的大创新。

渐进性创新所涉及的变化都是建立在现有技术和生产能力之上的变化，适合于当前市场和顾客的需求变化，其效果是加固了现有技能和资源。与其他类型的创新相比，渐进性创新更多地受经济因素的驱动。

4. 颠覆性创新

颠覆性创新，又称为根本性创新，是企业首次向市场引入的、能对经济产生重大影响的创新产品或技术。颠覆性产品创新包括全新的产品或采用与原产品技术根本不同的产品。颠覆性工艺创新是指以全新的方式生产产品和提供服务。大多数颠覆性创新会造成现有技术和生产方面核心能力过时。例如，真空管、机械式计算器、机械式打字机等都被革命性的创新所推翻，引起市场发生巨变。颠覆性创新常常能主导一个产业，从而彻底改变竞争的性质和基础。由于它改变了产品的基本特征，因此决定了以后的竞争格局和技术创新格局。这类创新要求全新的技能、工艺，以及贯穿整个企业的新的系统组织方式。无论是产生新产业还是改造老产业，颠覆性创新都是引起产业结构变化的决定性力量。

第四节　创新思维的方法

专家郎加明指出：“对于创新来说，方法就是新的世界，最重要的不是知识，而是思路。”[①]创新思维的方法主要有以下几种。

① 伍祥伦，何东，杨德龙，2017．大学生就业指导与创新创业教育［M］．北京：科学出版社．

1. 头脑风暴法

头脑风暴法（brain storming，BS），又称为智力激励法或自由思考法（畅谈法、畅谈会、集思法）。头脑风暴法是由美国“创新技法和创新过程之父”亚历克斯·奥斯本于 1939 年首次提出、1953 年正式发表的一种激发性思维方法。头脑风暴法是一种最为实用的集体创造性解决问题的方法。它是指一群人运用脑力，针对某个问题的解决做创造性思考，在短暂的时间内提出大量构想的方法。

头脑风暴法可以分为直接头脑风暴法（通常简称“头脑风暴法”）和质疑头脑风暴法（又称为“反头脑风暴法”）。前者是由专家群体决策，尽可能激发创造性，产生尽可能多的设想的方法；后者则是对前者提出的设想、方案逐一质疑，分析其现实可行性的方法。

头脑风暴法的与会者按照一定的步骤和要求，在轻松融洽的气氛中各抒己见、自由联想、共同激励和相互启发，使创造性思想火花产生共鸣和撞击，引起连锁反应，从而导致大量新创意的诞生。奥斯本认为，头脑风暴小组以 5～10 人规模为宜。如果参与者过多，会使某些人没有畅所欲言的机会；如果参与者过少，会影响参与者的热情。头脑风暴小组成员最好具有不同的学科背景，成员的学科背景不同，提出的观点可能千差万别，从而达到头脑风暴法的目的。另外，头脑风暴法的所有参与者，都应具备较高的联想思维能力。

（1）头脑风暴法的特点

运用头脑风暴法时，通常针对要解决的问题，相关专家或人员聚在一起，在宽松的氛围中，敞开思路，畅所欲言，寻求多种决策思路，倡导创新思维。

头脑风暴法为何能激发创造思维？根据奥斯本及其他研究者的看法，主要有以下特点。

1）联想反应。它是产生新观念的基本过程。在集体讨论问题的过程中，每个人提出一个新观念，都能引发他人的联想。相继提出一系列新观念，继而产生连锁反应，形成新观念堆，从而为创造性地解决问题提供了更多的可能性。

2）热情感染。在不受任何限制的情况下，集体讨论问题能激发人的热情。人人自由发言、互相影响、互相感染，能形成讨论热潮，突破固有观念的束缚，最大限度地发挥创造性的思维。

3）竞争意识。在有竞争意识的情况下，人人争先恐后，竞相发言，不断地开动思维机器，力求有独到的见解和新奇的观念。心理学的原理告诉我们，人在有竞争意识的情况下，心理活动效率可增加 50%或更多。

4）个人欲望。在集体讨论解决问题的过程中，个人的欲望自由、不受任何干预和控制是非常重要的。头脑风暴法有一条原则，不得批评他人的发言，甚至不许有怀疑的表情、动作、神色。这就能使每个人畅所欲言，提出大量的新观念。

（2）头脑风暴法的原则

1）集中思想。参与者将所有注意力集中在所讨论的问题上，排除一切干扰。

2）思维活跃。每个人都不受任何约束地讲出解决方案，不管这个方案听起来多么可笑，或多么不切合实际。头脑风暴法认为任何方案都是有效的，即使表面看起来无效、可笑，但如果再进行发散组合，极有可能得到另一个平时不敢想、也想不到的绝佳方案。

3）禁止评判。该法要求任何时候、任何人都不要对任何方案进行评判，直到结束。除非进入组合运用阶段，参与人才可以对方案进行评判，发表见解。

4）以量求质。头脑风暴法永远先追求解决方案的数量，然后才是质量。它有一个基本假设：量大，一定有质优的；如果没有质优方案，那一定是因为量还不够大。因此，头脑风暴法一般追求一次性收集三五十种，乃至一二百种可选择的解决方案。

5）全部记录。方案被记录后，展示在与会者都能看得见的地方。

6）组合运用。这是头脑风暴法的又一个关键阶段。之前，各种方案五花八门，此时需要对每一个粗方案进行仔细的评价、优选、再加工，乃至进行“二次风暴”的开发，以得出具有操作价值的可行性方案，供最终决策参考。

7）庭外判决原则。对各种意见、方案的评判必须放到最后阶段，此前不能对他人的意见进行评价。认真对待任何一种设想，而不管其是否适合和可行。

8）各抒己见，自由发言。创造一种自由的氛围，激发参与者提出各种“荒诞”的想法。

9）追求数量。意见越多，产生好意见的可能性就越大。

10）探索取长补短和改进的办法。除了提出自己的意见外，鼓励参与者对他人已经提出的设想进行补充、改进和综合。

（3）头脑风暴法的实施

头脑风暴法的派生类型之一“5W2H”法，又称为“WH”头脑风暴法。“5W2H”法通过对“为什么、是什么、什么地方、什么时候、怎样达到”进行提问的方式促成启发设想的形成。“5W2H”头脑风暴法可以从以下7个方面进行具体实施：为什么需要除旧革新（Why）；革新的对象是什么（What）；从什么地方入手（Where）；何时完成革新（When）；由谁主持（Who）；怎样实施形成的方案（How）；预测要达到怎样的水平（How much）。具体操作如下。

1）发言者首先提出事先准备好的设想，然后再提出受别人启发而得出的思路。在这一阶段，必须充分掌握时间。小组人员在提出设想时，必须善于运用激发创意的方法，使气氛轻松融洽；同时，还要保证参与者不能否定和批评他人的意见，只能进行补充、完善和发挥。一次会议创意发表不完的，可以再次召开会议，最后一定能从大量的创意中选择最佳的方案。若是头脑风暴法进行到山穷水尽的地步时，必须使讨论发言再继续一段时间，使每个人尽力想出妙计，因为奇思妙计往往在挖空心思的压力下产生。

2）在决策过程中，不仅要对头脑风暴法提出系统化的方案和设想，而且还要经常对头脑风暴法进行质疑和完善。这是头脑风暴法对方案的可行性进行估价的一个专门程序，分为以下3个阶段实施。

第一阶段：要求参与者对每一个设想都要提出质疑，并进行全面评论。评论的重点是研究有碍设想实现的所有限制性因素。在质疑过程中，可能产生一些可行的新设想，这些新设想包括对已提出的设想无法实现的原因的论证、存在的限制因素、排除限制因素的建议等。其结构通常是：“××设想是不可行的，因为……如要使其可行，必须……”

第二阶段：对每一组或每一个设想，编制一个评论意见一览表和可行设想一览表。主持者应首先简明介绍所讨论问题的内容，扼要介绍各种系统化的设想和方案，以便把参与者的注意力集中于对所讨论问题进行全面评价，鼓励提出批评和新的可行设想。质疑过程一直进行到没有问题可以质疑为止，质疑中对提出的所有评价意见和可行设想应进行专门记录。

第三阶段：对质疑过程中抽出的评价意见进行估价，以便形成一个对解决所讨论问题实际可行的最终设想一览表。对评价意见的估价与对所讨论的设想提出质疑是一样重要的。

由分析组负责处理和分析质疑结果。分析组要吸收一些有能力对设想实施做出较准确判断的专家参加。如果需要在很短的时间内就重大问题做出决策，则吸收综合意见就显得尤为重要。

案例启发 1-1

用“5W2H”法改善机场超市经营

某航空公司在机场候机室二楼设立了超市，生意清淡。公司经理用“5W2H”法检查问题，结果发现“Who”“Where”“When”3个方面存在问题。

1）谁是顾客（Who）。机场超市应当把出入境的旅客当成主要顾客，而这些旅客不需要上楼。在二楼逗留的大部分是送客或接客的人，他们完全可以在市内大商场里买东西，不必到机场超市来买东西。

2）超市设置在何处（Where）。原来旅客出入境，都是经过海关检查后，直接从一楼左、右两侧走，不需要走二楼。超市的位置没有设在旅客的必经之路上。

3）何时购物（When）。出境旅客只有在海关检查将行李交付航空公司后，才有闲情光顾超市。而原来机场安排旅客临近上机时才能将行李交运，这样就从时间上限制了旅客购物。

可见，超市生意不佳的原因是：未把旅客当主要顾客；超市的位置偏离了旅客的必经路线；旅客没有购物的时间。

针对这3点，研究改进措施为：以旅客为主要顾客，调整海关检查的路线与行李交付时间。此后，超市生意有所改善。

（资料来源：张汝山，2017. 创新与创业思维［M］. 北京：国家行政学院出版社.）

2. 奥斯本检核表法

亚历克斯·奥斯本在1941年出版的《思考的方法》一书中提出了世界第一个创新发明技法“智力激励法”。在1941年出版的世界第一部创新学专著《创造性想象》中提出了奥斯本检核表法。奥斯本检核表法以该法的发明者奥斯本命名，是指引导主体在创造过程中对照9个方面的问题进行思考，以便启迪思路，开拓思维想象的空间，促使人们产生新设想、新方案的方法。奥斯本检核表法的设计特点之一是多向思维，用多条提示引导发散思考。奥斯本检核表法有9个问题，就好像有9个人从9个角度进行思考。思考时可以把9个思考点都试一试，也可以从中挑选一两条集中精力深思。奥斯本检核表法使人们突破了不愿提问或不善于提问的心理障碍，在进行逐项检核时，强迫人们扩展思维，突破旧的思维框架，开拓了创新的思路，有利于提高发现、创新的成功率。

（1）实施步骤

运用奥斯本检核表法进行创新活动的实施步骤如下。

1）根据创新对象明确需要解决的问题。

2）根据需要解决的问题，运用丰富的想象力，强制性地一个一个核对讨论，并写出新设想。

3）对新设想进行筛选，将最具价值和创新性的设想筛选出来。

表 1-1 列出了奥斯本检核表法 9 个方面的内容。

表 1-1　奥斯本检核表法

序号	检核项目	含义
1	能否他用	现有事物有无其他的用途；保持不变能否扩大用途；稍加改变有无其他用途
2	能否借用	能否引入其他的创造性设想；能否模仿；能否从其他领域、产品、方案中引入新的元素、材料、造型、原理、工艺、思路
3	能否改变	现有事物能否做一些改变，如颜色、声音、味道、式样、花色、音响、品种、意义、制造方法等；改变后效果如何
4	能否扩大	现有事物可否扩大适用范围；能否增加使用功能；能否添加零部件；能否延长使用寿命；能否增加长度、厚度、强度、频率、速度、数量、价值
5	能否缩小	现有事物能否将体积变小、长度变短、重量变轻、厚度变薄及拆分或省略某些部分（简单化）；能否浓缩化、省力化、方便化、短程化
6	能否替代	现有事物能否用其他材料、组件、结构、力、方法、符号、声音等代替
7	能否调整	现有事物能否变换排列顺序、位置、时间、速度、计划、型号；内部组件可否交换
8	能否颠倒	现有事物能否从里外、上下、左右、前后、横竖、主次、正负、因果等相反的角度颠倒过来使用
9	能否组合	现有事物能否进行原理组合、材料组合、部件组合、形状组合、功能组合、目的组合

（2）注意事项

1）要联系实际一条一条地进行检核，不要有遗漏。

2）多检核几遍，会更准确地选择所需创新、发明的方面。

3）在检核每项内容时，要尽可能地发挥自己的想象力和联想力，从而产生更多的创造性设想。在进行检索思考时，可以将每大类问题作为一个单独的创新方法来运用。

4）检核方式可以根据需要安排，可以一人检核，也可以 3～8 人共同检核。集体检核可以互相激励，产生头脑风暴，从而更有希望创新。①

3. 六项帽子思考法

六项帽子思考法是英国学者爱德华·德·波诺开发的一种思维训练模式，或者说是一个全面思考问题的模型，总共有 6 种，所以常被称为“六顶思考帽”。它提供了平行思维的工具，避免将时间浪费在互相争执上。强调的是“能够成为什么”，而非“本身是什么”，寻求一条向前发展的路，而不是争论谁对谁错。运用波诺的六顶帽子思考法，将会使混乱的思考变得清晰，使团体中无意义的争论变成集思广益的创造，使每个人都变得富有创造性。

任何人都有以下 6 种基本思维能力，这 6 种思维能力可用 6 顶不同颜色的帽子来做比喻。

---

① 张汝山，2017. 创新与创业思维［M］. 北京：国家行政学院出版社.

白帽子，白色是中立而客观的。它代表事实和资讯。它是中性的事实与数据帽，具有处理信息的功能。

黄帽子，黄色是乐观的。它代表与逻辑相符合的正面观点。它是乐观帽，具有识别事物积极因素的功能。

黑帽子，黑色是阴沉的颜色。它意味着警示与批判。它是谨慎帽，具有发现事物消极因素的功能。

红帽子，红色是情感的色彩。它代表感觉、直觉和预感。它是情感帽，具有形成观点和感觉的功能。

绿帽子，绿色是春天的色彩。它是创意的颜色，是创造力之帽，具有解决问题方法和思路的功能。

蓝帽子，蓝色是天空的颜色。它控制着事物的整个过程。它是指挥帽，具有指挥其他帽子、管理整个思维进程的功能。

“六顶思考帽”思维方法将思考的不同方面分开，可以依次对问题的不同方面给予足够的重视和充分的考虑。就像彩色打印机，先将各种颜色分解成基本色，然后将每种基本色打印在相同的纸上，就会得到彩色的打印结果。同理，对思维模式进行分解，然后按照每一种思维模式对同一事物进行思考，最终得到全方位的“彩色”思考。

在多数团队中，团队成员被迫接受团队既定的思维模式，这限制了个人和团队的配合度，不能有效解决某些问题。运用六顶思考帽模型，团队成员不再局限于某个单一的思维模式，而是一种思考要求，而且思考帽代表的是角色分类，而不是代表扮演者本人。

六顶思考帽代表 6 种思维角色，几乎涵盖思维的整个过程，既可以有效地支持个人的行为，也可以支持团体讨论中的互相激发。

典型的 6 顶思考帽在实际中的应用步骤如下。

1）陈述问题事实（白帽子）。

2）提出如何解决问题的建议（绿帽子）。

3）评估建议的优缺点：列举优点（黄帽子），列举缺点（黑帽子）。

4）对各项选择方案进行直觉判断（红帽子）。

5）总结陈述，得出方案（蓝帽子）。

扮演好一个思考者的角色，有助于使自己成为一个真正的思考者。思考帽这个大角色被分解为 6 个不同的小角色，以 6 顶不同颜色的帽子为代表。你在任何时刻都可能选择其中一顶戴上，接着就扮演这顶思考帽所定义的角色。当你换一顶思考帽时，就必须更换自己的角色，因为它们都有各自的特色。当使用对象是你本人时，也可以让自己戴上这顶或那顶帽子，甚至可以先摆好一排帽子，再一顶一顶都试一试；当使用对象是他人时，可以要求对方戴上、脱下某一顶帽子或换另一顶帽子，这样做，使你能向对方提出请求，让他转换观念而不得罪他；当使用对象是集体时，领导者或别的任何人都可以请求某一人或整个集体戴上、脱下或换一顶帽子。

使用思考帽的情况可分为偶然使用与系统使用。偶然使用，即通常一次只使用一顶帽子进行思考，这种方法可以使人们采用某种特定的思考方式，或是换一种思考方式来进行。系统使用，即思考者事先拟定好同时使用各种思考帽的方案，然后依次戴上各种帽子来考虑问题。通常，在需要迅速有效地解决问题时使用这种方法。

4. 综摄法

综摄法是由美国麻省理工学院教授威廉·J. 戈登于 1944 年提出的一种利用外部事物启发思考、开发创造潜力的方法。它是指以外部事物或已有的发明成果为媒介，并将它们分成若干要素，对其中的元素进行讨论研究，综合利用激发出来的灵感，来发明新事物或解决问题的方法。事实证明，不少发明创造都是由日常生活的事物启发而产生的灵感。

为了加强发挥创造力的潜能，使人们有意识地活用异质同化、同质异化两大原则，戈登提出了以下 4 种极具实践性、具体性的模拟技巧。

1）人格性模拟。该模拟是一种感情移入式的思考方法。首先，假设自己变成该事物以后自己会有什么感觉，如何去行动，然后再寻找解决问题的方法。人格性模拟使人亲身卷入事物的发展过程中，设身处地地去理解和思考，力求获得对事物的新认识。例如，人工采摘西红柿既费时又费力，有人就研制采摘机器，但西红柿大小不一、形状有别、皮薄质软、容易破损，所以他一次次改进机器，但收效不大。后来一位发明家进行拟人化思考，将自己想象成西红柿，要做到不怕冲击、减少破损，只有达到皮厚肉多的标准才能做到，所以他克服困难，终于培育出皮够厚、肉够多的适合机器采摘的西红柿新品种。

2）直接性模拟。它是指以模拟的事物、现象或技术作为范本，直接把研究对象与范本联系起来进行比较、借鉴，提出处理问题的方法。例如，春秋战国时期鲁班发明的“木鹊”，东汉时期张衡发明的“木雕”，三国时期诸葛亮发明的“木牛流马”，都是通过直接性模拟创造的产物。

3）想象性模拟。想象性模拟也称为空想类比或狂想类比，是指通过童话、小说、幻想、谚语等寻找灵感，以获取解决问题的方法。其作用主要体现在可以使深奥的事物变得浅显，使想象力变得活跃，使问题的解决方案变得具体。例如，中国的太空计划称为“嫦娥工程”，就是受嫦娥奔月这一神话传说的影响。

4）象征性模拟。它是指把问题想象成物质性的，即非人格化的，以获取解决问题的方法。象征性模拟是借助事物形象或符号来模拟所思考的问题，从而间接地反映事物的本质。

综摄法的宗旨是以已有的事物为媒介，将它们分成若干元素，并将某些元素构成一个新的设想来解决问题。因此，该方法的最大好处在于利用其他产品取长补短，设计新产品及制定营销策略等。①

第五节　创意与创新

1. 创意的内涵

在汉语中，“创意”原意是指写文章有新意，即有好的想法和巧妙的构思，一般是指有

① 庄文韬，江思华，林雪治，等，2016. 创新创业［M］. 厦门：厦门大学出版社.

新意的想法、念头和打算，或过去从未有过的计划和思路、创造性的意念等。“创意”有名词和动词两个词性：作为名词的“创意”是指有创造性的想法、构思等；作为动词的“创意”是指提出有创造性的想法、构思等。

在英语中，“创意”也有“creative”和“idea”两个词语，但其含义不同于汉语。“creative”原指具有创造性的、有创造力的、创作的，后来引申为创意。“idea”是指思想、概念、意见、念头、打算、计划、想象、模糊不定的想法、观念等。“idea”作为创意一词被普遍认同并被广泛使用，始于1974年世界著名广告大师詹姆斯·韦伯·扬的名著《产生广告创意的方法》。

2010年，在英国发起的一场“人类史上最伟大创意”的评选活动中，互联网高居榜首。这个伟大的创意是如何产生的呢？互联网的诞生过程其实是一个灵感慢慢孕育并产生创意的过程。创立者蒂姆·伯纳斯·李小时候就花很长时间钻研《探寻一切事物》这本指南手册，试图打开“一扇通向想象世界的大门”。十多年后在瑞典的一家实验室里，作为软件信息专家，他给自己的一项业余项目命名为“探寻者”，这就是互联网创意的来源。

2. 创意思维过程

创意思维是有一定运行机制的多元综合系统，人们可以通过对创意思维实践的研究，概括出创意思维的运行规律，从而对创意思维全过程有一个清晰的把握。

创意思维过程可以看作是一个渐变与突变相结合的变革过程。因此，创意思维在构成上不可能是单一的思维形式，而是由若干具有创造功能的思维形式集成的。创意思维过程中不仅需要分析与综合、抽象与概括、归纳与演绎、判断与推理等具有连续渐变功能的逻辑思维形式，还需要联想与想象、直觉与灵感等非连续渐变的思维形式。关于创意思维过程的构成模式，主要有四阶段模式和五阶段模式。

（1）四阶段模式

四阶段模式由英国心理学家华莱士于1926年提出，又被称为创造性解决问题的理论或创意思维四阶段论。

第一阶段：准备期。该阶段主要是发现问题，收集有关资料，掌握必要的创造技能，积累知识和经验并从中得到一定启示。

第二阶段：孕育期（沉思）。对问题和资料冥思苦想，做各种试探性解决。如果思路受阻，则暂时搁置。

第三阶段：明朗期（启迪）。在孕育期进行长时间思考之后受偶然事件的触发而豁然开朗，产生了灵感、直觉或者顿悟，使问题迎刃而解。

第四阶段：验证期。对从灵感或顿悟得到的新想法进行验证（逻辑验证、理论验证、实践验证）、补充和修正，使之趋于完善。创意思维四阶段模型如图1-1所示。

（2）五阶段模式

不同的学者根据自己的研究从不同的角度提出了各自的五阶段模式，具体如下。

1）美国实用主义教育家约翰·杜威（1910）提出五阶段模式：感到困难存在→认清是什么问题→收集资料进行分析并提出假说→接受或者抛弃实验性假说→得出结论并加以评论。

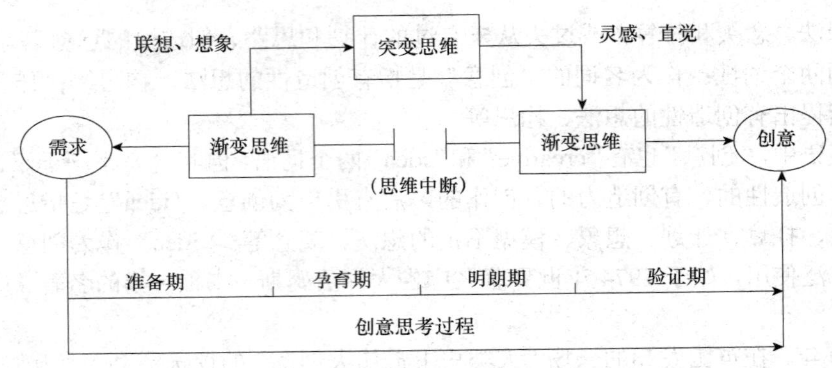

图 1-1　创意思维四阶段模型

2）我国创造学者也提出了五阶段结构模式：发现问题→发散酝酿→顿悟创新→验证假说→成功实施。

创造活动是一类特殊的问题解决过程，这样的问题解决过程具有创造活动所指明的特征，即目的性、新颖性、否定性、实践性、过程性、持续性和普遍性等。人们的创意思维过程，可以被划分为相对独立的 4 个阶段：①发现问题、确定创意目标阶段；②提出解决问题的创意方案阶段；③评价和选择方案阶段；④进行创造性实施和反馈阶段。

3. 创意与创新的关系

开发大脑的创造性功能，最重要的目标就是获得创意。没有创意就没有创新，创意是创新之始，创意是创新之源。然而，创意又不等于创新。这是因为：创新是行动之产物；创意是想象、超前和奇异，是否有社会价值还需要由整个创新过程来检验，任何创新都是从创意开始的。

（1）创意是创新的基础

创意是创新的起点，是创新的火种，离开了创意谈创新，在实践中是不可能的。创意是具有新颖性和创造性的想法，通过创意能够创造出更大的效益，包括物质效益和精神效益。因此，创意是创新创业的基础，如果没有创意，则很难开展创新创业实践活动。

（2）创新是创意的飞跃

创新是对创意的深入策划、细化与操作实施，是一个将创意变为现实的艰难过程。离开了创新的创意，只能停留在纸上、嘴上或大脑中，永远不能成为现实。

（3）创意与创新的区别

1）创意与创新在思维方式上不同。从思维类别上看，创意以形象思维为主，以表象为思维要素。创新是在形象思维的基础上，把一系列表象概念化，通过逻辑思维，把感性色彩浓厚的创意上升为理性思维居多的创新。

2）创意与创新在稳定性方面不同。创意的过程往往是突发性、突破性、突变性的综合。创新是概念化、逻辑化的创造方案，具有相对稳定性。

总之，创新来源于创意，又高于创意。创意是一种创新的设想，它不仅要有理论的支持和目标的召唤，还要有一个发明的实现过程和产品的检验环节。也就是说，创意变成有价值的创新，需要经历一个充满失败且艰苦的发展过程。因为创意具有突发性、突破性和突变性，所以我们要善于捕捉灵感，形成构思，进而进行坚持不懈的试验，最终实现创新。①

第六节 创业概述

"创业"是一个具有特定内涵的学术术语。15 世纪，世界经济处于从手工作坊向手工工场转变的时期，远洋贸易开始发展，出现了入股合营方式的创业企业。英国等一些西欧岛国，其工商业虽然通过远洋贸易来促进经济的进一步发展，但创建远洋贸易企业需要冒很大风险，故借用"冒险"（venture）指称"创业"。此后，"venture"一词即广泛见诸各种有关创业活动的英文原著中。在二三百年前，"创业"一词出现在经济学文献中，1775 年法国经济学家和作家理查德·堪提龙把在寻求机遇的过程中承担风险的行为与企业家（entrepreneur）联系在一起，认为企业家的本质就是承担风险。于是，后来用"entrepreneurship"与"venture"一起来表示创业活动。

20 世纪 90 年代后期，"创业"在中国成为非常引人关注的字眼。创业园区不断涌现，有关创业的政策纷纷出台，一个鼓励创业、保护创业、崇尚创业的氛围正在逐渐形成。创业在当今是一个十分重要的社会现象，它已成为这个时代经济增长的一个原动力。那么，创业究竟是什么呢？长期以来，从创业的动因、过程等不同角度展开的研究使得创业成为一个跨学科、多层次的研究对象，引起了许多学者的关注。

1. 国外对创业概念的研究

18 世纪早期，创业活动开始登上经济舞台，正式进入学者的研究范围。18 世纪晚期，创业的概念大大拓展，不仅包括承担风险，还包括策划、引导、组织甚至拥有生产要素。19 世纪是创业活动的频繁期。19 世纪末，创业的概念在以提供资金盈利的人和以创业能力盈利的人之间的区别上，又发生了轻微的变化。20 世纪早期，创业仍然被认为与企业的经营是不同的。20 世纪 30 年代中期，约瑟夫·熊彼特提出，创业包括创新和未曾尝试过的技术，即所谓的创造性毁灭，这一描述更进一步突出了创新在创业中的重要作用。20 世纪 80 年代，美国管理学家彼得·德鲁克还提出"创业是使机会最大化""创业家首先要具有创新精神"等观点。他认为，创业和创业精神应运用管理概念和管理技术，使产品标准化，设计出生产流程和加工工具，制定各阶段的工作标准，能提高资源的使用效率，开拓新的市场，招徕新的顾客。近 30 年来，随着新技术革命、技术创新与产品换代的加速，对创业领域的研究引起了更加广泛的关注，从而产生了创业学、创业管理等新的学科。

---

① 丛子斌，2016．创新创业教育［M］．北京：高等教育出版社．

威廉·加特纳（1985）将创业描述为新组织创造的过程，这和其他研究者将创业定义为“新企业的创造”是一致的。换句话说，创业就是个体创造了机会，通过各种形式的整合来尝试发展，突破所面临的资源约束，建立新的组织。这个定义反映出创业“不仅仅是一种状态，也是一个转变的过程”。

霍华德·H. 斯蒂文森（1999）认为，创业是个人（不管是独立还是在组织内部）追踪和捕获机会的过程。这一过程与其当时控制的资源无关。同时，斯蒂文森还提出创业包含 3 个非常重要的因素，即机会知觉、利用机会的意愿、获得成功的信心和可能性。

斯科特·谢恩（2010）认为，创业是一个动态发展的过程，这一过程受 3 个因素的影响：个体（创业者）、群体（合作伙伴、顾客、风险投资家等）和社会（政府调控、市场条件等）。创业的核心是要回答成为创业者的关键是什么。创业的本质是创造或认识新事物的商业用途，采取积极行动将机会转变为可行的、有利可图的企业。

创业的多数定义侧重于认为创业是一种经济行为过程，在这个过程中，某一个人或一个团队使用组织力量去寻求机遇、创造价值和谋求发展，并通过创新来满足愿望和需求，其重要的外在形式是创建新的企业。

2. 国内对创业概念的研究

在我国，“创业”一词最早见于《孟子·梁惠王下》：“君子创业垂统，为可继也。”意指自古帝王创业垂统，必有成宪，以贻子孙，子孙能谨守之，足以保天下。在诸葛亮的《出师表》中也有述及：“先帝创业未半而中道崩殂”，意指先帝创立基业没有完成一半就中途驾崩。

这两处创业的含义均是创立功业或基业，显然是一般意义上的创业之意。“创业”在《现代汉语词典》（第 7 版）中的注释是“创办事业”；在《辞海》中的注释是“创业，创立基业”，与“守成”相对应。从“创业”这个词的汉语用法来看，一般在以下 3 种情况下使用：①强调开端和初创的艰辛和困难；②突出过程的开拓和创新意义；③侧重在前人的基础上有新的成就和贡献。《英汉辞海》中给出了这样的几种解释：计划或设想，指对于干一件事情的计划或设想；冒险、事业、工程，尤指艰巨复杂的或有很大风险的事业；企业，尤指工商业组织，如小型独立企业；有一定目的的活动或活动方式，探索精神，事业心、进取心、胆量。

国内的许多学者也对创业的概念有所阐述，主要观点有：创业是一个发现和捕获机会并由此创造出新价值的过程；创业必须要奉献时间，付出努力，承担相应的财务、社会风险并获得金钱的回报、个人的满足和独立自主；创业是创业者通过发现和识别商业机会，组织各种资源提供产品和服务以创造价值的过程等。

3. 创业的概念

创业的概念有狭义和广义之分。狭义的创业是指创办一个新企业的过程，把“创业者”称为“企业家”，把“创业”视为“创办自己的企业”，这是人们对创业最常见的理解。广义的创业是指创造新的事业的过程，与此相应的，就是把“创业者”视为开创事业的人。

创业是一个过程，在这个过程中，某一个人或团队创办一个企业或其他经济实体，利用其掌握的信息、资源、机会或技术，通过创新去创造价值和谋求发展，并实现某种追求或目标。其内涵包括以下几个方面。

1）创业者。如果没有谁愿意去做创业者要做的事情，就不会有创业。因为创业者是创业行动中的关键要素，没有创业者就不会有创业。

2）创新。创新包括变化、改革、改造，以及新方法的引进。

3）组织创建。为了寻求已感知到的创新机遇，为了去创造价值，就必须具备有组织的努力和行动，必须有人采取行动让创建的企业设立并运行起来。

4）成长。创业是创建一家企业，并在其成长过程中把握住发展机会。它不是静止不前，或满足于一个市场或一种产品，它包含着成长。

5）过程。创业是一系列的进行中的决策和行动。创业不是昙花一现，而是一个需要时间的过程，即创业开始—企业运营中的经营管理—某一时间的退出。创业就是这一过程中所有的各类决策和行动。

4. 创业的本质[①]

Stevenson 和 Jarillo（1990）认为，创业的本质是不拘泥于当前资源的限制，识别和利用机会。Lumpkin 和 Dess（1996）认为，创业的本质是在不确定环境下承担风险和超前行动的新进入行为，包括创建新企业或者在既有企业内部开发新业务的活动。Morris、Lewis 和 Sexton（1994）把创业活动的本质归纳为 7 种创造活动，如表 1-2 所示。

表 1-2 创业活动的本质与内涵[②]

本质	内涵
创造财富	创业需要承担以营利为目的加速生产的风险
创造新企业	创业产生了一个以前不存在的新企业
创新创造	创业包含了把已有的生产方式或废弃的产品进行独特资源组合的创新或者创造出新产品
变革创造	创业包含为把握环境中的各种机会而进行的创造性变革，包括对个人职业生涯、工作方法、自身技能等的调整、修正和修改等
雇佣创造	创业包含了对生产要素（包括劳动力）的雇佣、管理和发展等
价值创造	创业是为了开发没有开启的市场机会，为顾客创造价值的过程
增长创造	创业被定义为在销售、收入、资产和雇佣方面强劲的正向增长趋势

创业的本质可以总结为以下 3 点：①创业是一种创造性的活动；②创业是具有创业精神的创业者与机会相结合，进而创造价值的行为过程；③创业活动包含 6 方面的内容，分别是：机会导向、创造性地整合资源、价值创造、超前行动、创新和变革、顾客导向。

① 李静薇，2016. 对大学生创业意向的作用机制研究［M］. 北京：中国经济出版社.

② 王涛，顾新，2018. 创新与创业管理［M］. 北京：清华大学出版社.

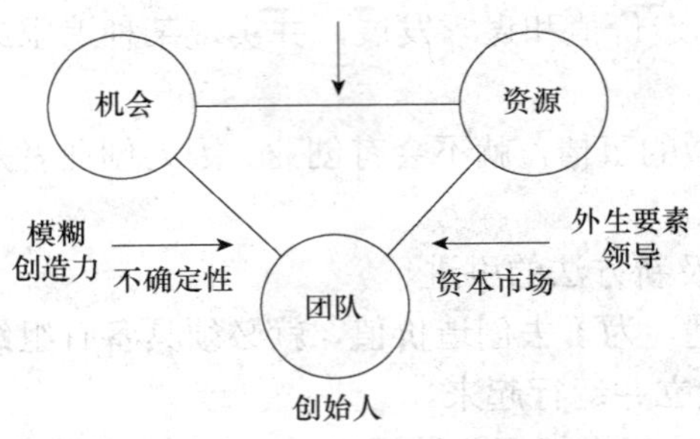

图 1-2　蒂蒙斯创业三要素模型

5. 创业三要素模型

创业学者杰弗里·蒂蒙斯（2005）指出，机会、资源、团队是创业最重要的三要素。蒂蒙斯创业三要素模型如图 1-2 所示。在创业过程中，机会的模糊、市场的不确定性、资本市场的风险及外在环境的变迁等，经常冲击创业活动，使得创业过程充满了风险。因此，必须依靠创业者的领导能力、创造能力与沟通能力来发掘问题，掌握关键要素，弹性调整机会、资源、团队 3 个层面的搭配组合。创业流程由机会所启动，在取得必要的资源与组成创业团队之后，创业计划才能顺利开展。①

1）机会。在创业前期，机会的发掘与选择最为关键。机会的形式、大小和深度决定了所需资源与团队的形式、大小和深度。通常情况下，企业的规模越大、发展的时间越长、毛利率越高、自由现金流越大，其机会就越多；市场越不完善，变化程度越大，混乱程度越高，信息量和知识越少，机会就越多。诚然，机会会随着时间的推移而发生变化，创业者需要不断地调整资源与团队来把握新的机会。

2）资源。资源包括：①人力资源，即创业者的判断力、眼光、创造力、愿景、智能、创新、机会辨识、价值与信仰等；②社会资源，即创业者个人的人际网络、社会网络等，这些网络可以让资源适当地交换；③实体资源，即创业所需要的以物质形式存在的资源，如机器、厂房、地理位置、原料取得途径等，最初创业者的实体资源一定有限，因为这不是单独一个创业者所能控制的；④财务资源，即企业的营运资金、购买设备的资金等。一般来说，新创企业的资金大多来自个人、家庭或朋友，很少能够由创投资金或银行的借贷取得，因为新企业缺乏交易信用与未来发展的评估依据。资金是创业成功非常重要的条件，眼下资金不足仍然是自主创业的一大障碍，但是拥有足够资金也不一定能成功创业；只有被适合的创业者掌握，才能创造商业奇迹。

3）团队。组建一个杰出的创业团队是高潜力创业企业成功的关键因素。大量的创业事例告诉我们，单个创业者通常只能维持生计，要想单枪匹马地发展一家有潜质的企业是极其困难的；成功的创业者通常是组建自己的团队、自己的组织，然后是自己的公司，他们与同事、顾问、投资者、重要顾客、关键供应商等保持有效的工作关系。蒂蒙斯认为，团队的素质包括：取胜的愿望、敬业、决心和恒心、对风险和不确定性的承受力、领导和沟通等。创业团队的领导者要注意内部组织的结构问题，应该营造出激励创业团队前进、成员在团队中获得支持与尊重的环境，这将正向影响创业团队的爆发力；创业团队的领导者要让每个成员对于自己的构想都清楚明了与认同，并应将这个构想调整为创业的愿景。

6. 创业的类型

创业的分类有很多，如生存型创业、机会型创业；零售业创业、服务业创业、产品制

---

① 蒋心亚，敬丽华，2015. 创业实务［M］. 北京：北京交通大学出版社.

造业创业、制造业创业；实体产业创业、网络创业；公益创业（非营利组织创业、社会创业）、营利组织创业；进入相同价值链位置创业、进入上游价值活动创业、进入下游价值活动创业等。[①]一般来说，创业可以分为以下几类。

1）按创业动机分类。依据创业动机的不同，可以将创业活动划分为生存型创业和机会型创业。生存型创业是指在找不到合适工作的情况下为了生计而被动选择创业。机会型创业是指在自身条件较好的情况下，在市场中寻求创业机会实现创业，如互联网平台创业公司、共享单车等都属于这种创业类型。

2）按企业对市场和个人的影响程度分类。克里斯琴（2000）认为，创业依照其对市场和个人的影响程度可以分为以下 4 种类型：①复制型创业，这种类型的创业是在现有经营模式基础上的简单复制的一种创业模式。②模仿型创业，这种类型的创业是指创业者看到他人创业成功后，采取模仿和学习而进行的创业活动。这种创业虽然无法给市场带来新价值的创造，创新的成分较低，但与复制型创业相比，需要承担较大的市场风险。③安定型创业，这种类型的创业虽然为市场创造了新的价值，但对创业者而言，并没有面临太大的改变，做的也是比较熟悉的工作。这种创业类型强调的是创业精神的实现，也就是创新的活动，而不是新组织的创造，企业内部创业即属于这一类型。④创新（冒险）型创业，这种类型的创业是指创业者建立新的市场和顾客群，突破传统的经营理念，通过自身的创造性活动引导新市场的开发和形成，通过培育市场来营造商机、不断满足顾客的现有需求及开发其潜在需求，逐步建立顾客忠诚度和对企业的依赖，对经济社会的全面进步提供巨大的原动力的一种创业模式。该类型创业除了为创业者带来极大的改变外，个人前途的不确定性也很高，因而是一种高难度、高风险、高回报的创业类型。这种类型的创业如果想要获得成功，必须在创业者能力、创业时机、创业精神发挥、创业策略研究拟定、经营模式设计、创业过程管理等方面作出优化配置。

案例启发 1-2

龚海燕：中国网络红娘第一人

龚海燕，世纪佳缘 CEO，被称为网络红娘第一人。龚海燕是一位很具传奇色彩的女性，她有着多种身份：打工妹、北京大学才女、复旦大学硕士、中国网络红娘第一人。她在读高二时，辍学做起了小生意，打工 3 年后又返回学校，以县文科状元的身份进入北京大学；在复旦大学读研二时，她用 1 000 元起家创办了世纪佳缘交友网站。因为这个网站，新东方创始人钱永强、徐小平、王强等先后送来 4 000 多万元风险投资。2007 年 6 月，她又获得美国启明创投 1 000 万美元投资。

2011 年 4 月，世纪佳缘拥有会员 4 000 多万人。创始人龚海燕也被网民誉为“网络红娘第一人”。尽管没有做广告，也没有投入任何宣传费用，但“严肃婚恋”的定位和严格的身份鉴定制度还是很快为世纪佳缘赢得了市场。

2011 年 5 月 11 日，世纪佳缘登陆美国纳斯达克全球精选市场，发行 710 万股美国存

① 朱沛，2017．创业战略管理［M］．厦门：厦门大学出版社．

托凭证（ADS），发行价格区间为10～12美元，按10～12美元发行价格计算，世纪佳缘本次IPO最高融资8 520万美元，如果行使绿鞋机制，总融资额将达到1亿美元。股票开盘价为每股11美元，与发行价11美元持平，这也是我国首家婚恋网站步入资本市场的殿堂。因此，在创业过程中，只有控制成本、掌握先机，才能获得成功。

（资料来源：黄海燕，2017．大学生创业教育［M］．长沙：湖南师范大学出版社．）

延伸阅读

大学生创业成功案例三则

现在很多高校都设立了自己的创业园。例如，上海交通大学的科技创业园是其高新技术研究中心，大大鼓励着大学生进行科技创业。在上海高校里，大学生创业力量异常活跃，如上海复旦大学、上海同济大学、上海交通大学等。在大学生创业的企业里，上到经理、下到员工都由大学生组成，但操作却完全社会化。

大学生创业与校园紧密相连，因而高校在大学生创业方面给予的支持和帮助给大学生创业带来的影响是十分直接的，也是相当重要的。在上海，不少高校给大学生建立了创业模式或企业雏形，让大学生初步认识创业，学会与他人沟通和合作，并组建创业团队。

成都中医药大学施超创业成功案例

施超是成都中医药大学临床医学院2011级的学生。2015年，大四的他才24岁，凭借自主创业成了名副其实的百万富翁。

施超是江苏人，他的父母爱给他买书，他从小就爱看书，“爸妈都很朴实，从不给我讲什么大道理，只是培养了我读书的爱好，从书里学知识、学道理。我从小学认字开始到高中毕业那段时间读了超过1 000本书，中外名著、人文百科、各类杂志我都读。”施超说。

他认为，那1 000本书不仅让自己拓宽了知识面，也为他的创业打下了基础。他说：“因为读了比较多的书，所以我对自己要销售的图书选择起来比较得心应手，懂得如何判断一本书是不是好书，也清楚什么书适合什么样的读者。”于是，施超将自己的创业项目初步选定在图书销售上。

高考完的那个暑假，施超开始在家附近的广场上摆地摊卖书，新的旧的都有，都是他认为的好书。两三百本书不到一个星期就可以卖完，大约每天能赚70元。

2011年来到成都上大学后，施超也没有放弃自己的图书销售，趁周末时在学校里摆摊儿卖书，规模虽小，但在大二时已经攒下了近10万元。

腰包渐渐鼓起来的施超利用学校的创业政策在学校开了一个实体书店——超然书斋。可是实体书店并不赚钱。为了维持书店的运营，施超开始去成都的高中销售课外读物。

他说：“我当时是跟出版社合作，拿着我选出来的书单，找高中学校的老师谈，然后再让同学们从书单中选书，我再反馈给出版社，然后备货、送货。这样，没有中间商，我拿到的货源比一些大型连锁书店都便宜，所以最后书送到同学们手上时，价格也要比定价低。而且为了让学校老师、同学解除后顾之忧，我都是先向出版社垫付货款，同学们拿到书了，再把钱付给我。”

后来，忙不过来的施超找来10个中学同学，将图书销售业务扩展到上海、江西、湖北等地。业务渐渐扩展后，他又筹建了自己的文化公司——江苏超然文化发展有限公司。

现在，施超的书斋每年会拿出一部分收益资助学校的一个创业者联盟，帮助有想法的学生启动计划。每年学校的学生去支教时，他也会给那些山区的学生带去课外书，每年都会捐出2 000本。

这才是学霸的正确成长方式。靠读书读出了商机，成为“富一代”，走上了人生的巅峰。

武汉科技大学镇小龙创业成功案例

武汉科技大学的在读学生镇小龙有30多家实体店，资产上千万元，而实现这一切，镇小龙只用了两年时间。

镇小龙从大三开始自己创业，从棉被、蚊帐等生活用品的批发开始做起，将用户锁定在大学新生。

凭借他和小伙伴的一股子干劲儿，他们在新生开学的15天内做出了200多万元的营业额，净赚16万元。

他的创业行动让不少同学受到激励，主动要求由他牵头，带领大家创业。就这样，一个200多人的创业团队成立了。

之后，他做过电子产品销售、服装贸易、教育、人力资源、旅游、租车、“大学盟”微信公众号、校园周边卡等一系列项目，他成立了自己的公司，实体店30多家，参股驾校、台球馆、宾馆等商业实体上百家。

重庆大学禹化普创业成功案例

看完上面两个例子，有没有一种创业的项目都非常高大上，一般人干不了的感觉呢？

其实创业并没有那么多条条框框，很多大学生就靠在学校周边做小生意走上了创业之路。这里就有一名重庆大学生靠卖手抓饼，自己做老板年入250万元的真实例子。

重庆大学学生禹化普大三时就开始租门面卖手抓饼，在经历了短暂的生意惨淡的日子后，他学习成都小吃店“慢工出细活”的做法，要求师傅一次只做1～2个饼，保持饼的最佳口感。这样一来排队的客人变得多了，每天平均能卖400张饼。两年的时间里，他的手抓饼有4家直营店、1个加工厂和8家加盟店，年收入达250万元。

（资料来源：姚圆鑫，王佳，2016．大学生创新创业教育［M］．北京：国家行政学院出版社．）

思考与训练

1．什么是创业？

2．举例说明创新思维方法的运用。

3．请结合实际，分享创业要素的构成及影响。

第二章　创业素养历练——激发创客

在创新创业素养的历练过程中，关键是激励和发现有创新创业素养且在创业梦想的支撑下，目标笃定、坚毅、知行合一的创业者。

案例导入

创新创业能力育成“新引擎”

2010 年以来移动互联网与各行各业的交叉渗透、深度融合，把人类带入了信息社会。当前，信息技术发展呈现两大趋势：①信息技术与其他关联技术融合发展，正不断产生新的交叉领域；②信息技术向其他行业全面渗透，尤其是与制造业和现代服务业深度融合，正在颠覆传统行业的生产方式和商业模式。这样，在“互联网＋”时代，依靠个人智慧进行的“大众创业、万众创新”就具备了更多可能，而移动互联网和数字化技术的广泛运用使得很多行业打开了大门。“互联网＋”的“＋”意味着跨界，就是鼓励跨界创新创业、交叉创新创业。只有抓住跨界创新创业这个关键，才能看到交叉边缘上的无限风光，才能把互联网技术发展与经济社会各领域发展融合起来，使“互联网＋”成为驱动经济转型升级的重要力量。

我国高校基本具备了支撑经济转型升级的硬件条件和创新创业人才培养能力。当务之急是如何引导高校尤其是行业高校把主要精力用在与地方经济相结合上，以激发人的创造力。我国高校中超过一半是行业高校，如果一所行业高校带动一个行业中的一个主流方向和一批主打产品升级发展，那么整个中国的创新能力就会大幅度提高。可以说，“互联网＋”把高校推到了创新创业的前台，为高校提供了创新创业“新引擎”。把“新引擎”发动起来，当前需要关注以下几个方面。

1）主动面向行业和区域经济主战场，构建充满活力、可持续发展的创新创业生态链。一般而言，一所行业高校在一个行业中具有相对完整的创新链。实施创新驱动发展战略，迫切需要高校将科研方向的重点转到与经济社会发展结合上，使实验室里的成果成为现实生产力。在“互联网＋”时代，高校要打开大门“接地气”，真正将相关领域的综合优势渗透到各个行业中去，在交叉中寻找机遇、在渗透中寻找方向、在融合中寻找突破。在这一过程中，高校与地方、产业和行业同向前进、协同发展，将有利于构建充满活力、可持续发展的创新创业生态链，推动形成“大众创业、万众创新”的良好局面。

2）加强“专门教育”“泛化教育”，培养“泛信息化”创新创业人才。“互联网＋”为高校提高人才培养质量，特别是培养学生的创新创业精神和能力提供了新载体。大力倡导创新创业，并不是鼓励人人都去开公司，而是可以通过创新创业实践使学生获得一定的创新体验、创业历练，使其具备基本的创新创业素质和能力。高校需要着力培养的并不是学生的某种狭义的创新创业能力，而是创新创业的综合素质和学科底蕴，这需要依靠通识教育和人文教育来完成。因此，培养创新创业人才，既需要“专门教育”，也需要“泛化教育”。进入信息社会，高校只有探索培养“泛信息化人才”，才能使学生有能力将互联网创新成果深度融入经济社会各领域。

3）充分发挥自身优势，形成“1＋1＋1”的创新创业组织育成模式。相对于传统自上而下的高校科研组织方式，大学生创新创业应探索新的模式。可以让三五个学生经过碰撞、交流提出创新创业的思想和理念，再让青年导师加入团队进行引导，最后引入国家级科技平台或科研团队的软硬件资源作为支撑，形成“1＋1＋1”的创新创业组织育成模式，从而提高大学生创业的成功率。这种模式也有利于将高校的科研优势转化为人才培养优势。

（资料来源：李言荣，2015-11-20（7）．启动创新创业“新引擎”［N］.人民日报.）

第一节　创业素养

“创业者”一词由法国经济学家理查德·坎蒂隆于1775年首次引入经济学。1800年，法国经济学家让·巴蒂斯特·萨伊首次给出创业者的定义。①

创业是个修炼的过程，创业者要通过各种途径来积累知识、提升技能和磨炼特质。创业者是“苦行僧”，创业是一条“不归路”，必须义无反顾、勇往直前。苏轼的《晁错论》中曾有“古之立大事者，不唯有超世之才，亦必有坚忍不拔之志”之文句，意为自古以来凡是做大事业的人，不仅有出类拔萃的才能，也一定有坚忍不拔的意志。只有创业者具备良好的素质与能力，才能在创业的道路上闯出一番业绩。创业者的这些素质与能力有的是先天形成的，但大多数还是通过后天培养而习得的。创业者素质与能力有不同的划分内容，有的划分为知识、技能和特质，有的划分为知识、能力、身体和心理。

1. 精神素养

（1）专注的创业精神

创业者必须具备自我实现、追求成功的强烈创业意识，这也是取得创业成功的关键。强烈创业意识能帮助创业者克服创业道路上的各种艰难险阻。创业的成功是思想上长期准备的结果，属于有创业意识的人。创业者面临的是一个充满竞争的市场，创业者只有敢于竞争、善于竞争，才能取得成功。

另外，创业成功必须掌握好正确的创业动机。成功的创业者主要是为了创造价值，将商

① 尹小娟，史祎馨，张煌强，2017．大学生创新思维与创业基础［M］．西安：西北工业大学出版社．

业机会转化成社会需要的产品和服务。大量的研究和事实证明，成功的创业者往往是为成就一番事业而创业，而那些盲目的纯粹以个人利益为目的的创业者，很难保持长久的成功。

（2）抗压的创业心态

创业心理品质是在创业过程中，对创业者的心理和行为起调节作用的个性心理特征。主要体现在人的独立性、敢为性、坚忍性、克制性、适应性、合作性等方面。创业能否取得成功在很大程度上取决于创业者的心理品质。创业之路是充满艰辛与曲折的，创业者要面对变化莫测的市场竞争，随时解决各种突发问题和矛盾，这需要创业者具有超强的心理抗压能力和良好的心理素质，能够持续保持积极、沉稳的心态，而不能一遇到挫折就垂头丧气、一蹶不振。只有具备处变不惊的良好心理素质和愈挫愈勇的顽强意志，才能在创业的道路上积极进取，取得创业的成功。

（3）良好的商业伦理

良好的商业伦理是一个企业生存和发展的根基，是成功创业者的共同特征，是创业者的基本商业规范。拥有良好的商业伦理可以增强员工的企业认同感，可以增强顾客的消费忠诚度。只有把诚实守信视为商业伦理的创业者，才能创办企业，才能保持企业的永续经营。

（4）远大的志向

远大的志向是创业者的人生追求，它可以内化为开创事业的精神需求，对创业活动起到激励作用。根据马斯洛需求层次理论，人的需求可以分为 5 个层次：第一层次是生理的需求；第二层次是安全的需求；第三层次是归属的需求；第四层次是尊重的需求；第五层次也是最高层次，是自我实现的需求。创业者要满足这些需求就要树立远大志向，全力以赴地经营管理企业，充分发挥自身的聪明才智，最终取得企业与自身的成功，并创造出一定的社会效益。

（5）强烈的责任

责任可以分为社会责任、工作责任、家庭责任等。创业者不仅要实现自己的价值，还要积极承担各种责任。在创业初期，创业者可能更多考虑的是家庭。当新企业越来越壮大时，创业者要考虑回报员工、回报顾客、回报社会。以社会利益、企业利益、员工利益为重，要积极纳税，努力改善工作条件，创新产品功能，为社会提供价值更高的产品或服务。

（6）坚强的意志

创业者要具有百折不挠、坚持不懈的毅力和坚强的意志，在创业过程中遇到困难时，能够带领员工战胜逆境，实现目标。创业者的恒心、毅力和坚忍不拔的意志，是十分可贵的个性品质。创业过程是一个长期坚持、努力奋斗的过程，立竿见影、迅速见效的项目是极少的。创业者必须要有持之以恒的进取心，遇事沉着冷静，思虑周全，在方向目标确定后，就要朝着既定的目标一步一步走下去，纵有千难万险，也不轻易改变、半途而废。

同时，在创业之初，由于受资金、环境等各方面条件的限制，许多事情都需要创业者亲力亲为，他们要付出更多的时间和精力，加上创业的巨大风险与压力，若无充沛的体力、旺盛的精力、敏捷的思路，则必然力不从心，难以承担创业重任。

2. 知识素养

创业者的知识素养对创业成功起着举足轻重的作用。在资讯高度发达的今天，单凭热情、勇气、经验或只有单一的专业知识，要想成功创业是很困难的。创业者要想拥有创造性思维，并能做出科学决策，必须掌握广博的知识，构建一专多能的知识结构。

（1）经营管理知识

经营管理知识就是对企业整个生产经营活动进行决策、计划、组织、控制、协调，并对企业成员进行激励，以实现其任务和目标等一系列工作的知识。它从以下 3 个方面直接影响创业的实践活动：①涉及创业实践活动的每一个环节，如规划、决策、实施、管理、评价、反馈等，影响创业实践活动的全过程；②涉及创业实践活动中人力资源的选择、使用、组合和优化，涉及群体控制的各个方面；③涉及创业实践活动中资金的分配、使用、流动、配置等环节的过程。

（2）专业技术知识

专业技术知识是人们从事某一特定行业所必须具备的、具有很强实践性的知识。创业者以自己的服务或产品为社会做贡献，其劳动价值要能得到社会的承认，必须具有专业技术知识。如果不熟悉、不了解某一行业的特殊性，就无法顺利开展创业活动。创业者要重视创业过程中知识的积累、专业经验的积累和职业能力的提升，在积累的过程中要详细记录、认真分析，并形成自己的经验特色。只有这样，才能使专业技术知识和能力得到不断提高。

3. 能力素养

成功的创业者，必须具有出色的经营才能。创业能力是一种能够顺利实现创业目标的知识和技能，除了具有能力的一般含义外，还具有自己独特的内涵。

（1）持续的创新能力

创新能力是创业能力素质的重要组成部分，它包括创造性思维和想象、独立性思维、捕捉灵感、创新实践的能力及创新意识、智力等。创新是创业的主旋律，是企业化解外界风险和取得竞争优势的有效途径，创新能力是创业能力素质的重要组成部分。创新能力就是创业者在生产经营活动中善于敏锐地观察旧事物的缺陷，准确地捕捉新事物的萌芽，提出大胆、新颖的推测和设想，继而进行周密论证，拿出可行性解决方案的能力。创新能力是一种综合能力，需要广博的知识、扎实的专业基础知识、熟练的专业技能、丰富的实践经验、良好的心理素质作为支撑。

创业者必须具备创新能力，有创新思维，无思维定式，不墨守成规，能根据客观情况的变化，及时提出新目标、新方案，不断开拓新局面，创出新路子。可以说，持续不断的创新是创业者不断前进的关键。

（2）运用新技术的能力

创业者所面临的是一个日新月异的知识经济时代，只有具备高度学习能力的创业者，才能驾驭创业的理想，到达成功的彼岸。运用新技术、新思维，以及适应和学习的能力是现代社会里任何组织、任何人都必须具备的能力。创业者要树立终身学习的理念，不断更新自己的知识库，完善自我，才能战胜复杂多变、不确定、跨界融合和模糊的商业环境。创业者要有运用新技术的能力。新技术具有很强的实践性，创业者要重视创业过程中知识和专业技术运用能力的积累，要进行总结、归纳和提升。[①]

（3）决策能力

决策能力是指创业者能够根据外部经营环境和企业内部经营实力，选定经营项目，确定企业的发展方向和目标，拟定企业发展战略和营销组合策略，并能根据内外情况变化适时做出调整的能力。

一个创业者首先是一个决策者，创业者的决策能力通常包括商业分析能力和判断能力。创业者需要在众多的创业方向中进行分析比较，选择最适合发挥自己特长与优势的创业项目，然而在这个过程中，能从错综复杂的现象中发现事物的本质，就要求创业者具有良好的分析能力。判断能力是指能从客观事物的发展变化中找出因果关系，并善于从中把握事物的发展方向的能力。分析是判断的前提，判断是分析的目的，良好的决策能力是良好的分析能力加果断的判断能力。

决策能力通常包括分析能力、判断能力，是一个创业者综合能力的表现。创业者提升自己的决策能力，有助于在纷繁复杂的事物中看透现象背后的本质，找到并抓住主要矛盾，以创造性的思维进行科学决策，把握解决问题的关键，提高创业的成功率。

（4）交际能力

交际能力是指妥善地处理组织内外关系的能力，包括与周围环境建立广泛联系和对外界信息的吸收、转化能力，以及正确处理内部成员关系的能力。创业者应该做到妥善地处理与外界的关系，尤其要获得政府部门、工商及税务部门的支持与理解，努力创造适合企业发展的外部环境。创业者还要合理地处理好组织内部各种关系，一方面使团队成员之间关系融洽、相互支持；另一方面使工作有序、协调配合，整个团队的工作效率达到最高。总之，创业者要善于交际，善于团结一切有共同利益者，求同存异，共同协调发展，善于巧妙地将原则性和灵活性结合起来。只有搞好内外团结，处理好人际关系，才能建立一个有利于自己创业的和谐环境，为成功创业打好基础。

（5）商业运营能力

商业运营能力是指对人员、资金的管理能力。它涉及人员的选择、使用、组合和优化，也涉及资金筹集、核算、分配、使用和流动。商业运营能力的形成要从学会经营、学会管理、学会用人、学会融资几个方面去努力，它包括以下几种能力。

1）战略管理能力。战略管理能力是指创业者通过制定、实施、评价企业战略，以保证企业组织有效实现自身目标所表现出来的能力。该能力要求创业者具有战略眼光，能从总体上把握形势，能够着眼于长期目标，而不拘泥于一时的得失。

2）商务管理能力。创业者要始终坚持质量第一的原则，要树立牢固的质量观。创业者要学会效益管理，始终坚持效益最佳原则，效益最佳是创业的终极目标。无效益的管理是

① 蒋心亚，敬丽华，2015．创业实务［M］．北京：北京交通大学出版社．

失败的管理，无效益的创业是失败的创业。创业者要敢于负责，要对企业、员工、消费者、顾客及社会利益相关者负责。[①]创业者要善于建立一个有利于自己创业的和谐环境，为成功创业打好基础。

3）高效的用人能力。企业的竞争就是人才的竞争，谁拥有人才，谁就拥有核心竞争力。一个企业如果没有优秀的管理人才、技术人才、经营人才，这个企业就不会有核心竞争力。创业者必须学会用人，要善于吸纳比自己强或有某种专长的人共同创业；同时，要学会建立高效的用人制度，激活个体并构建赋能平台机制。创业者要恪守诚信经营的价值观，促进组织绩效最大化。

4）有效的融资能力。创业者要学会开源节流，要抓好核心项目的现金流，用好每一笔资金，合理融资，并防范资金风险。

5）组织管理能力。组织管理能力是指创业者为了有效实现企业目标，运用行之有效的方法和手段，把企业生产经营活动的各个要素、各个环节高效、科学地组织起来的能力。

创业者并非“全才”，也并非每一种素质与能力都具备的人才能创业成功。观察创业成功者就会发现，他们身上一定有某种素质与能力异常突出。创业者的素质与能力可以通过后天的学习和实践而得到不断提高。

案例启发 2–1

创业者素质与能力提升的“赢”字结构

“赢”字的下中上字体结构分别代表创业者素质与能力提升的 3 个阶段（或 3 个部分）。

一是“月、贝、凡”阶段。“月”字代表时间，日积月累，创业者不能急于求成，要学会坚持；“月”字也可以代表身体，创业成功要有健康的体魄为基础，创业者要精力充沛，有激情，所以创业者要加强运动和锻炼。“贝”字说明创业者要有理财意识和能力，“你不理财，财不理你”，所以创业者要建立良好的商业模式或盈利模式，充分考虑“提供什么、为谁提供、如何提供”等一系列问题，同时，创业者还要做到“君子爱财，取之有道”。“凡”字说明创业者要有平凡的心态，创业本身就是不断试错的过程，创业有成功就有失败。所以，创业者为了满足价值创造去创业，远远要比只强调金钱或只是为了赚钱而创业的心态更能承受创业中的困难和挫折。

二是“口”阶段，说明创业者要有较好的沟通能力，善于表达自己的观点，善于交际和协调，有理有据地说服相关人员。

三是“亡”阶段，说明创业者要有忧患意识、危机意识，所以创业者要居安思危，具有持续创新的能力。

综上，“赢”字结构告诉创业者要从以上 3 个阶段的 5 个方面不断提升自身素质和能力。

创业者要找准自己的“短板”。企业的成败在很大程度上取决于创业者。在决定创业之前，创业者应该分析评价自己是否具有创业的素质、技能和物质条件。成功的创业

① 劳拉·P. 哈特曼，约瑟夫·德斯贾丁斯，克里斯·麦克唐纳德，等，2015. 企业伦理学［M］. 北京：机械工业出版社.

者之所以成功，不是因为他们运气好，而是因为他们更加努力并具有经营企业的素质与能力。美国管理学家彼得提出的“水桶定律”认为，一个由多块木板构成的水桶，其价值在于盛水量的多少，但决定水桶盛水量多少的关键因素不是其中最长的木板，而是最短的木板。假如要使盛水量增加，唯一的办法是补齐短板。“水桶定律”告诉创业者，要认真分析自身的创业情况，找准自己的“短板”，补长“短板”，提升综合创业素质与能力。

（资料来源：王本贤，崔成前，2016. 创业基础［M］. 南京：南京大学出版社.）

第二节　创业动机

创业动机是指引起和维持个体从事创业活动，并使创业活动朝向某些目标的内部动力，是鼓励和引导个体为实现创业成功而行动的内在力量。创业动机主要有以下 3 种类型。

1. 生存需要型

生存是人类的第一需要。一个人为了生存，为了养家糊口，不得不发愤而自己创业。例如，下岗工人、失去土地或因为种种原因不愿困守乡村的农民、刚刚毕业找不到工作的大学生，他们的创业动机就属于生存需要型。当前，我国的就业形势相当严峻，主要表现为毕业生和社会职位之间的供需矛盾，为了生存，部分大学生选择了创业。

2. 兴趣驱动型

兴趣是最好的老师，是创业的重要动因之一。如果创业者对一件事物产生了兴趣，就会调动自身的潜能、时间和精力去了解、去体验，不管遇到什么困难，都会一如既往地坚持下去。这种精神状态就是创业者必须具备的创业素质。因此可以说，兴趣是创业起步的动力源泉。例如，马云因为对电子商务有浓厚的兴趣而成就了阿里巴巴，成为中国电子商务业的领军人物；比尔·盖茨因为对计算机操作系统产生浓厚的兴趣而成就了微软公司，成为个人电脑操作系统市场的霸主。所以，兴趣是个体事业发展至关重要的因素，也是创业的原动力之一。

3. 价值实现型

创业者是创新、创造最为活跃的群体，他们思维活跃、创新意识强烈，所受的约束较少，更容易接触一些新发明和新成果，或者他们中的一部分人拥有具有自主知识产权的科研成果。为了早日实现自己成功的目标，他们中的一部分人改变了自己的就业观念，转为开始自己创业的生涯。另外，创业者是自我意识较强的群体。“希望有一番自己的事业，而不是一辈子给别人打工”，这也代表了一部分大学生的真实想法。选择自主创业是为了通过这一途径证明自己的能力，挑战自我，实现自我价值，得到社会的认可。同时，创业者选择创业的动机受诸多直接和间接因素的影响。

（1）风险倾向对创业动机的影响

与从事固定工作相比，开创事业的风险较大，创业者必须承担这些风险，风险倾向（冒险意识）较一般人要强。一般来说，在创业决策过程中，如果感知风险大，就很难做出创业决策；相反，如果感知风险小，就容易做出创业决策。在动机阶段，那些本来就具有较高风险倾向的人更容易有创业的意图，风险倾向主要作用于创业认知的渴望及创业动机。另外，相比一般企业的管理者，创业者在创业决策上容易接受更高的风险水平。创业充满风险，风险倾向和创业动机呈正相关关系，是创业者的创业驱动源。

（2）自我效能感对创业动机的影响

自我效能感由美国心理学家阿尔伯特·班杜拉于 1977 年提出，是指个体在执行某一任务之前对自己能够在何种水平上完成该任务所具有的信念、判断或自我感受。自我意识是导致创业者决定创立新企业的一个重要特征，创业者具有抵御风险的自信，才敢于冒着风险创业。创业者所能调配的创业资源越多，创业动机就越强烈。

（3）环境因素对创业动机的影响

创业活跃程度的一个重要决定因素是创业环境。创业环境与创业活跃程度呈正相关关系，创业活跃程度受创业环境的制约。“环境”，从理论上说，就是一切外因情感状态和个人因素的总和；“创业环境”就是一切影响创业的政治、经济和文化因素的总和。创业环境要素可以分为以下几个方面：金融支持、政府政策、政府项目支持、个性特征、教育与培训、研究开发转移、商业和专业基础设施、进入壁垒、有形基础设施、文化与社会环境等。一个国家或地区的文化环境会影响人的创业意识和动机，积极的创业文化能萌生更多的创业动机，使有创业动机的个体更容易搜寻到创业机会；相反，消极的创业文化会在思想上束缚创业动机的萌芽。另外，从微观角度来看，周边的创业氛围，如家族、亲戚、朋友及邻里的创业状态，很容易感染创业者，从而产生“羊群效应”。从实践来看，创业呈群态发展，如温州义乌的小商品制造和销售已经呈现片区化，其中绝大多数创业者就是受周围人的感染。因此可以得知，周边创业氛围越浓，创业动机就越强。

（4）政策环境对创业动机的影响

政策环境是各级政府实施的一系列政策的集合。有些政策是直接和创业相联系的，如针对高科技创业的优惠措施，包括资金支持、税收减免、财政补贴等；有些政策是为整个经济运转的各个环节服务的，如金融市场的改革、社保体系的完善、医药体制的调整等，这些政策虽然不是直接针对创业，但也通过连锁反应，最终影响创业。好的政策环境，能够减少创业活动的机会成本，如注册公司的简便性、税收优惠、资金扶持等。所以，创业的政策环境越好，个体创业的动机就越强。

案例启发 2-2

大学生创业成功的典型案例——王兴

一提到王兴，很多人脑海里首先想到的一个词语就是“连环创业者”，因为他是校内网、饭否网、美团网这 3 个网站的联合创始人。除此之外，他还有另外一个身份——大学生创业者。

他是一名人们口中的天才少年，高中没有参加高考就被保送到清华大学，毕业后拿到全额奖学金去了美国特拉华大学，师从第一位获得 MIT 计算机科学博士学位的学者高光荣，随后归国创业。在前一两次不算成功的创业项目之后，王兴创立了中国版 Facebook——校内网，并很快风靡于大学校园。校内网于 2006 年 10 月被千橡公司以 200 万美元收购。2007 年 5 月 12 日，王兴创办饭否网，这也是中国第一个类 Twitter 项目，但就在饭否网发展势头一片良好之际被关闭了，这让王兴事业受到挫折。之后，王兴于 2010 年 3 月上线新项目美团网，在千团大战之中脱颖而出，稳居行业前三，并先后获得红杉和阿里的两轮数千万美元的融资。

（资料来源：http://www.xuexila.com/chuangye/gushi/587299.html，节选，有改动．）

大学生创业成功的典型案例——戴志康

康盛创想创始人戴志康是无数互联网人的偶像，他创建的“Discuz!”开源模板与“Wordpress”开源模板，被数以百万级的站长使用，深刻地改变了中国互联网，而戴志康也是一位大学生创业者。

戴志康出生于一个知识分子家庭，父亲是大学教授，亲属中也有很多人是教师。戴志康从小就开始接触计算机。在计算机性能不断升级的过程中，他的编程技术也日益提高。戴志康小学毕业，就开始尝试编制软件。初中、高中时期，他几乎席卷了各类计算机大赛奖项。戴志康 2000 年考上哈尔滨工程大学，2001 年便在校外创业，他在外面找到一间月租金 300 元的房子，一天差不多 15 个小时都在计算机前面，最终他创造的“Discuz!”成为中国最成功的建站开源模板，“Discuz!”于 2010 年被腾讯以 6 000 万美元的价格收购。

（资料来源：王本贤，崔成前，2016．创业基础［M］．南京：南京大学出版社．）

第三节　创业精神的本质

基于不同视角和学科背景对创业精神的不同理解，我们总结出以下创业精神的本质。

1. 创新精神

创新是创业活动的根源，也是企业家精神的灵魂。创业者对于成就事业、取得成功的愿望激发其创新创业意图，在创业的过程中勇于开拓进取，致力于打造一种新的资源组合方式，从而创造出所追求的价值。

2. 冒险精神

创业精神的内涵中包括承担风险和挑战不确定性的冒险精神。纵观那些成功的企业家，虽然他们的生长环境、成长背景和创业机会各不相同，但无一例外都是在条件极不成熟和外部环境极不明晰的情况下敢为人先，做出了具有决定意义的创业决策。

3. 合作精神

单枪匹马可以成就一番事业，但是团结一切有利于成功的力量，则成功的概率会更大。优秀的企业家都具有非常强的“结网”能力和意识，擅长将不同的人组合到一起，开发各自的优势资源而达到利益最大化。

4. 敬业精神

创业者首先是一个从业者，只有具备了对于事业执着追求的敬业精神，才能迎接创业的挑战。表面上，追求物质财富的积累和货币的增加是企业家成功的标志之一，但实质上，对事业忠诚和负责的敬业精神才是企业家“顶峰体验”的不竭动力。

5. 学习精神

创业活动要求创业者借助以往积累的知识和技能，通过科学的思维方法进行创新性组合的行为。在当今信息爆炸的时代，创业者要想获得创业的成功，必须树立正确的学习观，运用合理的学习方法，持续主动地学习并获取科学系统的知识和有效实用的技能。

6. 坚忍精神

创业者在创业过程中可能会遇到各种麻烦、困难与挑战，还可能会承受失败的打击。因此，创业者只有以坚定的信念为基础，才能在逆境中控制自己的方向，才能有不断挑战和战胜困难的勇气与力量。

7. 诚信精神

市场经济是法治经济，更是信用经济、诚信经济。诚信是企业家的立身之本，企业家在修炼领导艺术的所有原则中，诚信是绝对不能妥协的原则。①

第四节 创业精神历练②

创业精神作为一种积极的思想观念和精神状态，对个人和社会的发展都有十分重要的推动作用。因此，新时代需要大力弘扬和培育创业精神。

1. 高校要加强创业教育

弘扬创业精神，要从学生抓起，要系统、广泛并持久地开展创业教育，大力提升学生

① 王本贤，崔成前，2016. 创业基础［M］. 南京：南京大学出版社.

② 同①.

的创业能力，培养学生的创业精神。鼓励大学生自主创业，必将会在很大程度上缓解大学生就业难的问题，给我国高等教育事业的发展带来生机与活力。

高校可以从以下几个方面加强创业教育。

（1）开设创业教育类课程

传授创业知识和技能、企业经营和组织管理等综合性知识，帮助学生构建创业型的知识结构。

（2）加强专业化创业教育

为了增强创业教育的针对性和实用性，可结合现有的学科体系进行渗透教育。例如，以文科类课程为载体渗透创业意识的培养，以理工类课程为载体渗透创业技能的训练。

（3）加强创业实践指导

指导学生参与假期实习、见习和社会实践活动，鼓励学生结合自身的兴趣爱好和专业特长进行模拟性创业，在实践中亲身感受市场竞争的精彩和残酷，从而强化创业意识，增加创业热情。

同时，高校应想方设法将创业精神的培养有机地融入人才培养的各项活动中，让大学生深刻感受到校园的创业文化氛围。

1）典型引领。邀请创业成功的校友、创业典型，向学生介绍创业经验、行业形势，指导学生正确看待市场竞争，让学生熟悉创业的外部世界。

2）示范作用。具有成功创业经历的教师，对学生能够起到很好的示范作用，而且还可以将经验引入教学，给大学生创业以深刻启示和真实感染。

3）竞赛历练。大力开展大学生创新创业项目竞赛、创业竞技类比赛等，引导大学生进行创新性学习，积极投身创新创业实践。

4）氛围育人。利用高校传统宣传媒介，如广播、电视、校报、校刊、板报、橱窗及网络新媒体（如网站论坛、微博平台等）大力宣传创业的意义和价值，介绍勇于创业的典型人物，使创业精神的思想深入人心，形成崇尚科学、求实创新、勇于进取、乐于创业的校园文化氛围。

2. 企业要弘扬创业精神

企业要弘扬创业精神就是要培育以创业精神为核心价值取向的企业文化。如果一个企业的领导者和员工都能把创业精神作为其价值观的集中体现，并把创业精神渗透到企业文化的制度层面，这个企业就能在激烈的市场竞争中勇立潮头。

3. 政府要完善创业政策

政府部门应加强创业相关政策的制定，加大对高校创业教育的投入。具体包括以下 4 个方面：①制定鼓励科技创新的制度，增强创新型人才的培养；②出台有关鼓励和扶持中小型企业发展的政策，为大学生创业提供便利和优越的政策环境；③加强高校创业教育基础设施建设，提供创业孵化园、创业培训基地等硬件设施和设立课程开发基金等；④大力培育富有商业伦理及有利于创业的社会环境。

创新创业教育课程体系的构成

创新创业课程体系是实现创新创业教育的基本途径，是创新创业教育要解决的核心问题，但目前大多数高校的创新创业教育课程体系还不完善，存在诸多问题，如未能突出创新创业实践能力的培养，未能与专业课程紧密结合，未能把创新创业教育纳入人才培养目标和培养方案，与教育教学、科学研究、生产实践严重脱节等。

1. 创新创业普及教育平台

1）理论教育奠定创新创业基础。“双创”教育平台的理论教育面向全体学生，通过开设“创业基础”“创业经济法”“创业精神与实践”“创造性思维与创新方法”等通识性课程，对学生进行创新创业文化基础知识教育，着重对学生进行创新创业精神和文化的培育，引导学生掌握基础性的创新创业知识并激发初步的创新创业意识，了解创新创业对国家、学校、个人发展的重要意义，提升其作为新时代青年的责任感和担当力。

2）实践教育积淀创新创业精神。普及教育平台面向全体学生同步开展实践教学，如在修读就业指导、职业生涯规划等课程时，学校可要求大一新生进行职业测评，并结合自身特点和个性，制定“职业生涯记录本”，找准自身的发展方向。

2. 创新创业专业教育平台

1）理论教育激发创新创业意识。专业教育平台中的理论教育应坚持把创新创业工作贯穿于人才培养的全过程，针对不同学科、不同专业的全体学生，结合专业特点和教材内容，将创新创业基础知识融入专业课程，引导学生了解前沿新理论、新技术和新工艺，注重学生创新创业人格的培养，让更多的师生理解科技与创新，爱上创新与创造。

2）实践教育培养创新创业能力。专业教育平台中的实践教育主要通过开展创业调研、企业走访等活动，引导学生深入企业内部，了解与专业相关的行业、岗位对人才的实际需求，与创业成功人士进行面对面交流；同时，将专业理论教育知识与实际生产初步融合，实现书本理论知识的初步转化，培养学生创新创业能力和技巧。

3. 创新创业辅导平台

1）理论教育强化创新创业精神。针对有创新意识和创业潜质的学生，创新创业辅导平台打破院系间的壁垒，进行跨学科的专业选修，可开设创新型和创业型两类课程。创新型选修课程可开设“批判性思维与研究方法”“学科前沿专题”等。创业型选修课程可开设“创业管理”等，注重引导学生了解创业的基本流程、基本方法和技能。

2）实践教育提升创新创业能力。针对有创新意识和创业潜能的学生，创新创业辅导平台的实践教育可通过开展“挑战杯”创业计划竞赛、大学生电子设计竞赛、发明创造和专利申请等活动，通过理论和实践的无缝衔接，引导学生运用所学的方法和技巧来分析和解决现实中的问题，提升学生的创新创业能力。

4. 微创业培育平台

1）理论教育内化创新创业素养。针对正在创业或者创业成功的学生，微创业培育平台的理论教育可通过开设“创新战略思维”“风险投资”“创业营销与市场调查技术”“商务谈判与推销技巧”等课程，主要向学生介绍运营管理、市场营销、战略规划、企业风投、财务管理等方面的知识，其目的在于帮助学生掌握创业成功或企业运营的方法和技巧。

2）实践教育检验创新创业能力。针对正在创业或已经创业的学生，结合理论平台学习的方法和技巧，通过微创业培育平台的实践教育开设创业训练营、创业大讲堂、1+1导师指导，与创业学生进行案例共享、实务指导、项目诊脉、融资指导等创业训练，切实推进创业项目的落地和已运营项目的良性发展。

（资料来源：河南创新科技，2018. 创新创业教育课程体系的构成［EB/OL］. http://www.sohu.com/a/242459401_781087，节选，有改动.）

思考与训练

1. 创业者应具备哪些素养？
2. 商业情景下，创业动机主要有哪些？
3. 创业精神包括哪些？哪个最重要？

① 黄俊，冯诗淇，2015. 创业理论与实务：倾向、技能、要素与流程［M］. 北京：清华大学出版社.

第二篇

创新创业实践路径法

第三章 创业机会选择——精准定位

捕获成功的创业机会，并获得富有竞争力的商业成功，需要对创业机会精准定位、科学评估及果断实施。

案例导入

共享经济的创业机会

共享经济如今是最活跃的创新领域之一，我们身边被太多的共享事物包围，从共享房屋到共享办公，从共享单车到共享汽车等共享领域的崛起，共享经济为创业领域创造了机遇。

根据国家信息中心预测，到 2025 年共享经济规模占 GDP 的比重预计达到 20%，共享经济提供劳动者人数有望超过 1 亿人，其中全职参与人员约 2 000 万人。这意味着，共享经济将成为未来解决就业问题的主力军。那么，对于创业者来说，在共享经济的热潮下如何抓住创业机会呢？

1. 共享按摩椅

越来越多的共享按摩椅出现在了商场、电影院、高铁站、机场等人流量多的地方。随着人们工作节奏的加快，身体开始出现各种亚健康问题。家庭购买一台几千元的按摩椅可能会有点压力，而共享按摩椅的出现解决了这个问题，6 元就可以享受一次按摩还是很划算的。在逛街的时候累了、看电影还没开始，共享按摩椅既可以休息，又可以促进身体健康。共享按摩椅正是抓住了用户的碎片化时间，在等人、等车的时候通过按摩椅来消除疲劳、缓解压力，而且较低的收费对于用户来说也是可以接受的。

2. 共享充电宝

随着人们工作和生活越来越多地依赖手机，手机的充电需求也越来越大。有人会说，人人都有充电宝，为什么要用共享充电宝？是的，现在几乎人人都有充电宝，但是有多少人每天出门都带着充电宝呢？每个人出门都想身上带的东西越少越好。因此，在充电宝不在身边而手机又没电时，就需要共享充电宝了。

3. 共享纸巾

不知道从何时开始，商场、餐厅、学校等公共场所出现了共享纸巾。这个看上去门槛极低又不赚钱的项目真的适合创业吗？适不适合创业，主要是看有没有市场，一个产品只要有市场就不怕没有机会。把共享纸巾放在人流量大的商场、车站、公共卫生间等处，需求较大。很多人出门并不会特意装纸巾，特别是一些男士，而共享纸巾的出现可以方便大家出行，解决许多人的燃眉之急。

有些人认为，共享经济领域有较多的创业失败案例，但是我们应该从失败中吸取教训，避免重走别人的失败之路。

（资料来源：佚名，2018. 在共享经济的热潮下如何抓住创业机会［EB/OL］. http://www.qncye.com/qibu/jihui/072134498.html，有改动.）

第一节　创业机会概述

1. 创业机会的定义

美国纽约大学教授伊斯雷尔·柯兹纳指出，创业机会是未明确市场需求或未充分使用的资源或能力，它不同于有利可图的商业机会，其特点是发现甚至创造新的手段-目的链（means-end chain）[①]。手段-目的链理论认为，顾客在购买产品或服务时，其出发点是实现一定的价值[②]，为了实现这一价值需要取得一定的利益，为了实现这一利益[③]需要购买一定的产品或服务的属性[④]。个人价值是人们所追求的最终目标，手段是人们实现目标的方法，在市场营销范畴中，手段则表现为产品属性及由此带来的产品利益，从而形成一个手段-目的链，即产品属性—产品利益—个人价值关系，来实现创业收益，可以促进产品、服务、原材料或组织方式有极大的革新和效率的提高，且具有创造超额经济利润或者价值的潜力。

熊彼特认为，创业机会是通过把资源创造性地结合起来，迎合市场需求（或兴趣、愿望）并具有传递价值的可能性。刘萌芽（2009）等将创业机会定义为，通过各种创新满足市场需求并对创业者和社会均有利的机会，创业是实现创业机会的过程，可能是创办新企业，也可能是老企业寻求新的增长点或公司再造。

2. 狭义的创业机会

当上游出现新要素或创业者有创新知识，下游存在市场需求时就出现了广义的机会，广义的机会中那些创业者有能力利用的、竞争者不积极利用或竞争者被隔离的、互补厂商可合作利用的机会，才是创业机会。创业机会一般是狭义的机会，是创业者有产业知识和能力可以利用的，同时也是竞争者不积极、不知道、被隔离而不能利用的，有互补厂商可以合作利用的机会。图 3-1 中的直角三角形就是狭义的创业机会。

朱沛（2005）研究发现，相同产业成长期创业机会的类型构成创业机会的项目，即创业机会分为以下 3 类。

---

① 手段-目的链理论由心理学家米尔顿·罗克奇提出，该理论阐述了个人价值影响个人行为的方法。

② 价值包括归属感、爱、自尊、成就感、社会认同、享受、安全、快乐等内容。

③ 利益包括功能利益、体验利益、财务利益、心理利益等内容。

④ 属性包括原材料、形态、制造过程等内部属性，以及服务、品牌、包装、价格等外部属性。

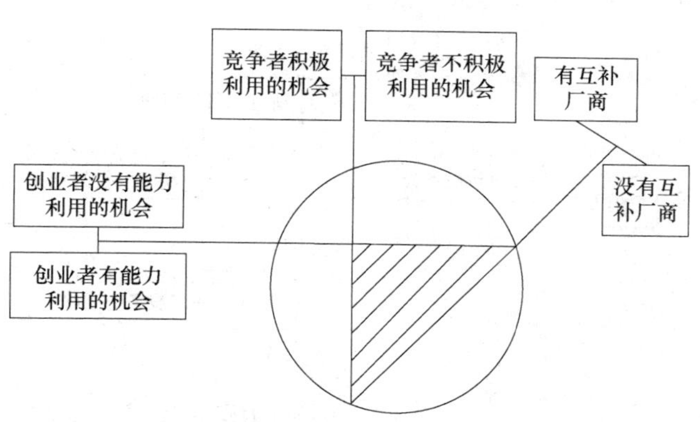

图 3-1 狭义的创业机会（直角三角形部分）

第一类创业机会包括：①创业者和团队的相同产业特殊知识强；②上游存在尚未利用或不完全利用的新要素；③竞争情势有利，存在竞争厂商不积极利用新要素的行为；④下游市场存在需求，需要运用产业特殊知识结合上游新要素创造新产品；⑤存在职能互补厂商，新业务可与它合作利用上游的新要素。第一类创业机会是外部因素形成的，是被创业者发现的。影响创业者发现创业机会的因素包括：①网络与社会关系（Burt，1992）；②产业/企业经验及观察；③先前知识（Shane，2000）。

第二类创业机会包括：①创业者和团队的相同产业特殊知识强；②创业者有创新知识，可以生产差异化的稀缺产品；③竞争情势有利，拥有竞争厂商难以模仿的知识；④下游市场存在需求；⑤存在职能互补厂商。创造的创业机会是指创新知识的类型包含独家的新技术知识、独特的新产品知识、独特的新商业模式知识、独特的新服务知识、独特的新配方知识、独特的新工艺流程知识等。创新知识来源于创业者的创造，或者创业者从早期创造者那里模仿取得，或者从一个发达市场用技术引进取得。

第三类创业机会是上面两类的混合，差异同时来源于上游要素和创新知识。

创业机会结构包含上游、下游、既有和潜在竞争者、互补者、（隐含）不存在替代品五个维度，它是一个微型细分市场的“五力模型”[①]。

运用“波特五力模型”[②]（图3-2）及时间维度，对比差异化前后的静态产业结构，在揭示出创业机会结构存在的同时，也存在一个空的或未填满的产业结构洞[③]，二者是“一体两面”。当上游存在差异性新要素，下游存在市场需求，竞争者不积极，缺少厂商从事上下游中间的价值活动和产品时，产业中存在一个不完全的价值链和产业结构洞。未来产业的发展需要有厂商进入来填补这个洞，因为创业者有很强的产业特殊知识，使他有能力填补该洞。

① 波特五力竞争结构模型的延伸。

② 波特五力模型是迈克尔·波特于 20 世纪 80 年代初提出的。他认为行业中存在着决定竞争规模和程度的五种力量，这五种力量综合起来影响着产业的吸引力及现有企业的竞争战略决策。五种力量分别为同行业内现有竞争者的竞争能力、潜在竞争者的进入能力、替代品的替代能力、供应商的讨价还价能力、购买者的讨价还价能力。

③ 产业结构洞是指在产业价值链中存在的空缺的厂商价值活动与产品。

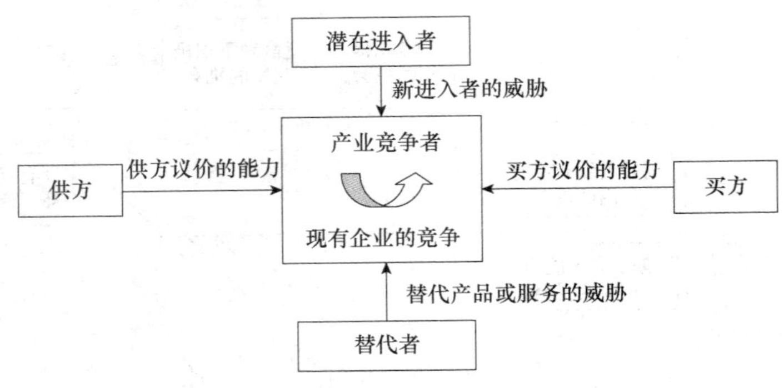

图 3-2　波特五力模型

3. 广义的创业机会

广义的创业机会要有产品差异来源和市场需求，产品差异来源于异质的资源。机会中存在低度利用的资源和整合资源产生新产品新服务的可能。因此，未完全利用的差异性资源和未满足的市场需求构成了机会，这个机会不一定是创业机会，它可能是对既有竞争者、创业者、潜在进入者开放的机会。创业的根本目的是满足顾客需求，从顾客的角度来看，需求尚未得到满足就是问题，而对于创业者来讲则是创业机会。①

4. 创业机会的特征②

创业机会具有以下特征。

（1）客观性和偶然性

创业机会是客观的，无论创业者是否意识到，它都会客观地存在于一定的市场环境中；创业机会又是偶然的，它并不是每时每刻都显露，它的发现具有一定的偶然性，关键是创业者要努力寻找，从市场环境变化的必然规律中预测和寻找创业机会。

（2）时效性和不确定性

创业机会具有时效性。俗话说，“机不可失，时不再来”。机会稍纵即逝，不可复得。新企业如果不能及时捕捉，就会丧失机会。创业机会还具有不确定性。在一定范围内，创业机会随着环境的变化而产生，并随着时间的推移而减弱或消失，甚至演变为威胁。因此，创业机会利用的结果难以预料，具有不确定性。

（3）均等性和差异性

创业机会在一定范围内对同类新企业是均等的，但不同新企业对同一创业机会的认识会有差别。这是由于创业者的素质和能力不同，利用同一创业机会获益的大小也会产生差异。因此，对于某类新企业来说可能是创业机会，而对于其他新企业来说则可能是威胁。

---

① 朱沛，2017. 创业战略管理［M］. 厦门：厦门大学出版社。

② 王本贤，崔成前，2016. 创业基础［M］. 南京：南京大学出版社.

第二节　创业机会的来源及类型①

当上游供应商、厂商内部、竞争者内部、下游顾客和渠道商的因素发生改变，或者研究机构、科研中的技术因素发生改变时，都可能产生机会。上游供应商的要素改变产生差异性新组件、新原料，可产生新产品；技术进步，产生了新的技术、设备，可用于改善企业现有营运。下游需求改变，会产生新的需求。市场中存在竞争者没有聚焦与定位的细分市场，但市场中不是任何改变形成的机会都能成为创业机会。创业机会是由多个因素共同构成的。

1. 市场约束变革视角的机会

创业机会大多数产生于不断变化的市场环境，市场环境变化了，市场需求、市场结构必然会发生变化。这种变化主要来自产业结构的变动、消费结构的升级、城市化的加速、人口思想观念的改变、政府政策的变化、人口结构的变化、居民收入水平的提高、全球化趋势等方面。创业者要重点关注以下几方面。

（1）政策变化

政府利用经济、法律和行政手段调节市场是为了弥补市场的不足，促进市场经济的发展。每次政策的变革和后续政策的出台，都会催生众多的创业机会。例如，政府放松某一行业的进入门槛，就使部分创业者利用自身掌握的资源优势顺利地进入该行业，抢到商机；政府一系列创业优惠政策的颁布，就为创业者减少了市场进入障碍。政策的预见性为创业者经营提供了决策前提，有利于形成先行优势。创业者要关心时政，合理利用政策变化带来的创业机会，为自己的创业活动打下基础。

（2）环境变化

环境变化是创业机会的重要来源。在这个“唯一能够确定的就是不确定性”的复杂动态商业环境中，蕴藏着“变化”的机会，如产业结构调整带来的新产业发展契机、顾客消费观念转变带来的新商机等。环境变化主要包括宏观经济政策和制度变化、产业经济结构变化、社会和人口结构变化、价值观和生活理念变化、竞争环境变化、技术变革、土地制约对科技需求的变化、能源供应紧缺引发的变化等。

（3）新消费升级

企业存在的根本目的就是为顾客创造价值，满足顾客需求，而创业机会源于顾客需求。成功的创业者总能敏锐地感知社会大众的需求变化，并能够从中捕捉到市场机会。一方面，消费潮流的变化，可能出现新的市场机会；另一方面，根据顾客的心理，通过产品和服务的创新，引导需求并满足需求，可以创造一个全新的市场。寻找创业机会的一个重要途径是善于从不同的视角去发现顾客需求方面存在的问题。顾客消费习惯的变化、消费水平的提高和消费“幻想”的实现过程也是很好的市场机会。因此，创业机会必定来源于顾客想要解决的

① 蒋心亚，敬丽华，2015．创业实务［M］．北京：北京交通大学出版社．

问题、顾客生活中的“痛点”、顾客新增的消费升级等，这些将催生新的创业机会。

（4）产业与企业变革

随着国企改革的推进，民营中小企业除了涉足制造业、餐饮服务业、房地产等传统业务领域外，还将逐步涉及战略新型产业、互联网产业、与“工业4.0”和“中国制造2025”相关的有更多创业机会的产业领域①；同时，国有企业的战略重组、传统产业＋互联网、互联网＋平台企业对产业生态的重构及企业管理变革，都会产生很多创业机会。

（5）新型服务发展

第三产业的发展为中小企业提供了非常多的创业机会。现代社会人们对信息情报、咨询、文化教育、金融、服务、修理、运输、娱乐等行业提出了更多更高的需求，从而使第三产业日益发展。由于第三产业一般不需要大规模的设备投资，它的发展为中小企业的经营和发展提供了广阔的空间。

（6）市场竞争

在分析竞争对手时，通常都会比较与竞争对手之间的优势与劣势，其目的是采取扬长避短或者差异化的策略，进而更好地满足顾客需求，拓展市场。因此，在市场竞争过程中，如果能够针对竞争对手的不足，将自己的优势充分发挥出来或者采取差异化的产品或服务方案，为顾客提供更具价值的产品或服务，则找到了竞争中的“缝隙”创业机会。另外，市场限制对企业是威胁，但如果采取逆向思维，则也可能是一种商业机会。

2. 新产品、新技术与新商业模式视角的机会

技术变革创造了新产品、新服务和新业态，更好地满足了顾客需求，同时也带来了创业机会。创业者应重点关注以下情况。

（1）新产品的出现

例如，随着计算机的诞生，计算机维修、软件开发、计算机操作培训、图文制作、信息服务、网上开店等创业机会也随之而来。

（2）新技术的应用

新技术的应用可能改变人们的工作和生活方式，创造新的市场机会。每一个发明创造，每一次技术革命，通常都会带来具有变革性、超额价值的新产品和新服务，能够更好地满足顾客的需求，伴随而来的则是无处不在的创业机会。一方面，创新变革者凭借长期积累的技术优势、创新实力，会产生来之不易的创业机会；另一方面，即使你不是变革者，只要善于发现机会，同样可以抓住对你来说“得来容易”的创业机会，从而成为受益者。例如，创新通信技术的发展、互联网的出现，改变了人们的工作、生活、交友方式，同时也为创业者带来创业机会。例如，创业者可以利用互联网平台，进行线上线下创业。

（3）新商业模式的运用②

新工业革命的影响、互联网等新一代信息技术的应用，涌现了“四新经济”，即“新技

---

① 唐德淼，2016．产业融合发展研究：工业4.0逻辑［J］．南方论刊（9）：4-6，17.

② 唐德淼，芮明杰，2016．互联网＋PPP模式创新与VFM适度评估［J］．科研管理（4）：205-209.

术[①]、新产业[②]、新业态[③]、新模式[④]”的经济形态，这是在新一代信息技术革命、新工业革命及制造业与服务业融合发展的背景下，以现代信息技术广泛嵌入和深化应用为基础，以市场需求为导向，以技术创新、应用创新、模式创新为内核并相互融合的新型经济形态。这种新型经济形态主要体现在商业模式的变革、新商业模式的广泛运用及对资源的整合上，从而出现了大量的创业机会。

3. 创业机会的类型[⑤]

（1）来源型创业机会

根据环境变化、顾客需求、创新变革、市场竞争等各类创业机会来源，可以将创业机会分为以下 3 种类型。

1）问题型创业机会。该种创业机会是基于顾客现有需求、尚未解决的问题而产生的，着眼于实际的创业机会。

2）趋势型创业机会。该种创业机会是基于环境动态变化、对顾客潜在需求预测而产生的，着眼于未来的创业机会。

3）组合型创业机会。该种创业机会是基于环境变化、顾客需求、创新变革、市场竞争等多种因素，为创造顾客新价值而产生的，且通常是由多项技术、产品或者服务组合而成的创业机会。

（2）目的型创业机会

根据手段-目的链理论中两者关系的明确程度，可以将创业机会分为以下 3 种类型。

1）识别型创业机会。该种创业机会是创业者可以直接通过手段-目的链轻松辨识出的创业机会，其前提条件是市场中的手段-目的链关系相当明显。

2）发现型创业机会。该种创业机会需要创业者去发掘，是较难辨识的创业机会，其背景条件是手段或目的任意一方的状况处于未知状态。

3）创造型创业机会。该种创业机会完全靠创业者创造，是几乎无法辨识的创业机会，其根本原因在于手段和目的皆处于不明朗的状态。在这种情况下，对于创业者的机会识别能力要求也比较高。

第三节　创业机会的识别[⑥]

识别创业机会是创业领域的关键问题。它也是思考和探索互相反复，并将创意/创新进

① 新技术是指可实际推广、替代传统应用和形成市场力量的新技术，而不是简单的产品技术或实验室技术。

② 新产业是指以新科学发现为基础，以新市场需求为依托，引发产业体系重大变革的产业。

③ 新业态是指伴随信息技术的升级应用等，从现有领域中衍生叠加出的新环节、新活动。

④ 新模式是指以市场需求为中心，打破原先垂直分布的产业链及价值链，实现传统产业要素重新高效组合。

⑤ 陈晓暾，陈李彬，田敏，2017. 创新创业教育入门与实践［M］. 北京：清华大学出版社.

⑥ 蒋心亚，敬丽华，2015. 创业实务［M］. 北京：北京交通大学出版社.

行转变的过程。这一过程注定是一个不断调整、反复、均衡的过程。在这一过程中，机会的潜在预期价值及创业者的自身能力得到反复的权衡，创业者对创业机会的战略定位也越来越明确。因而，这一过程称为机会的识别过程，也称为机会的开发过程。创业机会的识别一般包括机会搜寻、机会识别、机会评价等阶段。对于创业过程来说，真正的创业开始于商业机会的发现，从繁杂多变的市场环境中找到富有潜在价值的商业机会，进而开发并最终转化为新创企业。识别正确的创业机会是创业者应当具备的重要技能。在机会识别阶段，创业者需要弄清楚机会在哪里、怎样去寻找。

1. 机会发现与知觉

分析创业者认知创业机会的过程是非常复杂的。Renko（2012）提出了一个创业机会知觉过程的架构（图 3-3），从中我们可以直观地看出这一过程和因素。根据 Shane（2000）和 Chandler（1996）的观点，创业者利用先前产业特殊经验知识能够领先竞争者发现创业机会，并没有积极地搜寻真正逻辑。当知觉的主观机会和实际的客观机会重叠性偏低时就会产生创业的不确定性与风险。

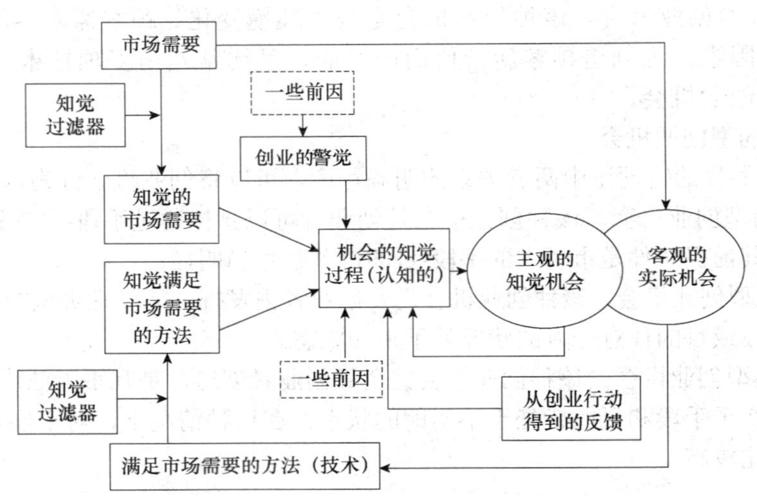

图 3-3　创业机会知觉过程的一般架构

2. 机会识别过程

（1）机会搜寻

这一阶段，创业者对整个经济系统中可能的创意展开搜索，如果创业者意识到某一创意可能是潜在的商业机会，具有潜在的发展价值，就会进入机会识别的下一阶段。

（2）机会筛选

相对整体意义上的机会识别过程，这里的机会识别应当是狭义上的识别，即从创意中筛选合适的机会。这一过程包括两个步骤：①通过对整体的市场环境和一般的行业分析来判断该机会是否在广泛意义上属于有利的商业机会；②考察这一机会对于特定的创业者和投资者来说是否有价值，即个性化的机会识别阶段。

（3）机会评价

这里的机会评价比较正式，考察的内容主要是各项财务指标、创业团队的构成等。通过机会评价，创业者决定是否正式组建企业，吸引投资。创业者在机会识别中的每一步都需要进行评估。也就是说，机会评价伴随于机会识别的整个过程中。在机会识别的初始阶段，创业者可以非正式的方式调查市场需求，确定所需的资源，直到断定这个机会值得考虑或是可以进一步深入开发；在机会识别的后期，这种评价变得较为规范，并且主要集中于考察这些资源的特定组合是否能够创造出足够的商业价值。

（4）机会识别条件

1）能够获取高价值的商业信息，且这种信息是他人难以接触到的。例如，拥有有助于获取信息的工作或者生活圈子、具备优越的社会资本条件、时刻保持创业感知及强烈的创业愿望等，均有利于创业者获取他人难以接触到的高价值商业信息。

2）能够分析商业信息的价值并做出准确的判断与决策。影响信息分析能力的因素有创业者个人或者团队的智力结构与先前经验、创新思维能力、创业者是否拥有乐观的心态、创业者是否具备敏锐的洞察力等。

这两个条件缺一不可，如果能够发现价值信息却不会分析、处理和运用，则所获得的信息没有商业价值；如果只具备强大的信息分析与处理能力，而没有价值信息来源，也将无济于事[①]。

3. 机会识别的影响因素

创业机会识别的影响因素包括先前产业特殊经验知识等，这些需要创业者具备远见与洞察能力、信息获取与分析能力、环境变化及技术发展趋势预测能力、模仿与创新能力、社会关系建立与维护能力、行业或者创业领域知识与经验储备能力等，才能有效把握。创业机会的影响因素是多维的，如图3-4所示。

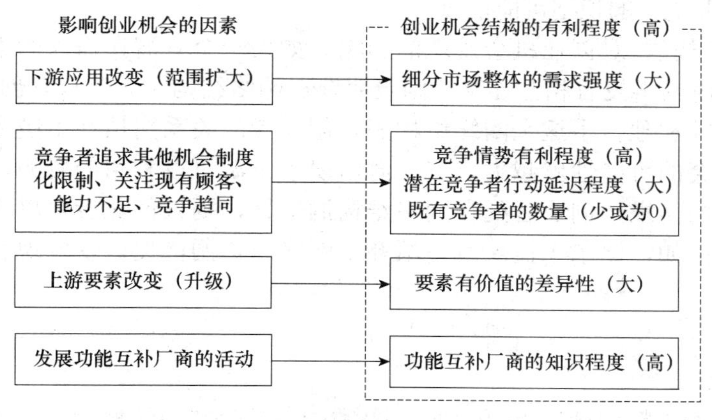

图3-4　创业机会的多维影响因素

① 陈晓暾，陈李彬，田敏，2017．创新创业教育入门与实践［M］．北京：清华大学出版社．

（1）先前产业特殊经验知识对创业机会发现的影响

先前产业特殊经验知识也是决定个人认知能力、创业技能的重要因素之一。因为大多数创业者的创业能力都是基于先前经验而不断成长的。创业者运用先前产业特殊经验知识（特别是产业环境知识）可以发现相同产业或相关产业的创业机会。产业环境知识包含：上游供应商的要素、下游顾客的需求、竞争者行为、功能互补厂商、已有的相关产业知识、资源整合的创意/创新。走廊原理[①]强调经验和知识对于个体发现和把握创业机会的重要性，个体在特定领域的经验和知识存量越多，就越容易看到并把握该领域内的创业机会，从而实施创业活动。

创业机会是上游出现新要素与下游顾客需求改变而产生新需求类型形成的机会，同时也是竞争者不积极利用的、创业者有知识与能力能够利用的机会。

（2）社会关系网络对创业机会发现的影响

创业机会包含创造的创业机会和发现的创业机会（朱沛，2005；Burglund，2007；唐鹏程，朱芳明，2009）。创业者的社会关系网络包括政府、金融机构、高校、商业合作伙伴、朋友、家庭、同事等。社会关系网络对创业机会发现的影响体现在以下方面：“弱连接”范围对创业机会发现的影响、网络结构洞对创业机会发现的影响、创新/创造性对创业机会发现的影响、跨地区/跨国商业观察对创业机会发现的影响。

1）“弱连接”范围对创业机会发现的影响。创业者的社会关系网可以按关系的“强连接”和“弱连接”[②]来分。潜在创业者的大范围“弱连接”社会关系有助于信息的获取与创业机会的发现。“强连接”基于信任与情感联系，能够促使信息有效地传递，使创业者能够更好地获得信息，从而更容易将所获得的信息转化为可能的创业机会；“弱连接”虽然表现出松散性、缺乏信任或情感基础，但是因其分布范围较广，比“强连接”更能充当跨越其社会界限的桥梁，超出“强连接”群体范畴去获得来自不同群体、不同网络而又难以得到高价值的信息和相关资源，从而拓展创业者的信息获取渠道，丰富创业者的信息获取量，大大增强了创业机会的识别可能性。

2）网络结构洞[③]对创业机会发现的影响。如果一个有潜在需求的下游网络和一个有潜在资源的上游网络没有相互连接，则表明存在网络结构洞。若只有创业者在中间连接，则该创业者填补和独占了这个网络结构洞。创业者的关系网填补了越多的网络结构洞，则发现创业机会的可能性就越大。若上游出现了下游可以利用的资源，或者下游出现了上游可以服务的需求，创业者处在网络结构洞位置，则该创业者可以实现和独家利用这个创业机会。例如，比尔·盖茨就是填补了网络结构洞，使微软发现和利用了一个成长的机会。

---

① 走廊原理是指创业者一旦创建企业，就开始了一段旅程，在这段旅程中，通向创业机会的“走廊”将变得清晰可见。也就是说，特定产业中的先前经验有助于创业者识别出创业机会。

② 强连接是指部分社会关系网络成员之间建立起来的信任及情感的联系；弱连接是指经济特征不同的个体之间发展起来的一种松散的联系。

③ Burt（1992）提出的网络结构洞概念可以解释创业机会的发现和独家利用。

另外，创业者拥有的社会资本[①]对创业机会的识别也会产生一定的影响。社会资本通常与人力资本、财务资本相提并论，对创业活动产生的影响也越来越大，备受创业研究与实践者关注。有关研究发现，社会关系网络是个体识别创业机会的主要来源，其中的“强连接”与“弱连接”相比较，前者的信息转化率相对较高；但是相对于前者而言，后者更有助于个体识别更多的创业机会。同时，创业者的资源禀赋[②]也会影响创业机会的识别。

3）创新/创造性对创业机会发现的影响。创业的本质就是创新/创造，创造性地整合资源产生价值（Berglund，2007）。创业机会来自获得产品有价值（对目标细分市场顾客有价值）、有差异的属性（相比于竞争者的产品属性），即提高产品服务性价比。创业机会的识别过程也要求创造新的价值，最终形成新的产品、新的服务、新的原材料及新的组织方式，其本身就是一个不断反复的创造性思维过程。当创业者创造性地解决了既有产品服务的问题，就可以采取提高性价比的方法，形成创意/创新（创新知识最初始的形式），这也就发现了创业机会。例如，“方太”的创业者想出了解决现有竞争者的抽油烟机六大缺点的方法，加上市场空间大，他们发现了一个创业机会。如果缺乏一定的创新/创造思维能力，即使获取了高价值信息甚至明确了客户的新需求，也很难把握好创业机会。

4）跨地区/跨国商业观察对创业机会发现的影响。当地区（或国家）之间存在商业模式差异、产品种类与价格差异、技术差异时，通过跨地区/跨国商业观察也会发现创业机会。

（3）创业环境对创业机会发现的影响

环境的变化是创业机会的重要来源。因此，创业环境必定会对创业机会的发现产生巨大影响。创业环境是创业过程中多种因素的组合，包括宏观经济政策与制度、产业结构、人口环境、技术环境、自然环境、市场环境、创业价值观等。例如，创业型经济发展的政策倾向、人们生活方式的改变、市场竞争环境的公平性，都会对创业机会的发现产生较大影响，甚至影响创业者的创业积极性。

（4）机会消失的影响

机会是时间轴上的一个变量，不是任何时候都有。一个创业者要抓住某一市场机会，其机会窗口应是敞开的而不是关闭的，并且它必须保持敞开足够长的时间以便被加以利用。一个好的机会是诱人的、持久的、适时的，它被固化在一种产品（服务）中，这种产品（服务）为它的买主或最终用户创造或添加了价值。在创业过程中可能存在这样的问题：如果真的有一个创业机会，是否有抓住这个机会的足够时间呢？这取决于技术能力、竞争对手的动向等。所以，一个创业机会通常也是一个不断移动的目标。随着企业的进入，细分市场趋近饱和、成熟，产业（创业）的机会窗口就关闭了。

---

① 创业者的社会资本是指与创业者个人及组织所建立的各类社会关系连接在一起形成的一系列资源，实际上是创业者各类社会关系资源价值的集中体现。

② 资源禀赋是指创业者在创业时期所拥有的资源，一般分为人力资源、物质资源、技术资源、组织资源、信息资源等。

案例启发 3-1

海岛卖鞋

曾经有一家美国的制鞋公司寻找国外市场，公司总裁派了一名推销员到非洲某个海岛上的国家，让他了解一下能否向该国卖鞋。这名推销员到非洲后给总部发回一封电报说："这里的人都习惯赤脚，不穿鞋，这里没有市场。"随即这名推销员就离开了那里。总裁随后又派去另一名推销员。第二名推销员到非洲后也给总部发回一封电报，电报中说："在这里的发现让我异常兴奋，因为这里的人都是赤脚，还没有一人穿鞋，这里市场巨大。"于是，他开始在岛上卖鞋。

该公司觉得情况有些蹊跷，于是总裁派出了第三名推销员。他到非洲待了 3 个星期，发回一封电报："这里的人不穿鞋，但有脚疾，需要鞋。不过不需要我们生产的鞋，因为我们的鞋太窄，我们必须生产宽一些的鞋。这里的部落首领不让我们做买卖……我们只有向他的金库进一些贡，才能获准在这里经营。我们需要投入大约 1.5 万美元，他才能开放市场。因此，我建议公司应开辟这个小岛市场。"

该公司董事会采纳了第三名推销员的建议，并通过适宜的营销组合，最终成功地开拓了这个海岛市场。

（资料来源：王本贤，崔成前，2016. 创业基础［M］. 南京：南京大学出版社.）

4. 机会识别的方法与技巧

（1）机会识别的方法

常用的机会识别方法有 4 种，即市场调研发现机会、系统分析发现机会、问题导向发现机会、创新变革获得机会。

1）市场调研发现机会。通过与顾客、供应商、代理商等面对面沟通，获得第一手资料与信息，了解现在发生了什么，未来将要发生什么。针对自己的某个特定想法，你可以精准地获取市场调研数据来发现可能的创业机会。

2）系统分析发现机会。在市场经济发展日趋成熟的情况下，处处是顾客与商机（市场不饱和）的时代已经过去，更多的企业是在"夹缝中求生存，变化中寻商机"。因此，如今绝大多数的创业机会都需要通过系统的分析才能得以发现。创业时，要从企业的宏观环境（政治、社会、法律、技术、人口等）与微观环境（细分市场、顾客、竞争对手、供应商等）的变化中寻找新的顾客需求和新的商机，这是精准创业机会识别最常用、最有效的方法之一。

3）问题导向发现机会。问题导向是指创业机会识别源于一个组织或者个人面临的某个问题或者明确的需求，这可能是创业机会识别最快速、最精准、最有效的方法，因为创业的根本目的是为顾客创造新的价值，解决顾客面临的问题。在这个过程中，常用的方法是不断地与顾客沟通，不断地汲取顾客的建议，基于顾客的需求创造性地推出新的产品或者服务。当然，在此基础上再进行市场调研、系统分析，就是有的放矢，显得更为科学、严谨。不过，在问题导向发现机会的过程中，要注意把控问题的难易程度，不能不切实际地探寻问题的解决方案。

4）创新变革获得机会。通过创新变革获得创业机会的方式在高新技术、互联网行业中最为常见。在这种创业机会的识别过程中，通常是针对目前明确的或者未来潜在的市场需求，探索相应的新技术、新方法、新知识或新模式，或者是利用已有的某项技术发明、商业创意/创新来实现新的商业价值，而且一旦获得成功，创业者凭借其具有变革性、超额价值的新产品或者新服务就能很容易在市场中处于压倒性的主导地位。但新技术或新知识能否真正满足顾客的需求需经历市场的考验，创新变革的方式难度更大，风险系数也更高。

（2）机会识别的技巧①

创业者抓住好的创业机会，就等于成功了一半。识别创业机会的行为体现为：掌握信息，包括掌握消费者的信息、掌握现有企业的信息、掌握政府机构的信息、掌握研发机构的信息；善于观察，包括善于观察他人的成功经验及失败教训、善于观察市场竞争情况等。机会识别的主要技巧如下。

1）从环境变化中寻找机会。环境的变化会给各行各业带来良机，人们透过这些变化，就会发现新的前景、新的机会。这些变化包括：产业结构的变化、科学技术的进步、政府管制的放松、经济体制的变革、价值观与生活形态的变化、人口结构的变化等。

2）从低科技领域中把握机会。随着科技的发展，开发高科技领域是时下热门的课题，但创业机会并不只属于高科技领域。在运输、金融、保健、饮食、流通等低科技领域也有机会，关键在于寻找与开发。

3）盯住顾客的需求寻找机会。机会不能从全部顾客身上去找，因为共同需求容易认识，基本上已很难再找到突破口。实际上，每个人的需求都是有差异的，如果我们时常关注某些人的日常生活和工作，就会从中发现某些机会。因此，在寻找机会时，应习惯把顾客进行分类，认真研究各类群体的需求特点。

4）从消费者苦恼和困扰的事情中寻找机会。因为令人们苦恼和困扰的事情，总是迫切地需要得到解决，如果能够提供解决的办法，也就找到了机会。

第四节　创业机会的评估②

1. 创业机会评估的方法

（1）定性评估

1）史蒂文森法。史蒂文森等人提出从以下几方面评估创业机会：①机会的大小、存在的时间跨度和随时间成长的速度等问题；②潜在的利润是否足够弥补资金、时间和机会成本的投资，并带来令人满意的收益；③创业机会是否开辟了额外的扩张、多样化或综合的机会选择；④在可能的障碍面前，收益是否持久；⑤产品（服务）是否真正满足了目标顾客的真实需求。

① 王本贤，崔成前，2016．创业基础［M］．南京：南京大学出版社．

② 同①。

2）朗格内克法。朗格内克等人指出了评估创业机会的5项基本标准：①对产品（服务）有明确界定的市场需求，推出的时机也是恰当的；②产品（服务）必须能够维持持久的竞争优势；③创业机会必须具有一定程度的高回报，从而允许一些投资中的失误；④创业者和创业机会之间必须相互合适；⑤创业机会不存在致命的缺陷。

（2）定量评估

1）标准打分矩阵法。标准打分矩阵法是通过选择对创业机会有重要影响的因素，并由专家小组对每一个因素进行“很好、好、一般”3个等级的评分，最后求出每个因素在各个创业机会下的加权平均分，从而对不同的创业机会进行比较。表3-1列出了常见的10项评估因素，在实际使用中可以根据情况选择全部或者部分因素进行评估。

表3-1　标准打分矩阵法创业机会评估模型

评估标准	专家评分			
	很好（3分）	好（2分）	一般（1分）	加权平均分
易操作性				
成长的潜力				
专利状况				
质量和易维护性				
投资收益				
资本增加的能力				
市场接受性				
市场容量的大小				
制造的简单性				
广告潜力（推广价值）				

2）普坦辛米特法。普坦辛米特法是一种让创业者填写针对不同因素的不同情况、预先设定好权值的选项式问卷的方法，见表3-2。对于各种因素，不同选项的得分为－2～＋2分，对所有因素得分加总就是最后的总分。总分越高的特定创业机会，成功的潜力就越大，只有得分高于15分的创业机会才是值得创业者开发的，低于15分的创业机会应该舍弃。

表3-2　普坦辛米特法创业机会评估模型

序号	指标	打分（−2～＋2）
1	生命周期中预期的成长阶段	
2	预期的年销售额	
3	对于税前投资回报水平的贡献	
4	销售人员的要求	
5	投资回收期	
6	进入市场的容易程度	
7	商业周期的影响	

续表

序号	指标	打分（−2～+2）
8	为产品指定高价的潜力	
9	占有领先者地位的潜力	
10	从创业到销售额高速增长的预期时间	
11	市场试验的时间范围	
总分		

3）巴蒂选择因素法。巴蒂选择因素法通过对 11 个选择因素的设定来对创业机会进行判断。如果某个创业机会只符合其中的 6 个或更少的因素，那么这个创业机会就不可取；反之，则说明该创业机会成功的希望很大，如表 3-3 所示。

表 3-3 巴蒂选择因素法创业机会评估模型

序号	因素	是 / 否
1	这个创业机会在现阶段是否只有创业者本人发现	
2	产品初始生产成本是不是创业者可以承受的	
3	创业机会市场初始开发成本能否承受	
4	新企业的产品是否具有高利润回报的潜力	
5	是否可以预期产品投放市场和达到盈亏平衡点的时间	
6	创业机会潜在的市场是否巨大	
7	创业者的产品是否是一个快速成长的产品系列中的第一个产品	
8	创业者是否拥有一些现成的初始客户	
9	创业者是否可以预期产品的开发成本和开发周期	
10	新企业是否处于一个成长中的行业	
11	金融界是否能理解新企业的产品和消费者对它的需求	

2. 创业机会评估的步骤

（1）确定评估目标

确定评估目标是创业机会评估的第一步，将直接影响创业机会评估后续步骤的实现。创业机会评估是识别有商业价值的创业机会，达到挖掘创业价值、规避创业风险、吸引风险投资的目的。在开始创业机会评估时，要对评估的目标进行充分分析，以便更好地确定创业机会的影响因素，从而确定创业机会评估的基本框架。

（2）分析影响因素

影响创业机会的因素有很多，既有内部创业团队的因素，也有外部创业环境的因素；既有社会因素，也有经济因素；既有市场因素，也有社会网络因素等。从各种影响创业机会的因素中抽象出关键性的因素，就构成了创业机会评估指标体系。

（3）构建创业机会评估指标体系

创业机会评估指标体系是在对创业机会影响因素分析的基础上构建的。综合来看，蒂蒙斯法的指标体系是目前较为全面的创业机会评估指标体系。在蒂蒙斯法的指标体系基础上，可结合国内市场及创业者的实际情况，构建新的评估指标体系。

（4）选用合适的评估方法

评估方法是对评估指标的排序和量化。评估方法有定性方法和定量方法。鉴于创业机会评估的特殊性，创业机会评估方法应在借鉴多个创业机会评估指标体系的基础上，选择定量与定性相结合的方法进行评估。

（5）评估实施

创业机会评估的实施是评估的实际操作阶段，对定量指标和定性指标进行处理，引入需要的数据和相关专家的评定，并结合相关模型，最终得到评估结果。评估实施也是对创业机会进行选择和淘汰的过程，其关键是相关数据的获取和模型的选择。

（6）评估反馈

创业机会评估是一个动态的过程，其本质是一个主观的、理论的分析过程。创业机会是否能真正成为一个成熟的机会，是否可以在现实中开发，还需要进一步从实践中证明。依据创业活动实践，可以从风险规避和价值创造这两个方面对创业机会评估的结果做进一步修正。

3. 创业机会评估的维度

（1）市场容量评估①

1）市场定位。一个好的创业机会，必然具有特定的市场定位，专注于满足顾客需求，同时能为顾客带来增值的效果。因此，在评估创业机会时，可从市场定位是否明确、顾客需求分析是否清晰、顾客接触通道是否流畅、产品是否持续衍生等方面来判断创业机会可能创造的市场价值。

2）市场结构。针对创业机会的市场结构进行以下分析，包括进入障碍、供货商、顾客、经销商的谈判力量、替代性竞争产品的威胁、市场内部竞争的激烈程度等。通过进行市场结构分析，新创企业可以得知自己未来在市场中的地位及可能遭遇竞争对手反击的程度。

3）市场规模。市场规模大小与成长速度，也是影响新创企业成败的重要因素。一般而言，市场规模大者，进入障碍相对较低，市场竞争激烈程度也会略为下降。如果要进入的是一个十分成熟的市场，那么纵然市场规模很大，由于已经不再成长，利润空间必然很小，新创企业就不值得进入；反之，如果要进入的是一个正在成长中的市场（即充满商机的市场），那么只要进入时机正确，就会有获利的空间。

4）市场渗透力。对于一个具有巨大市场潜力的创业机会，市场渗透力评估是一项非常重要的工作。市场渗透力是指产品进入市场、占领市场的能力，它反映产品的竞争能力。

5）市场占有率。创业机会预期可取得的市场占有率，可以显示新创公司未来的市场竞争力。一般而言，若想成为市场的领导者，需要最少拥有 20%以上的市场占有率。如果新

---

① 蒋心亚，敬丽华，2015. 创业实务［M］. 北京：北京交通大学出版社.

创企业的市场占有率低于5%，则市场竞争力虽然不高，但会影响未来企业上市的价值。因此，新创企业必须提高自己的市场占有率，才具有投资价值。

6）产品的成本优势。产品的成本优势反映了新创企业的市场竞争力。例如，从物料与人工成本所占比重之高低、变动成本与固定成本的比重、经济规模产量的大小等，可以判断企业创造附加价值的幅度及未来可能的获利空间。

（2）市场效益评估

1）税后净利。一般而言，一个好的创业机会，至少能够创造15%以上的税后净利，如果税后净利在5%以下，就不是一个好的创业机会。

2）盈亏平衡点。合理的盈亏平衡时间应该在两年以内达到，如果三年还达不到，则不是一个值得投入的创业机会。然而，有的创业机会需要经过比较长的耕耘时间，这种情况下，可以将前期投入视为一种投资。

3）投资回报率。考虑创业可能面临的各项风险，合理的投资回报率应该在25%以上。一般而言，15%以下的投资回报率是不值得考虑的创业机会。

4）资金需求量。资金需求量较低的创业机会，一般比较受投资者欢迎。事实上，许多个案显示，资本额过高并不利于创业成功，有时还会带来稀释投资回报率的负面效果。通常，知识密集型的创业机会，对资金的需求量较低，投资回报却很高。因此，在创业初期不要募集太多资金，最好通过盈余积累的方式来创造资金。而资本额较低，将有利于提高每股盈余，还可以进一步提高未来上市的价格。

5）毛利率优势。毛利率高的创业机会，风险相对较低，也比较容易取得损益平衡；反之，毛利率低的创业机会，风险相对较高，遇到决策失误或市场产生较大变化时，企业容易遭受损失。一般而言，理想的毛利率是40%，当毛利率低于20%时，这个创业机会就不值得考虑。软件业的毛利率通常都很高，所以只要找到足够的业务量，从事软件创业在财务上遭受严重损失的风险相对较低。

6）价值主张。能否创造新企业在市场上的策略性价值，也是一项重要的评估指标。一般而言，策略性价值与产业网络规模、利益机制、竞争程度密切相关，而创业机会对于产业价值链所能创造的价值效果，也与它所采取的经营策略与经营模式密切相关。

7）资本市场活力。当新创企业处于一个具有高度活力的资本市场时，它的获利回收机会相对比较大。不过资本市场的变化幅度极大，对企业而言，在市场高点时投入，资金成本较低，筹资相对容易；对投资者而言，在市场低点时投入，资金成本较低，有时投资回报反而会更高。一般而言，新创企业的活跃资本市场比较容易创造增值效果。因此，资本市场活力也是一项可以被用来评估创业机会的外部环境指标。

8）退出壁垒。退出壁垒与进入壁垒相对应，它是指企业从一个产业或领域撤出时付出的代价、克服的障碍，包括经济、技术、战略及路径依赖等方面的因素。退出壁垒与策略是评估创业机会的一项重要指标。企业的价值一般也要由具有客观鉴价能力的交易市场来决定，而这种交易机制的完善程度也会影响新创企业退出机制的弹性。由于退出的难度普遍要高于进入，一个具有吸引力的创业机会应该要为所有投资者考虑退出机制，以及退出的策略规划。[①]

第五节　创业机会的选择[②]

在现实商业环境中，适合创业的机会并不多。创业者要结合市场吸引力、行业（产业链）控制力、资源运营力、创客素养、目标市场规模、可持续竞争、价值链关系网络整合等方面[③]，依据机会选择的“两层原则”，在众多机会中筛选出适合自己的创业机会。

1）第一层，筛选出利好的创业机会。利好的创业机会通常具有以下 5 个特点：①在前景市场中，前 5 年中的市场需求会稳步快速增长；②创业者能够获得利用该机会所需的关键资源；③创业者不会被锁定在刚性的创业路径上，而是可以中途调整创业的技术路径；④创业者有可能创造新的市场需求；⑤特定机会的商业风险是明朗的，且至少有部分创业者能够承受相应的风险。

2）第二层，筛选出利己的创业机会。对利己的创业机会，创业者需要做好以下 4 点：①创业者能够获得自己缺少的、被他人控制的资源；②遇到竞争时，自己有能力与之抗衡；③存在创业者可能创造的新增市场；④创业者有能力承受利用该机会的各种风险。

创业机会选择的方向主要有以下几个。

1．避免陌生领域

许多创业者在选择项目时都会犯难，于是常常向亲朋好友、同事、咨询专家、创业培训机构请教，而他们给创业者的回答往往使一些人失望：“我们不会也不能直接给你推荐项目，而会教你一整套选择和评估项目的思路，我们希望靠你们自己选择适合自己的项目。”创业者在创业时不能盲目跟风，进入热门生意的不见得人人赚钱。在选择项目时，最好是与自己过去的从业经验、技能、特长和兴趣爱好相吻合。这样，成功的可能性才越大。

创业市场调查

美国的麦当劳开始时只是一家名不见经传的快餐店，之后迅速发展成为一个在美国国内有 500 多家分公司、在全世界 40 多个国家和地区有 4 000 多家分店的国际快餐经营集团。它的成功为创业者提供了许多可供借鉴的宝贵经验。很多人都感兴趣的一个问题是“如此快速、大规模的市场扩张，它们的营销部门是怎么做到的？”其实，麦当劳的市场营销部门只是遵循了一个宗旨，那就是：用市场研究的成功，确保市场营销的成功。

① 张国良，张付安，李文博，2017．创业学：战略与商业模式［M］．北京：清华大学出版社．

② 陈晓暾，陈李彬，田敏，2017．创新创业教育入门与实践［M］．北京：清华大学出版社．

③ 约翰·马林斯，2017．如何测试商业模式［M］．4 版．郭武文，叶颖，译．北京：机械工业出版社．

当年麦当劳要来北京投资，于是就派了两名市场调查人员来到北京某繁华街道做市场调查。第一名市场调查人员看了看繁华的街道和街上拥挤的人群就回去了。回到总部对负责人说，北京很繁华，人流也很大，所以这里可以开一家麦当劳。第二名市场调查人员也来到了这个繁华街道，从早到晚，分时段做每个时段的人流分布情况分析，并对每个时段经过的人流数都进行了统计和记录。然后又用了几天的时间，对不同年龄段的人群以赠送小礼品的形式进行了抽样调查，了解他们对外国快餐的感受和喜好程度等。通过几天的调查，回到总部的市场调查人员把一份详尽的市场调查报告交到了负责人手中。可见，第二名市场调查人员的做法更科学。

（资料来源：陈晓暾，陈李彬，田敏，2017．创新创业教育入门与实践［M］．北京：清华大学出版社．）

折腾注定失败

一名从事药厂生产管理已经近 7 年的“管理者”，后来看到做代理商的朋友们都发财了，于是就和几个朋友合伙做起了地区代理。因不熟悉市场，产品选择不当，“管理者”不仅在此项目中一无所获，2 年内还赔了 10 多万元，加上自己的机会成本共损失近 30 多万元。眼看着做代理行不通，该“管理者”不甘心，又打算与几个朋友合伙做餐饮。他们每个人都拿出一些钱，商量着开一家酒楼。但等到 200 万元资金到位准备装修时，才发现 200 万元根本不够，无奈又各自借了很多钱。原来，大家只是想象着干餐饮赚钱，但真正了解餐饮行业的却没有一个。由于先期没做任何预算，又对餐饮行业太陌生，酒楼勉强经营了一段时间，不但没赚钱，还欠了很多外债，几个要好的朋友也不欢而散。无奈，该“管理者”只好放弃餐饮业，重新进入一家保健品公司做起了老本行。

有道是“三百六十行，行行出状元”。任何行业，只要做成了行家，都能赚钱。因此，不要盲目眼红其他人的收益，对于自己不熟悉的行业尽量不要参与。例如，本例中的“管理者”，做熟了生产管理，却因听说做代理赚钱而改行，可是刚刚入门的他看不懂产品，也找不到合适的进货渠道。等他弄懂产品摸清行情时，很可能市场已被他人捷足先登。所以，创业者在选择行业时，一定不要像案例中的“管理者”一样，而是要选择自己有所了解的行业。

因此，对于连续创业者来说，经验非常重要，如果总结好每次失败的教训，下次创业成功的可能性才会增大。

（资料来源：陈晓暾，陈李彬，田敏，2017．创新创业教育入门与实践［M］．北京：清华大学出版社．）

2. 做擅长做的事

对于创业的成功，比尔·盖茨曾说过这样一句高度概括的话：“做自己最擅长的”。微软公司创立时只有比尔·盖茨和艾伦两个人，他们最大的长处是编程技术和法律经验。两个人立足于自己的长处，成功奠定了在这个领域的坚实基础。在以后的 20 多年里，他们一直不改初衷，“顽固”地在软件领域耕耘，任凭信息产业和经济环境风云变幻，从来没有考虑过涉足其他领域。结果，他们有了今天的成就。如果你用心去观察那些成大事的成功者，他们都有一个共同的特征——心中有一把丈量自己的尺子，知道自己该干什么，不该干什么。有了自知之明，就可以扬长避短，再抓住发展机遇，这个世界便有了“塑料大王”“汽车大王”“钢铁大王”等企业巨人。因此，我们应该选择自己最擅长的创业项目，做自己最擅长的事。

案例启发 3-3

耐克成功的秘诀

耐克正式命名是在 1978 年，到 1999 年时，它的销售额已达 95 亿美元，跨入《财富》500 强行列。超过了同行业的领袖品牌阿迪达斯、锐步，被誉为近 20 年来世界上最成功的消费品公司。耐克在全世界寻找条件最好的生产商为自己生产。耐克选择生产商的标准是：成本低、交货及时且品质有保证。这样，耐克规避了制造业公司的风险，从而专心于产品的研究与开发，快速推出新款式，大大缩短了产品生命周期。

耐克成功的另一个要素是传播。它利用青少年崇拜的偶像（如迈克尔·乔丹等）进行传播，还利用电子游戏设计耐克的专用游戏。每当推出新款式，就请乐队进行演奏，传递一种变革的思想和品质。耐克的传播策略使其品牌知名度迅速提升，产生价值。耐克的成功在于：它专注于做自己最擅长的事——设计与营销；而把不擅长的事——生产和物流交给别人去做。无论你的创业项目是什么，你都应该问自己这样一个问题：“这真的是我所擅长的吗？”只有做自己擅长的项目，你才更容易成功。

（资料来源：陈晓暾，陈李彬，田敏，2017. 创新创业教育入门与实践［M］. 北京：清华大学出版社.）

3. 针对利基市场缝隙

按照菲利普·科特勒在《营销管理》中的定义：利基是更窄地确定某些群体，这是一个小市场，而且它没有得到令人满意的服务，或者说“有获取利益的基础”（这种有利的市场位置称为 niche，通常译作“利基”）。企业在确定利基市场后，往往用更加专业化的经营来获取最大限度的收益，从而在强大的市场夹缝中寻求自己的出路。

在复杂多变的商业环境中，如果创业者的企业能够在一个别人看不到的市场缝隙中落地生根，那么其发展的阻力会小很多，且容易成功。创业者要学会在市场中寻找可以盈利的市场缝隙，从而建立自己独特的、极具吸引力的业务优势。市场缝隙的获得，不能光凭直觉，而是要经过大量、充分的目标市场研究后，做出一个最优的创业计划方案。一个训练有素的创业者，在投资一个项目前，一般都会先做市场调查和分析，然后再做商业计划。市场调查和分析的作用在于，创业者可以根据分析得来的结果制定战略规划，分析投资项目的外部宏观环境、行业竞争结构、市场结构、竞争态势等，进而做好市场细分和市场定位。只有进行实际、深入的市场调查和分析之后做出的商业计划才是可行的，才可能取得成功。

总之，市场利基者获得的是“高边际收益”，而密集市场营销者获得的是“高总量收益”。利基营销非常适合中小企业，其重点在于选取并建立利基市场。实行利基战略的主要意义在于，在整个市场上占有较低份额的公司可以通过灵活、巧妙的捡漏，见缝插针，从而实现高市场收益。

寻找适合的利基市场

约翰·沃尔是Wall/Goldfinger公司的总裁。该公司成立于1971年，是一个乡村木器加工厂，主要加工拉盖书桌和有4根帐杆的卧床。现在，他的公司为美国许多颇有声望的公司制作家具。《财富》500强上有名的公司、主要的金融和保险公司、有名的法律公司，以及无数的大学都是Wall/Goldfinger公司的客户。该公司凭借多年的精湛技艺，已经开辟出了自己的利基市场，即制作教堂中的诵经台、餐具橱、接待台，以及它的专长——公司会议室里高雅的家具。2001年，Wall/Goldfinger公司还获得了防止环境污染杰出奖的政府奖金。为什么会获得这个奖项？这是因为公司员工对公司的加工设备进行了重新设计，从而使有害废弃物的产生减少了20%，并且还安装了能减少空气污染、降低燃料使用率的新通风装置和熔炉，这样就为员工创造了一种更加清洁的环境，可以为顾客生产更好的产品。

你是否曾乘坐过这样的旅游小船，在船上，你可以看见鱼，以及生活在水底的其他有趣生物？许多这种半潜水船都是由位于加利福尼亚州萨克拉门托的Sub Sea系统公司制造的。当这家公司的创始人吉姆·梅菲尔德、帕特里克、迈克尔·斯坦福决定为旅游业建造这些船时，实际上是赌了一把。创意的开展一点都不顺利。他们虽然制成了第一艘半潜水船，并把房子抵押用来偿还设计费用，但他们还面临一个难以完成的任务，就是获得美国海岸警卫局对船只设计细则的批准。仅仅这个过程就花了18个月的时间。不过，一切的艰难都已经过去，现在Sub Sea系统公司是美国这种特殊船只的最大供应商。该公司在工艺质量、细节、工程方面闻名于世，这三个充满创意的年轻人也在旅游业中找到了自己的利基。

木器加工和旅游业都是传统行业，似乎没有什么缝隙可以避免与众多对手竞争。但约翰·沃尔和Sub Sea系统公司证明，事实并不是这样的。正是因为他们选取竞争对手获利甚微或力量薄弱甚至忽视的一小块市场作为其专门服务的对象，全力予以满足该市场的各种实际需求，才达到牢固占领该市场的目的。

（资料来源：陈晓暾，陈李彬，田敏，2017. 创新创业教育入门与实践［M］. 北京：清华大学出版社.）

4. 针对新兴市场

现在是“快鱼吃慢鱼”的时代，对于刚刚进入市场的创业者来说，做到最优几乎不可能，但可以做最快、最独特的市场“填补者”。当你在新兴市场开辟出独特优势时，就可以获得该领域的先占优势，站在市场的制高点，把握主动权，这样利润率就比较高；相反，如果畏首畏尾，不敢尝试创新，等看到别人成功后才步人后尘是不会有很大市场突破的。所以，想要成功创业，就要敢于当“第一个吃螃蟹”的人，博得新兴市场的先占优势与市场发展空间。

案例启发 3-5

安踏的发展之路

2016 年年底，中国体育用品行业的领导品牌安踏入选中欧国际工商学院案例库。这个从 1991 年发展起来的晋江品牌，在 2012 年运动鞋服市场普遍低迷之际，超越李宁，荣登运动鞋服本土品牌销售榜首，并在 2015 年业绩突破运动服装行业“百亿魔咒”，连续三年实现两位数增长。2017 年年初，港股上市十年之际，安踏市值首次突破 600 亿港元，在全球体育用品管理公司中荣登榜单前五名。

虽然位居中国体育用品行业之首，但安踏如何保持可持续增长和行业优势地位，真正成为世界级品牌，仍将面临巨大挑战，被赶超的情况随时可能发生。在新零售时代，踏踏实实“做好每一件衣服，每一双鞋”的安踏，不断加大创新的投入，成立了中国第一个运动科学实验室，研发新产品费用占到销售收入的 5%。安踏的成功是坚持创新的结果。

（资料来源：根据相关资料整理.）

5. 针对细分行业

新创企业要想在产品日益同质化、市场竞争日益白热化的企业中胜出，创业者一定要有市场细分的概念，即通过市场调研，了解消费者的需要和欲望、购买行为和购买习惯等方面的差异。创业者绝对不要企图满足所有人的所有需求，把某一产品卖给所有人，赚所有人的钱，这是不切实际的幻想。一个企业、一个品牌只要能满足一部分人的一部分需求，并且能坚持不懈地改进，就能获得产业优势。

那么，创业者应该如何进行市场细分呢？一般来说，可以遵循以下几个步骤：①依据需求选定产品市场范围，列举潜在顾客的基本需求；②分析潜在顾客的不同需求，移去潜在顾客的共同需求；③进一步认识“专项”细分市场的特点；④测量各细分市场的市场容量，即潜在规模。以上步骤基本决定了各细分市场的类型，接下来还要测量各细分市场的潜在顾客数量。如果顾客数量太少，这个市场对创业者价值就比较小。

对于创业者而言，选择什么行业/产业的创业项目，显得特别重要。

1）不同产业的利润率差异较大。例如，零售业的行业利润率只有 6%～8%；而咨询业的行业利润率则高达 150%。创业必须选择行业，以谋求企业的行业合理利润。

2）不同产业的创业门槛差异较大。以制造业与网络服务业为例，制造业企业的平均注册资本比较高；而网络服务业企业的注册资本较低，可以“1 元”注册个人独资企业或其他形式的有限公司。除了资本门槛之外，不同的产业还有不同的技术门槛、政策门槛、规模门槛等。企业如果不能调动足够的资源来跨越产业门槛，那么该产业无论利润如何高、市场如何大，创业者都要谨慎涉足。

3）不同产业的创业资源整合要求差异较大。企业有足够的资源进入一个产业，并不代表企业能运营得很好，更不代表那就是企业最佳的支配资源方式。在运营不力的情况下，企业可能要付出远超出产业平均成本，才能获得产业平均水平的收益，这明显是不合适的。创业机会结构与差异化后的产品竞争属性、产品优势、利润等都不同程度地存在因果关系。在商业运营中，可以利用产业特殊知识和创业机会产生产品差异化、竞争优势和利润。在相同产业成长期创业，创业者应用产业特殊知识，利用创业机会，将产品竞争属性（即产品有价值的差异性、产品稀缺性、产品需求强度）转化为产品竞争优势，从而提升产品利润。例如，可以利用上游新要素形成的创业机会进行产品差异化，如图 3-5 所示。如何找到最适合投入的产业，找到自己的利基产业机会是创业者需要慎重考虑的。新创立的、小的、资源弱势的、竞争地位劣势的企业要善用聚焦战略创造竞争优势，要聚焦在一个地区、一个细分市场、一个价值活动、一个职能、一个产品线，集中优势资源进行商业突破。

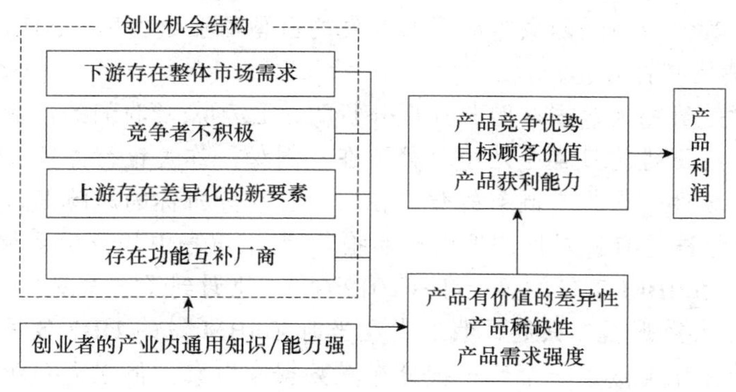

图 3-5　利用上游新要素形成的创业机会进行产品差异化理论模型

6. 基于技术创业

创业离不开技术支持，有些创业是以技术为“资本”，技术也是企业发展的原动力。创业者可以借助他人或自身的某项技术，开启创业之旅，实现技术型创业。技术变革产生的创业机会，主要源自科技的创新和进步。技术上的任何更新，或升级换代或重新组合，都可能给创业者带来某种创业机会，具体表现在以下方面。

（1）关注新技术的替代性

通常，随着旧技术的淘汰和新技术完全占领市场而会出现创业机会。例如，随着净水设备小型化技术的逐步成熟和人们对饮水质量的高要求，不少创业者选择了“水净化”领域的创业机会。

（2）实现技术新功能

原有技术的升级或组合产生的新功能、新应用，也会给创业者带来新的创业机会。例如，随着互联网的迅速发展涌现出一系列与网络有关的创业机会。

（3）把握技术新问题

新技术在带来某种新利益的同时，也会带来某些新问题，这就迫使创业者为了消除新技术的不利影响而再开发新技术并使其商业化。例如，汽车导航仪和计算机杀毒软件这类产品都是由新技术带来的新问题而产生的创业机会。

案例启发 3-6

王涛创立新型数据库

美国商业杂志《快公司》中文版在评估上千家企业的创新表现后，推出了 2014 年中国最佳创新公司 50 强榜单。在这份榜单中，不乏腾讯、小米科技、奇虎 360 等充满创新智慧的大公司，而来自广州的“巨杉数据库”也名列其中。王涛作为这家企业的创始人，获得了“全球商业最具创意人物 100”的殊荣。

广州巨杉软件开发有限公司（以下简称“巨杉数据库”）创立于 2012 年，是国内唯一一家完全不基于其他任何开源数据库产品开发的新型商业数据库，2013 年测试产品推出，2014 年销售业绩已有百万元。

巨杉数据库是研究大数据存储与处理分析的。王涛说：“我们的产品看起来跟百姓相距较远，但实际上在百姓的日常生活中无处不在。例如，你去银行办理业务排队拿号时，银行可以用我们的软件，根据其既有的数据在后台自动分析你的风险偏好，然后理财经理根据分析结果，对你进行有针对性的理财产品推荐。”王涛高中毕业后去加拿大读大学，然后进 IBM 工作，但在 IBM 工作的第七年（2012 年），他遇到了一些变化。他说：“2011 年、2012 年的时候，大数据行业兴起，我们发现当时在 IBM 做的 DB2 数据库不符合未来的发展趋势，于是就在北美做了一个新一代分布式数据库引擎。但在大企业，进行革命性的创新是很难的，因此我最终选择了创业。”数据库基础软件的研发难度在全球都是顶尖的，而国内的基础软件研发一直以来都与国际相比相差几十年。因此，搭建这样一个顶尖团队的难度可想而知。

他说：“我们的核心研发岗位都是在这一领域工作了多年的有经验的人，目前只有一些测试岗位由应届毕业生来做，因此我们的团队很精干，当然人力成本也很高，我们通过 PRE-A 和 A 轮融资融到的数千万元主要用来给他们发工资了。此外，我们在招人的时候，都会跟他们讲清楚目前的风险、产品的优势与未来的方向。因此，在创业过程中遇到一些问题时都不会灰心丧气，而是团结一致，才有了现在的一点成绩。”

因此，不是每个创业者的创业都得基于技术，技术创业也是一个重要方向，需要时刻关注技术变革对创业的深远影响。

（资料来源：佚名，2015．海归技术男广州当“创客”[EB/OL]．http://chinese.people.com.cn/n/2015/0504/c42309-26942256.html，节选，有改动．）

7．创意/创新是核心

任何好的项目和好的企业都是做出来的，而不是想出来的。创业者要做的事情，就是把自己的创意/创新变成现实；否则，他只是一个空想家，而不是创业者。任何人都可以有许多想法，但能不能把想法变成现实，这才是最关键的。有些创业者的创意/创新在风险投资者眼里是异想天开的妄想，然而这些创业者，却没有把自己的梦想只停留在想法上，因此才造就了今天那么多的知名企业。

案例启发 3-7

王卫：善于把握创业机会

1993 年，22 岁的王卫在广东顺德创立了顺丰速运有限公司。当时，这家公司算上王卫只有 6 个人。2010 年，这家公司的销售额已经达到 120 亿元人民币，拥有 8 万名员工，年均增长率为 50%，利润率为 30%。目前，顺丰的经营规模、网点覆盖和市场份额仅次于中国邮政集团公司（EMS），在中国快递企业中排名第二，在中国民营快递企业中排名第一，也成功上市了。

然而，公司虽然诞生于地下室，成长于街道和巷弄，但是顺丰在很早时候就立志不能成为和某些快递公司一样的街道公司。2003 年对于顺丰来说是转折性的一年。这一年春天，SARS 爆发，顺丰身处 SARS 的重灾区。这次公共卫生领域的危机事件成为快递行业的一次商业机会。尽管如此，顺丰却并不是依靠突如其来的偶然性事件成长起来的。2003 年，随着顺丰队伍的不断扩大，创始人王卫把目光转向了天空。年初，借航空运价大跌之际，顺丰顺势与扬子江快运签下合同，成为国内第一家（也是目前唯一一家）使用全货运专机的民营速递企业。除了专机以外，顺丰还与多家航空公司签订协议，利用国内 230 多条航线的专用舱，负责快件在全国各个城市之间的运送。2003 年之后，顺丰的货量增长迅速，每年增速都在 50%左右。迅速增长的货量形成的规模优势，抵消了包机增加的成本。这种良性循环，又进一步巩固了顺丰在速度方面的优势。

顺丰凭借包机的便利，以低价香港件做主打产品策略，横扫华东至整个中国，迅速完成全国 200 多个网点的布局，进入发展最为迅速的时期。2006 年年初，顺丰在国内已建有 2 个分拨中心、52 个中转场，拥有 2 000 多台干线中转车辆及 1 100 多个营业网点，覆盖了国内 20 个省 100 多个大中城市（包括香港地区）及 300 多个县级市或城镇。

（资料来源：黄海燕，2017. 大学生创业教育［M］. 长沙：湖南师范大学出版社.）

延伸阅读

创意催生新产品

苹果公司的品牌影响力很大程度上来自乔布斯的传奇故事。1997 年，苹果公司几乎破产，作为创业者的乔布斯重返公司，彻底改变了产品的设计理念及风格。苹果公司把自己的新想法和其他人的技术结合在一起，然后用一流的软件和时髦的设计包装新产品， iPad 就是这样一个实践的产物。

iPad 使用的是已有的 iTunes 自动播放软件，这也不是苹果的原创，而是它买来后加以改进的。总的来说，苹果公司是一个技术的整合者，它不惧怕从外面引入技术，但总会在其中加入自己的想法。这种做法成就了独一无二的“苹果”。

把想法变成现实是苹果公司的看家本领，也是创业者必备的素质。假如不能把自己的想法变成现实，创业就无从谈起。从另一方面来说，这也意味着创业者必须有自己的想法，哪怕是模仿别人，也要想方设法加入自己的一点创意/创新，这样就会创造出属于自己的东西。另外，你的想法不一定会得到身边人的一致赞同，这就需要创业者不因别人的劝说或看法而动摇自己的目标，要能承受别人所不能承受的压力，这样才能获得别人所不能获得的成功。

（资料来源：陈晓暾，陈李彬，田敏，2017．创新创业教育入门与实践［M］．北京：清华大学出版社．）

连锁加盟创业“法则”

目前，连锁加盟已成为创业的主流方式之一。连锁加盟虽有“大树底下好乘凉”的优势，但很多创业者都有同感：面对诸多的加盟品牌，不知如何才能踏出正确的第一步。对此，业内专家建议，创业不是儿戏，千万不能急躁。创业者应按照以下9个步骤进行，才能走稳创业之路。

1）兴趣是先导。开创一个新事业，前3年比较辛苦。兴趣、理想与热情是支持创业者坚持到底的原动力，甚至决定着新事业未来的发展。因此，创业者在选择连锁加盟项目时，一定要以兴趣为先导。

2）能力最重要。每一个行业都有进入门槛，创业者如果不具备这方面的条件就贸然涉足，失败的可能性就较大。因此，在选择连锁加盟项目时，自己的能力是最重要的参考因素，要量力而为。

3）资讯不能少。俗话说“知彼知己，百战不殆”，创业者在选择连锁加盟项目时，要充分掌握相关信息。例如，该项目的市场前景如何？盈利状况如何？投入资金多少？竞争激烈程度如何？……创业者可以通过一些加盟说明会获得相关资讯，或向加盟总部索取资料。

4）选择看获利。资料收集完后，创业者可选择2～3个连锁加盟项目，与特许商洽谈，了解总部的经营实力与经营理念。在货比三家的过程中，创业者关注的焦点问题，并不是总投资金额的高低，而是加盟后成功获利的概率多高。

5）访问很必要。一般来说，特许商为吸引创业者，在介绍时都是王婆卖瓜，说得天花乱坠。对此，创业者应“耳听为虚，眼见为实”。创业者在与特许商洽谈时，可要求其提供一些加盟店的名单，然后从中挑选两三家进行实地考察。考察的重点应该是加盟店的经营实况、特许商的配套设施是否周到等。

6）比较少不了。创业者进行实地考察后，就应该冷静地进行分析比较。各特许商的加盟模式与条件一般都大同小异，但正是这些“小异”的地方，如加盟金的支付方式、总部供货价格等问题，可能影响加盟后的经营利润。因此，创业者在选择项目时，互相比较这一环节必不可少。

7）培训得重视。创业者与中意的特许商签订初步协议后，特许商一般都会提供一系列的开业前培训课程。这个培训课程往往会针对创业可能遭遇的问题，传授相关的解决办法。此外，还可能会传授一些与加盟项目相关的行业知识，所以创业者应该认真对待。

8）选址得多跑。选择一个好的营业地点，创业就成功了一半。店面的含金量不在于租金的高低，而是看能够创造多少营业额。要寻找价廉物美的店面，实地考察是最有效的手段。所以，四处奔波，跑来跑去，是创业者选址必须要做的功课。

9）开店早准备。开店前的准备工作一定要做足、做好。在店面装潢、购置设备的同时，创业者要多走动走动，与附近的邻居做好睦邻的工作；同时，还要熟悉当地市场，开发潜在顾客。在筹备期间，就应招募足够的工作人员，并事先做好培训工作，才能从容应对开业时的繁忙。

（资料来源：姚圆鑫，王佳，2016．大学生创新创业教育［M］．北京：国家行政学院出版社．）

思考与训练

1．创业者可以通过哪些途径获取创业机会？
2．创业者应从哪些方面评估创业机会？
3．结合某个产业的发展趋势，分析该产业有哪些创业机会。

第四章　创业团队组建——优势互补

一个好汉三个帮，创业团队是创业成功的关键要素之一。创业团队的组建必须确立具有企业家精神的“领军”人物，团队核心成员辅以互补和协同。

案例导入

携程旅行网的创业团队

梁建章、沈南鹏、季琦和范敏构成的携程旅行网（以下简称“携程”）创始人团队是中国互联网企业里构成最复杂、职位变动和交接最多的一个，但却是过渡最平稳的一个。如果他们不曾为彼此安排好发展空间并保证利益，不曾为大局做出妥协，携程绝难安存至今。

1999 年，携程创立之初的 4 位创始人依据各自经历大体定下了人事架构。沈南鹏出任 CFO[①]，他此前是德意志银行亚太总裁。季琦和梁建章相继出任 CEO，前者此前创办上海协成科技，擅长市场和销售，主外；后者是甲骨文中国区咨询总监，擅长 IT 和架构管理，主内。最后一个加入的范敏，此前是上海旅行社总经理和新亚酒店管理公司副总经理，出任执行副总裁，负责具体旅游业务，而后逐步升任 COO 及 CEO。

2000 年年初，携程创始人之一季琦的职位由 CEO 变为了联席 CEO，另一位创始人梁建章开始分权、同任 CEO。之后，季琦改任总裁，梁建章为唯一 CEO。2002 年，携程和首旅共同投资创建连锁酒店如家，季琦离开携程、执掌如家。为达到上市要求，携程在 2003 年撇清了和“交易关联方”如家的投资关系。季琦成为如家的独立当家人。

论及性格，季琦有激情、锐意开拓；沈南鹏风风火火；梁建章偏理性，用数字说话，眼光长远；范敏善于经营，方方面面的关系处理得体。他们特长各异，各掌一端，在公司内部有相当的共识。

（资料来源：根据相关资料整理.）

第一节　创业团队组建的原则[②]

创业团队是为进行创业而形成的集体。它使各成员联合起来，在行为上形成彼此影响的交互作用，在心理上意识到其他成员的存在及彼此相互归属的感受和工作精神。这种集体不同于

---

① CFO 即首席财务官；CEO 即首席执行官；COO 即首席运营官。

② 蒋键，2016．创业管理与实务［M］．上海：上海交通大学出版社．

一般意义上的社会团体，它存在于企业之中，因创业的关系而连接起来却又超乎个人、领导和组织之外。

创业团队是一个新创企业的核心，建立在创业团队基础上的企业绩效往往要好于单个创业者所创办的企业。因此，创业团队对创业的成功起着至关重要的作用。创业团队应具备 5 个方面的要素：目标、成员、定位、权限和计划，如图 4-1 所示。

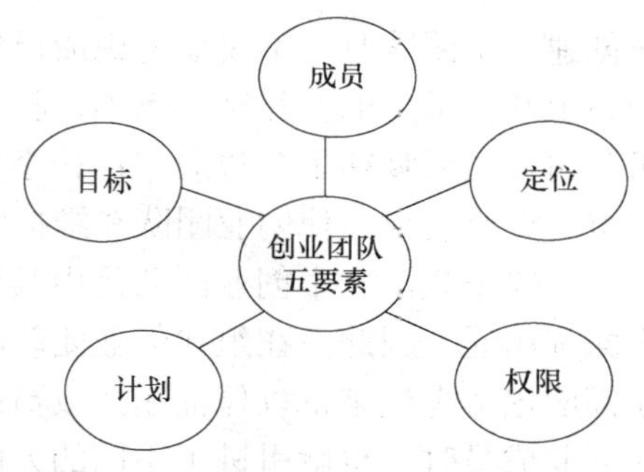

图 4-1　创业团队五要素模型

围绕这 5 个要素创建一个高绩效的创业团队，应遵循如下原则。

1. 志向相投

创业过程充满艰辛和风险。创业团队一定要有一致的创业思路，成员个人的目标要与企业的愿景一致，即认同团队将要努力的目标和方向。然而在现实中，创业团队成员的目标并不是十分清晰和明确的，甚至很多时候他们并不明白自己为什么急于走上创业的道路。缺乏共同的价值观就无法解决团队中的矛盾、争论和冲突，此时的团队就如同一盘散沙，失去了作为一个整体运作的基础，很难发挥“1＋1＞2”的协同效应。因此，创业团队成员要拥有共同的价值观，把个人目标整合到组织目标中，增强团队的凝聚力。在组建创业团队时要思考：团队是否有清晰、坚定不移的核心理念和充满感召力的宏伟目标，团队成员是否都明确了解并认可这些核心理念和宏伟目标，并愿意为之而奋斗。例如，中山大学管理学院教授、创业理论专家任荣伟曾在 2002～2003 年对珠三角地区的 109 家科技企业创业团队进行了问卷调查。任荣伟的调查清楚地描述了创业团队成员散伙或离职的主要原因。70%的人认为，散伙是因为“合作不愉快，人际关系难处理”“对公司未来发展前景感到渺茫和不确定”“当初建立的信任基础发生动摇”，而选择“对公司分配机制不满意”“报酬不理想”等原因的只有 10%。在调查创业团队成员被解职的原因时，选择“与董事会配合协调不一致”“经营理念偏差、行动不一致”的占总调查人数的 90%以上。由此可见，创业团队之所以解体，其最重要的原因在于“团队合作精神”未能持续，合作的信任基础发生了动摇。

2. 坚毅专注

作为创业企业的核心领导者有一点要特别注意，即一定要选择对团队项目有热情并踏实肯干的人加入团队。而是不是“海归”、是不是来自名校和名企，这些相对都不重要。重要的是有激情，是一个踏踏实实做事的人。任何人，不管他的专业水平有多高，如果对创业事业信心不足，就无法适应创业的需要。企业需要的是“做”，需要的是“结果”。激情是衡量一个人是否能够成功的基础标准。创业团队一定要选择对项目有高度热情的人加入，并且所有人在企业初创时期要有每天长时间工作的准备。

3. 优势互补

从人力资源管理的角度来看，建立优势互补的创业团队是保持创业团队稳定的关键。

在创建一个团队时，不仅要考虑成员之间的人际关系、亲情关系，而且还要考虑成员之间能力上和技术上的互补性。例如，腾讯公司创业之初，马化腾和他的同学张志东注册了腾讯公司，之后吸纳了 3 位股东：曾李青、许晨晔、陈一丹。这 5 位创造人各展所长、各管一摊。如此设计，使创业团队在维持张力的同时，保持和谐稳定。

一般来说，一个创业团队是由其创始人组织的，而创始人不可能对企业经营中的各个方面都精通。因此，在组建创业团队时，主内、主外、企业领袖、技术与市场等方面的人才都应该考虑进来，以保证团队成员的异质性。从创业资源的角度来看，在引进不同背景的创业成员时，也就引进了不同的人际网络。每一家公司都需要各种人际网络的引入，才有可能衍生出一些新的机会，从而使公司顺利地运作，这对于缺乏资源的新创公司而言尤为重要。

4. 权益匹配

创业团队成员间的权益分配是一个敏感、困难而又十分重要的议题。创业团队权益分配是指依法律文本的形式确定一个清晰的利润分配方案，把最基本的责权利界定清楚，尤其是股权、期权和分红权，此外还包括增资、扩股、融资、撤资等与团队成员利益紧密相关的事宜。在最初组建团队时，由于各成员在创业企业中的作用和贡献还无法比较准确地衡量，可以考虑采用“期股”的方式，即在成员进入创业团队时事先签订全体团队成员的内部协定，承诺团队成员在创业企业服务一定年限、做出一定贡献后能够得到一定数量的名义股份。在创业初期，创业企业一般以有限责任公司的形式存在。因此，在实施期股计划时，名义股东及各股东的名义股份与公司章程中实际股东和股份往往并不一致，股东身份和股权的真正确认往往在必要的法律手续变更之后才能实现。此外，应该尽可能地预留一些股份用来在一定时间内（如 1 年或 3 年）根据团队成员的贡献大小再次分配，另外一部分预留给未来的团队成员和重要员工。

因此，创业团队的核心成员一定要价值观相似、资源互补，个性要适岗匹配；一般不能用特别的亲属搭班子，也不能无原则地意气聚合；同时，要设置好“出局”或另起炉灶的约束机制。

案例启发 4–1

创业团队组建的困惑

1. 创业团队组织认同差异化

在大学生创业团队组建的过程中出现的一个最大问题是创业团队组织认同差异化。大学生在创业过程中，创业团队的主要合作伙伴来源是同学、亲属、年龄相仿的朋友等。由于大学生刚刚走出学校大门，他们往往个性较强、储备了较多的理论知识、缺乏实践经验、缺少资金和人脉等。因此，在组建创业团队时，缺乏对合作伙伴的价值观判断。在创业团队组建的过程中，往往会出现合作认同差异化的现象，价值观的差异化极有可能导致团队合作关系的破裂，不利于创业成功。

2. 缺少互补型的人才

缺少互补型的人才是大学生创业过程中出现的另一个问题。大学生在组建创业团队初期，总希望找到志同道合的人，但是对“志同道合”的理解却出现一定的偏差。大部分创业者寻找的是与自己性格相近的人，而不是与自己有差异的人。这种性格上的“趋同性”往往会让大家的意见和想法想到一起，在考虑问题时往往不够全面，这样就难以形成一个有力量的团队，不利于团队的壮大。

3. 团队管理不够科学

大学生的社交群体比较单纯，企业中的人际关系比较复杂，在管理时缺少经验，会导致组织逐渐出现分歧。大学生管理经验不够成熟，在组建创业团队时可能会出现各种棘手问题难以解决，无法妥善地处理好利益分配、项目管理及运作等问题，如果管理不够科学，很难做到让各方满意，则会影响大学生创业团队的健康发展。

（资料来源：邢皓越，等，2015．大学生创业团队的组建和培养［J］．亚太教育（18）．）

第二节　创业团队组建的流程

创业团队的组建是一个相当复杂的过程，不同类型的创业项目所需的团队不一样，创建步骤也不完全相同。图 4-2 为创业团队组建流程。

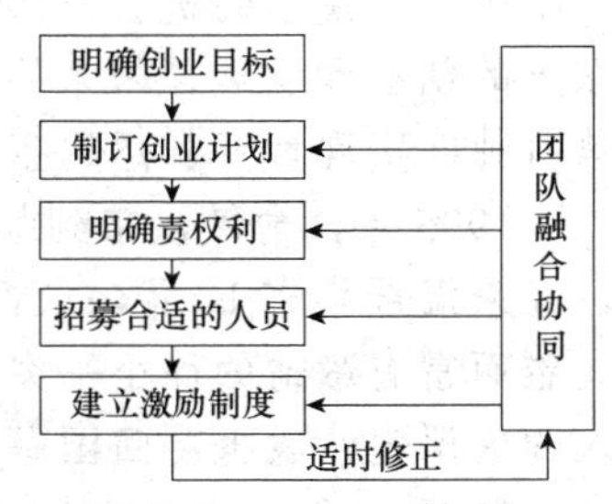

图 4-2　创业团队组建流程

1. 明确创业目标

创业团队的总目标就是通过完成创业阶段的技术、市场、规划、组织、管理等各项工作，实现企业从无到有、从起步到成熟。待总目标确定之后，为了推动团队最终实现创业目标，应将总目标加以分解，设定若干可行的、阶段性的子目标。

案例启发 4-2

新东方的创业团队

俞敏洪，1980 年考入北京大学西语系，毕业后留校担任北京大学外语系教师。1991 年 9 月，俞敏洪从北京大学辞职，开始自己的创业生涯。

1993 年，俞敏洪创办了新东方培训学校，创业伊始，俞敏洪单枪匹马，仅有一个不足 10 平方米的漏风办公室，零下十几度的天气，自己拎着糨糊桶到大街上张贴广告，招揽学员。任何事情都是你不断努力去做的结果，当你碰到困难的时候，你不要把他想象成不可克服的困难，这个世界没有任何困难是不可克服的。正是凭借这种不怕困难、勇于克服困难的精神，新东方不断发展壮大，俞敏洪还把“从绝望中寻找希望”作为新东方的校训。

1994 年，俞敏洪已经投入 20 多万元，新东方已经有几千名学员，在北京已经是一个响亮的牌子，他看到了一个巨大的教育市场。俞敏洪喜欢教书，他曾说："我这辈子什么都可以离开，就是不可以离开讲台。"对教师职业的热爱和新东方的发展壮大，让他决定他不仅要做一名教师、一个校长，还要做一个教育家。

1. 聚集人才

20 世纪 90 年代随着出国热，以及人们在工作、学习、晋升等方面对英语的多样化需求，在国内掀起了学习英语的热潮，越来越多的优秀教师加入英语培训行业。如何先人一步取得自己的竞争优势，把新东方做大做强，俞敏洪认识到英语培训行业必须要具备一流的师资。俞敏洪需要找到更多的合作伙伴，帮他把控英语培训各个环节的质量。而这样的人，不仅要有过硬的专业知识和能力，更要和俞敏洪有共同的办学理念。他首先想到的是远在美国的王强、加拿大的徐小平等人，实际上这也是俞敏洪思考了很久之后做出的决定。他们不仅符合业务扩展的要求，而且是自己在北大时期的同学、好友，在思维上有着一定的共性，能够更好地理解并认同自己的办学理念，合作也会更加坚固和长久。

同时，他遇到了和他有着共同梦想的朋友——杜子华，杜子华研究生毕业后游历了美国、法国和加拿大，凭着对外语的透彻领悟和灵活运用，在国外结交了许多朋友，也得到了不少让人羡慕的机会。1994 年，在北京做培训的杜子华与俞敏洪会面，俞敏洪讲述了新东方的创业和发展、未来的构想、自己的理想、对人才的渴望……这次会面改变了杜子华单打独斗实现教育梦想的生活，杜子华决定在新东方实现自己的追求和梦想。

1995 年，俞敏洪来到加拿大温哥华，找到曾在北大共事的朋友徐小平。这时的徐小平已经来温哥华有 10 年之久，生活稳定且富足。俞敏洪不经意地讲述自己创办新东方的经历，文雅而富有激情的徐小平突然激动起来："敏洪，你真是创造了一个奇迹啊！就冲你那 1 000 人的大课堂，我也要回国做点事！"

随后，俞敏洪又来到美国，找到当时已经进入贝尔实验室工作的同学王强。1990 年，王强凭借自己的教育背景，3 年就拿下了计算机硕士学位，并成功进入著名的贝尔实验室，可以说是留学生中成功的典型。王强陪着俞敏洪参观普林斯顿大学，让他震惊的是，只要碰上一个黑头发的中国留学生，竟然都会向俞敏洪叫一声"俞老师"，这里可是世界著名的大学啊。王强后来谈到这件事时说自己当时很震惊，俞敏洪对他说，你不妨回来吧，回国做点自己想做的事情。就这样，1994～2000 年，杜子华、徐小平、王强、胡敏、包凡一、何庆权、钱永强、江博、周成刚等人陆续被俞敏洪网罗到了新东方的门下。

2. 构建团队

作为教育行业，师资构成了新东方的核心竞争力。俞敏洪的成功之处是为新东方组建了一支年轻而又充满激情和智慧的团队，俞敏洪的温厚，王强的直爽，徐小平的激情，杜子华的洒脱，包凡一的稳重，5 个人的鲜明个性让新东方总是处于一种不甘平庸的氛围当中。

新东方的创业团队有些类似于唐僧的取经团队。徐小平曾是俞敏洪在北大时的老师，王强、包凡一都是俞敏洪在北京大学西语系80级的同班同学，王强是班长，包凡一是大学时期睡在俞敏洪上铺的兄弟。他们个个都是能人。所以，新东方最初的创业成员，个个都是“孙悟空”，每个人都很有才华，而个性却都很独立。俞敏洪曾坦承：论学问，王强出自书香门第，家里藏书超过5万册；论思想，包凡一擅长冷笑话；论特长，徐小平梦想用他沙哑的嗓音做校园民谣，他们都比我厉害。

俞敏洪敢于选择这帮能人作为创业伙伴，并且真的在一起做成了大事，成就了新东方的辉煌。从这一点来说，他是一个成功的创业团队领导者。他知道新东方人多是性情中人，从来不掩饰自己的情绪，也不愿意迎合他人的想法，打交道都是直来直去，有话直说。因此，新东方形成了一种批判和宽容相结合的文化氛围，批判使新东方人敢于互相指责、纠正错误；宽容使新东方人在批判之后能够互相谅解、互助合作。这就是新东方人的特点：大家互相不记仇、不记恨，只计较到底谁对、谁错、谁公正。

这种源自北大的自由精神是俞敏洪敢用“孙悟空”（而且是多个“孙悟空”）的前提条件，这是新东方成功的关键。俞敏洪所具备的包容性，帮助他带领新东方从小做大，还完成了股权改制。最令人意想不到的是，他还将新东方带到了美国的资本市场，成为中国第一个在海外成功上市的民营教育机构。

（资料来源：蒋键，2016．创业管理与实务［M］．上海：上海交通大学出版社．）

2. 制订创业计划

在确定了总目标和一个个阶段性的子目标之后，接下来就要研究如何实现这些目标，这就需要制订周密的创业计划。创业计划是在对创业目标进行具体分解的基础上，以团队整体来考虑的计划，创业计划确定了在不同的创业阶段需要完成的阶段性目标，通过逐步实现这些阶段性目标来最终实现创业总目标。

3. 明确责权利

为了保证团队成员执行创业计划、顺利开展各项工作，必须预先在团队内部进行职权的划分。创业团队的职权划分就是根据执行创业计划的需要，具体确定每个团队成员所要担负的职责及相应享有的权限。团队成员间职权的划分必须明确，既要避免职权的重叠和交叉，又要避免无人承担造成工作上的疏漏。此外，由于还处于创业过程中，面临的创业环境是动态复杂的，会不断出现新的问题，团队成员可能不断出现更换，因此创业团队成员的职权也应根据需要不断地进行调整。

案例启发4-3

腾讯互联网团队的组建

1. 团队模式与面临的问题

企业在最初组建互联网团队时，大多是根据以往的工作经验，或者目标产品的特性来组建。一般情况下，会形成研发主导型、市场主导型、产品主导型3种模式。

1）研发主导型。通常忙于开发，缺乏对产品需求的逻辑性把控、缺乏对产品体验和设计上的考虑。

2）市场主导型。通常有非常多的想法，但是难以落地。接触到很多用户需求，但没有办法快速形成真实可用的产品，缺乏对产品的整体规划和快速实施的能力。

3）产品主导型。更多地考虑怎样把产品设计好，花大量时间讨论产品方向和需求细节，缺乏对未来产品快速实施和快速产出的能力。

2. 如何建立一支好的互联网团队

在腾讯团队里，产品负责人会作为团队的主导者，把控产品方向。但在不同的产品或业务里这个角色会有不同的名称。例如，在游戏团队中，这个角色被称为制作人。在这个角色之下，分为3个子团队：产品子团队、研发子团队和运营经理。

1）产品子团队。一般由产品经理、交互设计师和视觉设计师组成。其中，最重要的角色是产品经理，他相当于整个产品的发动机，会了解所有的需求，并跟用户进行广泛的沟通。交互设计师会辅助产品经理将产品优化到最好的交互使用体验状态。视觉设计师为产品打造最美的视觉展现。这3个角色组合在一起来完成整个产品的策划和规划。

2）研发子团队。在研发子团队中，项目经理是一个非常重要的角色，他会与产品人员对接，将需求进行排期，并制订详细的发布计划。开发工程师会在项目经理的驱动下按节奏地开发功能。功能开发完成后再转交给测试人员，由测试工程师完成功能的验证。而上线之后，还有一个重要的角色是运维工程师，他负责的是线上系统的正常稳定运转。

3）运营经理。运营经理在互联网团队里是一个非常重要的角色，但很多公司容易忽略，特别是在传统企业，经常会缺失这个岗位，实际上这个角色既是“协调者”，又是“推进者”。

3. 互联网团队的特征

团队建设与产品的特性、功能及开发方式有关。但不管以什么方式组成，一个好的互联网团队通常具备以下两个特征。

1）“全角色”团队。“全角色”团队是以产品所需要的岗位为准，通过这样一个完整的团队，能够达到独立、高效地产出一款互联网产品的目的。这样的配合，实际上是最高效的状态。

2）分工但不分职。“职”表示的是职责，就是在一个互联网团队里，有了分工，甚至有了不同岗位的名称，但大家却不能仅仅因为这个岗位的划分，而只负责自己手头上的事情。一个好的互联网团队，一定是具备有所侧重的工作，但又相互协作、相互驱动、互为备份。这样，才能让整个团队快速产出产品，以实现良好的市场预期。

（资料来源：佚名，2017. 你知道腾讯互联网团队是如何组成的吗？[EB/OL]. http://www.jcmeng.com/101，节选，有改动.）

4. 招募合适的人员

招募合适的人员也是组建创业团队最关键的一步。关于创业团队成员的招募，主要应考虑以下两个方面。

1）互补性。互补性是指所招募的人员能否与其他成员在能力或技术上形成互补。这种互补性既有助于强化团队成员间彼此的合作，又能保证整个团队的战斗力，能够更好地发挥团队的作用。一般而言，创业团队需要管理、技术和营销三方面的人才，只有这三方面的人才形成良好的沟通协作关系，创业团队才能实现稳定和高效。

2）适度的团队规模。适度的团队规模是保证团队高效运转的重要条件。如果团队成员太少，则无法实现团队的功能和优势；如果团队成员过多，则会产生沟通的障碍，可能会导致分裂成许多较小的团体，进而大大削弱团队的凝聚力。一般认为，创业团队的核心规模控制在3～7人为最佳。

在每一个团队中，每个成员所扮演的角色各有不同。也就是说，一个团队总是由不同的角色组成的。创业公司作为一个团队，更是由不同的角色组成的，只有相互协同发挥作用，才能推动团队创业目标的有效实现。

5. 建立激励制度

创业团队制度体系体现了创业团队对成员的控制和激励能力，主要包括团队的各种约束制度和各种激励制度。一方面，创业团队通过各种约束制度（包括纪律条例、组织条例、财务条例、保密条例等）指导其成员避免做出不利于团队发展的行为，实现对其行为进行有效的约束、保证团队的稳定秩序；另一方面，创业团队要实现高效运作要有有效的激励机制（包括利益分配方案、奖惩制度、考核标准、激励措施等），使团队成员能够看到随着创业目标的实现，其自身利益将会得到怎样的改变，从而达到充分调动成员积极性、最大限度发挥团队成员作用的目的。若要实现有效的激励，首先必须把成员的收益模式界定清楚，尤其是关于股权、奖惩等与团队成员利益密切相关的事宜。需要注意的是，创业团队的制度体系应以规范化的书面形式确定下来，以免带来不必要的混乱。

6. 团队融合协同

完美组合的创业团队并非在创业一开始就建立起来的，很多时候是在企业创立一定时间后随着企业的发展而逐步形成的。随着团队的运作，团队组建时在人员匹配、制度设计、职权划分等方面的不合理之处会逐渐暴露出来，这时就需要对团队进行调整融合。由于问题的暴露需要一个过程，团队调整融合也应是一个动态持续的过程。

周鸿祎：怎样打造创业初期的优秀团队

中国有句老话："铁打的营盘流水的兵"。创业初期，当团队里有人离开时，肯定有不少创业者拿这句话来安慰自己。但我觉得这句话其实有误导，因为它把营盘（公司）和兵（员工）的关系完全视为单纯的雇佣关系。

对于创业团队来讲，如果每个员工都把自己做的事情仅仅当作一份工作，当作一种养家糊口、解决财务问题的工具，那么这个营盘绝对不是铁打的，而是纸糊的，稍有风吹草动，就会坍塌。

从另一个角度来看，创业开始最宝贵的资产不是目标，更不是宏大的规划。创业就是一场马拉松式的接力赛，是一个长期、艰苦的过程，没有七八年达不到目标；同时，又要求创业者必须以百米冲刺的速度去竞争。这一切都需要优秀的创业团队来执行，前赴后继。所以我认为，营盘是铁打的，还是纸糊的，归根结底在于你是不是有一个优秀的团队。

建设一个优秀的团队，这是整个创业过程都必须要面对的问题。如何建立一个优秀的团队，仁者见仁，智者见智，但我认为万变不离其宗，关键是要把握以下3个要点。

1. 不能以发财为目标，一定要有某种程度的理想主义情怀

我在互联网行业干了这么久，从来没有看到一个为了解决财务问题而凑在一起的团队能够最终走向成功。相反，这样的团队一旦遭遇了挫折，就容易悲观失望；或者一旦外面有更大的现实利益诱惑，团队就容易分崩离析。

我曾找人力资源的人帮我统计了一下，看一看跟我合作在10年以上、8年以上、5年以上的到底有哪些同事。在这一批人里，有我第一次创业时开始就跟着我一起打拼的；有的在“方正”时是同事，后来我离开，创业的时候加入进来；还有的是加入我在雅虎时的团队，中间离开几年，后来又加入“360”的。看了这个名单，我很感慨，如果那时我跟他们说，出来跟我干吧，到时发财了咱们大碗喝酒，大口吃肉，大秤分金，我估计他们也不会跟我合作这么长时间。相反，我们的目标是要做出好的互联网产品来，让人们的互联网生活更方便、更安全，有了这个目标，大家才能持之以恒地走下来。

2. 财散人聚，要有激励机制，要把大家的利益捆绑在一起

建团队，我不希望我的员工单纯是冲着钱来的，因为这样投机分子太多，但我一定要替员工考虑财务问题。在今天这样一个社会，谁都不能免俗，就算是一个理想主义者，也总要养家糊口，要在社会上过一种体面的、有尊严的生活。而且，创业是一个耗人健康、燃烧青春的事儿。对于这些愿意跟着企业去打拼的人，不能光在嘴巴上对他们说好，而是要签协议，让这些燃烧青春的人也能一起分享未来的收益；否则，财聚人散，也没什么未来了。

正因为这样，“360”从一开始就做了员工持股计划，最初员工持股比例达到40%，最后几轮稀释后在上市前降低到22%。这个比例在今天互联网公司中算是最高的了。我觉得，把团队的利益和公司的利益捆绑在一起，这些做好了，讲理想主义才好讲，做思想工作才好做。

3. 解决新老交替的问题，留一部分利益给未来

企业在成长过程中，走弯路、遭遇挫折，那是肯定的。这时，会有团队成员因为不认同未来发展方向，或者因为有更大的现实利益诱惑而离开。同样，不同的阶段需要不同的人才，需要不同的专业技能，只有新人不断进来，企业才有未来。我从来没有见过一个团队一成不变地走向成功，即使桃园三结义的刘备、关羽、张飞，打天下还得需要赵云、黄忠、诸葛亮。新老交替，最好的解决方式，我认为还是通过激励制度。

比如，在“360”里面，老员工技术能力强，做事风格踏实，不骄不躁，是新人的榜样。他们不是管理层，走的是技术专家路线，也受新人的尊重。对新人来说，他们也不是单纯的打工者。按照常青树计划，“360”每年都会维持总股本5%的比例，为有突出贡献的员工发放期权。维持5%的比例，就意味着需要稀释其他投资人的比例，但我对投资人说，设计这样一个蓄水池，就在于吸收人才，把新人的利益与企业的未来紧紧捆绑在一起，这样大家做事才会有积极性。这种积极性产生的价值，要远远大于被稀释掉的价值。投资人都是

熟悉互联网行业的明白人，没几句话就同意了。这就是我说的“留一部分利益给未来”。

马斯洛已经讲得很明白了，人的需求分层次，不同阶段有不同阶段的需求，西方企业的各种激励制度和管理方式都建立在对人性的理解上。所以，我在这里讲的建团队、设计激励机制、完成新老交替，以这种方式建立“铁打的营盘”，其实也没啥新鲜的。我建议创业者或企业经营者多读、多看，不违背人性，自然在建设团队方面会事半功倍。

（资料来源：佚名，2016. 周鸿祎：怎样打造创业初期的优秀团队［EB/OL］. http://business.sohu.com/20160108/n433862580.shtml，有改动.）

第三节　创业团队激励的方式

激励是一个互动的过程，需要在过程中不断调适；宣贯与理解、传达与接受也是一个螺旋式上升的过程，薪酬要素不断完善与对象理解能力的不断提高、互相促进，才能形成科学的激励机制。创业团队激励的方式有如下几种。

1. 培养员工的工作兴趣

员工只有对工作真正感兴趣，从中获得快乐，才能竭尽全力地把工作做好。要想让员工把工作当成兴趣，就要给予员工完全自由的发挥空间。企业的基层员工通常最了解产品和市场，经常在这方面迸发新鲜的创意。所以，企业给员工自由的发挥空间，为其提供一定的支持，不仅能为企业创造价值，而且员工把工作当成兴趣，就能以愉悦的心情投入到工作中。

2. 用荣誉激发员工的热情

企业都希望员工在集体荣誉感的驱使下努力工作，但在现代社会，集体荣誉与个人荣誉从根本上来说是一致的：个人荣誉是集体荣誉的体现和组成部分，集体荣誉是个人荣誉的基础和归宿。因此，企业要想让员工拥有集体荣誉感，就要通过个人荣誉来换取员工的认同感，管理者要善于发现、挖掘团队的优势，并经常向员工灌输“我们是最棒的”的意识，让员工觉得他们所在的团队是所有同类团队中“最棒的”，进而激励员工努力地工作。

3. 培养员工的危机感

危机感是一个人成长的动力，同时也是进取心的源泉，一个人失去了危机感，就会安于现状。华为 2009 年销售额超过 300 亿美元，已经成为全球第二大移动设备供应商，正是在这种危机感中，华为不断地成长，成为中国企业的典范。

4. 保持平等、公正的沟通

与员工保持相互沟通是激励员工的重要方法之一，尤其是平等、公正的沟通，可以让员工感到自己受到重视。当员工犯错误时，如果只是进行严厉批评和惩罚并不能解决问题，甚至可能造成员工积怨和流失，有时与员工进行朋友式的沟通和交流反而能取得事半功倍的效果。

5. 进行目标激励

目标激励就是把大、中、小和远、中、近的目标相结合，使员工在工作中时刻把自己的行为与这些目标紧密联系。目标激励包括 3 个阶段：设置、实施和检查目标。在制定目标时需注意，要根据团队的实际业务情况来制定可行的目标。一个振奋人心、切实可行的目标，可以起到鼓舞士气、激励员工的作用；相反，那些可望而不可即或既不可望又不可即的目标，会产生适得其反的作用。主管可以对团队或个人制定并下达切合年度、半年度、季度、月、日的业务目标任务，并定期检查，使其朝着各自的目标去努力、拼搏。

6. 领导行为激励

一个成功的团队之所以成功，其关键在于主管 99%的行为魅力及 1%的权力行使。部属能心悦诚服地为他努力工作，不是因为他手中有权，权是不能说服人的，即使服了，也只是口服心不服。绝大多数原因是主管有着好的领导行为。好的领导行为能给员工带来信心和力量，激励部属，使其心甘情愿、义无反顾地向着目标前进。作为主管要加强品德修养，严于律己，做一个表里如一的人；要学会推销并推动你的目标；要掌握沟通、赞美及为人处世的方法和技巧。

7. 奖励激励

奖励就是对人们的某种行为给予肯定和奖赏，使这种行为得以巩固和发展。奖励分为物质奖励和精神奖励。人在无奖励状态下，只能发挥自身能力的 10%～30%；在物质奖励状态下，能发挥自身能力的 50%～80%；在适当精神奖励的状态下，能发挥 80%～100%，甚至超过 100%。当物质奖励到一定程度的时候，就会出现边际作用递减的现象，而来自精神奖励的激励作用则更持久、更强大。所以在制定奖励办法时，要本着物质奖励和精神奖励相结合的原则。同时，奖励的方式要不断创新，新颖的奖励和变化的奖励作用大。反复多次的奖励，作用就会逐渐衰减。通过奖励鼓励先进，鞭策落后，调动团队的积极性。

8. 股权激励

（1）内涵

股权激励，又称为期权激励，是企业为了激励和留住核心人才而推行的一种长期激励机制，是目前最常用的激励员工的方法之一。

股权激励主要是通过附带一定条件给予员工部分股东权益，使其具有主人翁意识，从而与企业形成利益共同体，促进企业与员工共同成长，从而帮助企业实现稳定发展的长期目标。股权激励是企业拿出部分股权用来激励企业高级管理人员或优秀员工的一种方法。一般情况下，都是附带一定条件的激励，如员工需在企业干满多少年，或完成特定的目标才予以激励，当被激励的人员满足激励条件时，即可成为公司的股东，从而享有股东权利。

创业公司在创业初期，资金都比较紧张，而资金不足带来最大的一个问题就是人员流失，尤其是团队的高级管理人员、核心员工，他们的流失会为创业公司造成不可估量的影响。为提高团队的凝聚力、用有限的薪资留住管理层及核心员工，企业家们绞尽脑汁，研究出了以公司股权为标的，向公司高级管理人员及核心员工在内的其他成员进行长期激励的制度，即股权激励。股权激励的理论基础是“一元①两化②”。

很多企业在创业与发展的过程中，都需要结合企业实际来合理安排股权激励的机制。股权激励的本质是企业要让出一部分股权来让激励对象所拥有。这种让出股权的行为有多种形式，从现代企业制度的角度来看，股权的具体权能有以下 4 种。

1）分红权。按照股份额度享有相应股权比例的公司税后利润分红的权益。

2）公司净资产增值权。按照股份额度享有相应股权比例的公司净资产增值部分的权益。

3）表决权。按照股份额度享有相应股权比例在公司组织机构中行使相关表决的权益。

4）所有权（含转让、继承、资产处置等）。按照股份额度享有相应股权比例的公司股份所有者的权益。

（2）模式

从股权的 4 种权能可以知道，安排股权激励时可以根据企业实际来灵活赋予股权权能种类的多少，由此就会使股权激励产生多种激励模式。最为常见的模式主要有以下三类。

1）虚拟股份激励模式。该类股权只有分红权（有的还带有净资产增值权），此类股权激励不涉及公司股权结构的实质性变化。所以，此类股份也称为岗位股份（历史上的晋商企业也称为顶身股）。例如，虚拟股票激励、股票期权模式等。

2）实际股份激励模式。该类股权具有以上 4 种权能，此类股权激励不仅涉及公司股权结构的实质性变化，而且会直接完善公司的治理结构。所以，此类股份也称为实股。例如，员工持股计划、管理层融资收购模式等。

3）虚实结合的股份激励模式。该模式规定在一定期限内实施虚拟股票激励模式，到期时再按实股激励模式将相应的虚拟股票转为应认购的实际股票。例如，管理者期股模式、限制性股票计划模式等。

（3）特点

股权激励是一种通过经营者获得公司股权形式给予企业经营者一定的经济权利，使他们能够以股东的身份参与企业决策、分享企业利润、承担企业风险，从而勤勉尽责地为企业的长期发展而服务的一种激励方法。

---

① “一元”即共享共赢，是指作为股权激励的核心理念，既是股权激励追求的目标，也是股权激励必须遵循的原则，只有符合这一理念的股权激励才是最有生命力的科学方案。

② “两化”即个性化和制度化。个性化是指制订股权激励方案必须充分考虑企业性质、行业特征、发展阶段、股权结构和激励对象等客观因素，为企业量身定制符合企业实际状况的方案；制度化是指股权激励作为公司的顶层设计，必须可执行、可预期、可持续，以保护公司、股东及经理人的权益。

1）长期激励的功能。从员工薪酬结构来看，股权激励是一种长期激励，员工职位越高，其对公司业绩的影响就越大。股东为了使公司能够持续发展，一般都采用长期激励的形式，将这些员工利益与公司利益紧密联系在一起，构筑利益共同体，减少代理成本，充分有效地发挥这些员工的积极性和创造性，从而达到公司目标。

2）人才的价值回报功能。人才的价值回报不是工资、奖金就能满足的，其有效办法是直接对这些人才实施股权激励，将他们的价值回报与公司持续增值紧密联系起来，通过公司增值来回报这些人才为企业的发展所做出的贡献。

3）企业的股权激励功能。通过股权激励，使员工拥有部分公司股权，让员工参与企业的发展经营管理决策，使他们不仅关注企业的短期业绩，而且更加关注企业的长远发展，并真正对此负责。

（4）流程

股权激励的流程对公平性和激励效果而言，显得尤为重要。

1）激励模式的选择。激励模式是股权激励的核心问题，直接决定了激励的效用。

2）激励对象的确定。股权激励是为了激励员工，平衡企业的长期目标和短期目标，特别是关注企业的长期发展和战略目标的实现。因此，确定激励对象必须以企业战略目标为导向，即选择对企业战略最有价值的人员。

3）购股资金的来源。由于鼓励对象是自然人，因而资金的来源成为整个计划过程的一个关键点。

4）考核指标的设计。股权激励的行权一定与业绩挂钩，其中一个是企业的整体业绩条件，另一个是个人业绩考核指标。

（5）作用

企业的所有者与员工之间的利益通常是不完全一致的。所有者注重企业的长远发展和投资收益，而企业的管理人员和技术人员受雇于所有者，他们更关心的是在职期间的工作业绩和个人收益。二者价值取向的不同必然导致双方在企业运营管理中行为方式的不同，且往往会发生员工为个人利益而损害企业整体利益的行为。实施股权激励的结果是使企业的管理者和关键技术人员成为企业的股东，使其个人利益与公司利益趋于一致，有效弱化了二者之间的矛盾，从而促进企业利益共同体的良性运转。其主要核心作用是控制约束机制①和综合激励机制②，就作用对象而言，体现在以下几方面。

1）对于非上市公司来讲，股权激励有利于缓解企业面临的薪酬压力。由于绝大多数非上市公司都属于中小型企业，他们普遍面临资金短缺的问题，通过股权激励的方式，企业

① 控制约束机制是对经理人行为的限制，包括法律法规政策、公司规定、公司控制管理系统等。良好的控制约束机制，能防止经理人不利于公司的行为，保证公司的健康发展。约束机制的作用是激励机制无法替代的。国内一些国有企业经营者的问题，不仅仅是激励问题，很大程度上是约束问题，加强法人治理结构的建设将有助于提高约束机制的效率。

② 综合激励机制是通过综合的手段对经理人行为进行引导，具体包括工资、奖金、股权激励、晋升、培训、福利、良好的工作环境等。不同的激励方式其激励导向和效果是不同的，不同的企业、不同的经理人、不同的环境和不同的业务对应的最佳激励方法也是不同的。公司需要根据不同的情况设计激励组合。其中，股权激励的形式、大小均取决于关于激励成本和收益的综合考虑。

能够适当地降低经营成本，减少现金流出。与此同时，也可以提高企业的经营业绩，留住绩效高、能力强的核心人才。

2）对原有股东来讲，实行股权激励有利于降低职业经理人的“道德风险”，从而实现所有权与经营权的分离。非上市公司往往存在一股独大的现象，企业的所有权与经营权高度统一，导致企业的“三会”制度等在很多情况下形同虚设。随着企业的发展壮大，企业的经营权将逐渐向职业经理人转移。由于股东和职业经理人追求的目标是不一致的，股东和职业经理人之间存在“道德风险”，需要通过激励和约束机制来引导和限制职业经理人的行为。

3）对企业员工来讲，实行股权激励有利于激发员工的积极性，实现自身价值。中小企业面临的最大问题之一就是人才流动问题。由于待遇差距，很多中小企业很难吸引和留住高素质的管理和科研人才。实践证明，实施股权激励计划后，员工的长期价值能够通过股权激励得到体现，员工的工作积极性会大幅度提高；同时，股权激励的约束作用，使员工对企业的忠诚度也会增强。

案例启发 4-5

易趣网创始人邵亦波谈股权激励

1999 年我回国创业时，期权这个词还不存在，当时我想请两名工程师成为我公司的第三和第四名员工，承诺每个人会有 2%的股票期权。最终他们都没有加入。

期权给员工以一定的行权价格，一般是一个很低的价格。在一段时间内买入公司普通股的权利，这个权利是很值钱的。1999 年，易趣共有 400 万股，假设一个员工拿到 2%，即 8 万股，行权价格是 1 美分。公司在 2003 年卖给 eBay 的时候，每股已经拆分为 10 股，拆分后每股 4 美元，那么这些期权价值是（4－0.01/10）×80 000×10≈3 200 000 美元（行权价格可以忽略不计）。

公司在初创时，付不起很高的工资，这时期权就是一个很好的激励员工的方式。期权除了可以“吸引”员工加入之外，还可以起到“留住”员工的作用。

在操作层面上，创业者经常遇到的问题如下。

1）最常见的问题是“给多少”？当然，“给多少”主要取决于员工在公司的职位、薪酬和公司的发展水平。以我个人的经验，下面给大家一些大约的数字供参考。公司初创时（定义在风险投资人进入之前），一个副总可能要 2%～5%的期权；A 轮融资之后，副总期权变成 1%～2%；B 轮融资之后，副总期权变成 0.5%～1%；C 轮或者接近 IPO 的时候，副总期权就是 0.2%～0.5%。公司除了创始人之外的核心高管（CTO[①]、CFO 等），期权一般是副总的 2～3 倍，总监级别的一般是副总的 1/3～1/2，依此类推。这只是一个大约的估计，实际操作上还有很多影响因素。公司到后期，期权就不再以百分比来谈，而是以股的数量来谈。

① CTO 即首席技术官。

2）Vesting 的问题，3 年、4 年还是 5 年？做一个好公司，3 年成功是非常幸运的，5 年是比较正常的。你不希望你的员工过了两年半来找你问："我的期权再过半年就全部 Vest 了，请再给我一点吧。"还有一个条款是在公司上市或被卖的时候，员工没有被 Vest 的期权是不是应该全部立即加速行权。我觉得可以把剩下的没有 Vest 的期权 Vest 一半，这样员工会比较高兴，觉得比较公平。同时，不要全部 Vest，可以避免公司上市或被卖后，很多员工都马上离职。

3）期权给多少人。易趣当初走的是硅谷道路，公司几乎每个人都有期权，而且发得很早，员工过了试用期就发。现在参与的几家公司，包括安居客、诺凡麦等，采取折中的方法，还是比较多的员工有期权，这个期权是员工的职位或者工作表现满足了一定的标准再给，人数比较多。

4）行权价格该定多少。期权的目的就是要吸引、激励员工，行权价格定得越低，每股期权的价值就越大，就越有吸引力。因此，在公司最终上市或卖掉时，期权的行权价格并不影响风险投资人的回报。例如，公司卖的价格是 2 亿美元，每股定价就是 2 亿美元减去优先清算权后再除以所有股票的数量（包括优先股、普通股及所有期权）。理论上，正确的算法应该是:（总金额＋期权量×平均行权价格）/所有股票数量，但我从没见过一个投资银行家或者并购的买家这样算过。所以，把行权价格定得高是损人不利己的事情。那么，期权的行权价格要定得低，能有多低？这要看会计师。一般来说，会计师会允许一个初创企业以上一轮优先股股价的 1/10 作为期权的行权价格。到了公司快要上市的时候，行权价格就会慢慢接近优先股价格。上市之后，行权价格一定要是上市股票的当前价格。

期权激励是小公司吸引人才并留住人才的最大法宝，而人才是公司成功最重要的资源。

（资料来源：邵亦波，2014. 易趣创始人邵亦波谈创业公司如何进行股权激励［EB/OL］. http://news.paidai.com/14817，有删减.）

延伸阅读

陈欧："80 后"创业代表

陈欧在聚美优品当 CEO 时，有着超越年龄的成熟和睿智。这种成熟和睿智与他的家庭环境、创业经历不无关系。

16 岁时，陈欧独自一人远赴新加坡，到南洋理工大学学习计算机。那时的陈欧和很多大学生一样爱玩游戏，但唯一不同的是，"我玩游戏是因为有钱、有奖金，我觉得这是挣小钱的一个渠道。"陈欧说。

因为爱玩游戏，2005 年刚毕业时陈欧靠自己剩下的奖学金和一些打游戏比赛赢得的奖金，在家中自己写程序、自己画图，创办了在线游戏平台 Garena，那时 Garena 的用户数量超过 2 000 万，可以比肩浩方对战平台。因为这段经历，陈欧被冠以"少年天才"的名号。正在爬上顶峰的 Garena 只进行到一半就被迫终止了，陈欧的父母希望他能继续深造。

陈欧的人生目标一直很清晰，懂得自己想要什么，不想要什么，因此对于深造的事，他与父母抗争了很久。最后，还是决定去斯坦福读 MBA 了，他的选择是正确的。在美国，他看到了无数的机会。“当时在美国有一家很成功的游戏内置广告企业，在一年内就实现了年销售额 2 亿美元的业绩。”陈欧说，这让他觉得很炫很酷，创业的梦想再次被激发。于是，他说服了两位志同道合的朋友刘辉、戴雨森（聚美优品联合创始人）回国创业，希望把这种前沿的游戏广告模式引入国内。

1. 回国创业

网络游戏是第一次创业尝试。基于对玩家的了解，他与师弟刘辉在大学期间一起做了游戏对战平台 Garena，用户数达千万，成为中国之外最大的游戏对战平台之一。2009 年，由于读 MBA 的距离感，陈欧发现自己与 Garena 公司的氛围已经不那么合拍，于是他卖掉了公司。在 MBA 毕业后的第三天他便回国，开始第二次创业。

陈欧在北京注册了北京创锐文化传媒有限公司，刘辉、戴雨森是公司的联合创始人，徐小平联合险峰华兴的创始合伙人陈科屹投了资，公司开始做游戏广告生意。当时在美国网页游戏通过内置广告获利很火。例如，游戏用户要买游戏币，以前是花钱去买，现在用户可以通过注册账户或者安装软件而得到赠送的游戏币。但是，陈欧很快觉察到这个模式在中国水土不服。

转型的过程是陈欧遇到的第一个难题。

2. 铁三角的纠结

“我非常强势，你可以理性地说服我，但我也会用强势的理性方式说服你。”陈欧说。公司要想转型，就必须和投资人有个交代，还得告诉团队新的故事。问题是，陈欧对自己即将要做的事也没底。

三个合伙人有了激烈的争吵。陈欧要做电商，戴雨森提议做社区。我和他们说，社区不靠谱，因为需要长时间培育市场。而戴雨森觉得电商环节太复杂，没做过采购，又不懂零售，还要做化妆品。他们争执不休之际，国内刮起了团购热。

陈欧提议先借着团购的方式做着，凭感觉一步一步来。由于公司的流动资金只剩下 30 万元，他们只好一面继续着游戏广告业务，一面用了两天时间，在技术上让团美网（聚美优品的前身）上了线。在产品方面，陈欧找来了做过多年化妆品采购的朋友救急。这就是聚美优品的雏形。

现在的聚美优品，由刘辉负责技术研发，戴雨森负责产品体验。说起三个人的友谊，陈欧说：“大家各有所长，惺惺相惜。”他认为，找合造的创业伙伴比较难，因为得全方位互相认可才行，包括能力、人品和事业激情，三方面缺一不可。团美网发展顺利，每一天都比前一天增加一些用户。网站越做越好，使团队有了信心，陈欧说服了大家开始专注做化妆品。

3. 轻量级 B2C

2010 年 9 月，团美网正式更名为聚美优品，有“聚集美丽，成人之美”的含义。陈欧说：“对于销售模式，公司在团美时期就有着 B2C 基因。在企业创立初期，我们就已经考虑了物流和渠道的问题，所以建立了自己的仓库，并且拥有自己的买手和商品质检团队。”陈欧初期的物流体系建设和买手储备行为，为聚美优品的转型奠定了基础。这些作为传统

B2C 才有的元素一直渗透在聚美优品的血液中。

如果非要说聚美优品的另类之处，那就是传统的 B2C 是大而全，聚美优品的定位是小而精，目前只卖有效的、口碑好的化妆品。

对于同行间的竞争，陈欧提倡靠产品质量和对用户提供的优质服务体验取胜。“在线化妆品公司的机会都很大，毕竟现在信任线下消费的顾客还是绝大多数，这些都是在线化妆品网站的潜在客户。”陈欧说。

4. 自己扛风险让用户满意

在聚美优品正式运营后，陈欧首先想到的是要把服务和体验做得更好才有生存的可能性。为了给消费者更多的安全感，聚美优品提出了 30 天拆开包装也无条件退货等服务条款。陈欧表示，这个政策后面显示的是聚美优品的价值观：真正让用户开心，把所有风险自己扛，重视服务，重视每个用户。真诚地去为每一个用户服务而创造价值，这是陈欧所看重的立足的根本。让用户获得最好的购物和服务体验一直是陈欧最大的目标。事实证明，诚恳的态度在任何时候都会赢得别人的认可。看似要赔本的极端做法，不但让少数用户感动，而且更是以诚恳和诚信打动了无数对网购化妆品没有信心的用户。

5. 走娱乐化路线营销自己

与不少创业者和公司老总的低调相比，陈欧可谓赚足了眼球。微博、各种娱乐节目、职场节目及大幅广告板上，几乎都能找到陈欧的身影。随着品牌的不断壮大、知名度的不断提升，他相继参加了一些商业及娱乐活动，做客《最佳现场》《天天向上》《高朋满座》《非你莫属》和旅游卫视的庆典活动等，主要是给公司和品牌做宣传。陈欧认为，娱乐营销是一个非常好的营销方式，能够真正快速地让消费者了解聚美优品。我们做化妆品，化妆品属于时尚圈，时尚和娱乐紧密结合，这是营销的策略。

（资料来源：黄海燕，2017. 大学生创业教育［M］. 长沙：湖南师范大学出版社.）

思考与训练

1. 组建创业团队的依据是什么？
2. 组建创业团队的流程是什么？
3. 对于初创企业，哪些激励方式更有效？如何综合运用激励方式？

第五章　产品创新开发——极致优化

产品既是创业项目的核心，又是企业核心竞争力的有效载体；创业团队给市场提供的产品（服务），其创新程度与极致优化的能力，关系到创业企业成长及永续发展的速度，甚至是存亡。

案例导入

创新产品：iPhone 的诞生

乔布斯是公认的创新大师，是第一代 iPhone 的缔造者，也是智能手机的开创者。但就是这样一位声名卓著的创新者，却不会写一行代码，对于手机中的诸多技术也是一知半解，在专业技术人员眼中，是典型的“学渣”式人物。但就是这样的乔布斯，成为新时期创新的领军人物。

自从 iPod 推出后，乔布斯就一直希望将收发电子邮件、打电话、听音乐三大功能整合在一个设备上，而且这款设备不仅要足够好看，还要尽可能地使用方便，而且最好是触屏的。更夸张的是乔布斯想让手机像计算机那样可以安装或删除程序。因此，乔布斯和公司高层讨论得出的结论都不乐观。因为芯片和网络带宽的限制，用手机来浏览网页、下载音乐或者观看影片速度会很慢，从技术上看根本不可能实现。至于用手机收发电子邮件，黑莓手机早已占领了这一领域的市场。当乔布斯提出触屏的概念时，摩托罗拉早已做出这样的手机。智能手机与传统手机的根本区别就在于是否存在操作系统，以及是否可以让用户任意下载程序的底层程序。当乔布斯提出要让操作系统在手机芯片上运行时，无异于天方夜谭。

虽然有太多人反对，但乔布斯并未放弃任何可能。2003 年，苹果曾考虑收购摩托罗拉移动，但对当时的苹果来说，这起收购交易的成本太高，苹果根本无力承担。

另一个难题是多点触控技术。尽管多点触控技术已经存在多年，但从来没有人运用在消费性电子产品上，并且是将这项技术运用在小尺寸屏幕及玻璃材质上。此外，苹果还必须找到拥有这项生产技术的 LCD[①]厂商，并抢到他们的产能空档期。

工程部门除了解决技术难题、每周 80 个小时的超时工作外，另一个压力是不能和任何人透露自己的工作内容。除此之外，项目成员出差时，还必须伪装成其他公司的员工，绝不能让对方发现自己来自苹果。提供给某些供应厂商的电路图和工业设计图也都是假的，以免机密外泄，因此这些供货商完全不知道自己的产品是提供给 iPhone 使用，直到产品发

---

① LCD 即液晶显示器。

布会之后，才恍然大悟。

正是这种对 iPhone 所有有关人员的特殊要求，以及上下游产业链的整合，才最终促成了 iPhone 这一款划时代创新产品的问世。但细细观察其整个过程，可以发现乔布斯本人只是对技术方向进行了选择和判断。

所以在这个时代，当创新成为一个普遍性的现象时，谁能找到最广阔的连接途径，谁就能做出最精准的判断，谁就有可能成为新时期伟大创新与伟大创造的承担者。

（资料来源：根据 http://baike.so.com/doc/25469375-26501718.html 及相关资料改编.）

第一节　产品的概念与属性

1．产品的概念

产品的概念有广义与狭义之分。广义的产品概念是指可以满足人们需求的载体。狭义的产品概念是指被生产出的物品。产品整体概念是指能够提供给市场，被人们使用和消费，并能满足人们某种需求的任何东西，包括有形物品、无形服务、组织、观念或它们的组合。

社会的需要是不断变化的。因此，产品的品种、规格、款式也会相应地发生改变。新产品的不断出现、产品质量的不断提高、产品数量的不断增加，是现代社会经济发展的显著特点。

1995 年，菲利普·科特勒在《营销管理——分析、计划、执行与控制》中，将产品概念的内涵由三层次结构说扩展为五层次结构说，被认为是“顾客满意学说在产品上的具体体现”。五层次结构说能够更深刻、更准确地表述产品整体概念的含义。产品整体概念要求营销人员在规划市场供应物时，要考虑能够提供顾客价值的 5 个层次，这 5 个基本层次如下。

（1）核心产品

核心产品是指向顾客提供的产品的基本效用或利益。从根本上说，每一种产品实质上都是为解决问题而提供的服务。因此，营销人员向顾客销售任何产品，都必须具有反映顾客核心需求的基本效用或利益。

（2）形式产品

形式产品是指核心产品借以实现的形式。它由 5 个特征构成，即品质、式样、特征、商标和包装。即使是纯粹的服务，也具有相类似的形式上的特点。

（3）期望产品

期望产品是指购买者在购买产品时期望得到的与产品密切相关的一整套属性和条件。

（4）延伸产品

延伸产品是指顾客购买形式产品和期望产品时附带获得的各种利益的总和，包括产品说明书、保证、安装、维修、送货、技术培训等。国内外很多企业的成功，在一定程度上应归功于他们更好地认识服务在产品整体概念中所占的重要地位。

（5）潜在产品

潜在产品是指现有产品（包括所有附加产品在内）可能发展成为未来最终产品的潜在状态的产品。潜在产品指出了现有产品可能的演变趋势和前景。

产品概念从本质上说就是产品卖给消费者的是什么利益点，即满足消费者的是什么需求点。任何产品都有其市场存在的理由，这些理由是因为消费者对该产品的利益存在着一定的需求。通常，一个完整的产品概念由 4 部分组成：①消费者洞察，即从消费者的角度提出其内心所关注的有关问题；②利益承诺，即说明产品能为消费者提供哪些好处；③支持点，即解释产品的哪些特点是怎样解决消费者洞察中所提出的问题；④概括要义，即将前述 3 点的精髓进行精准表述。

2. 传统与现代的产品概念

（1）传统的产品概念

在营销发展史上，人们最初将产品理解为具有某种物质形状，能提供某种用途的物质实体，它仅仅指产品的实际效用。在这种观念的指导下，企业往往将注意力只放在产品品质的改进上，从而忽略了消费者的其他需求。在卖方市场上，这种产品概念尚能指导企业的生产经营实践。

（2）现代的产品概念

在第三次科技革命的推动下，生产日益科学化、自动化、高速化、连续化，随之而来的是市场上的产品急剧增加、日新月异，市场已经从卖方市场转变为买方市场。在日益激烈的市场竞争中，一些企业逐渐认识到：①在科学技术日新月异及企业生产管理水平越来越高的条件下，不同企业提供的同类产品在品质上越来越接近；②随着社会经济的发展和人们收入水平的提高，顾客对产品的非功能性利益越来越重视，在很多情况下甚至超过了对功能性利益的关注。于是，一些企业逐渐摆脱了传统产品概念的束缚，调整了以往的竞争思路，那就是不仅通过产品本身，而且还通过款式、品牌、包装、售后服务等各个方面创造差异来赢得竞争优势。它标志着产品整体概念的诞生。例如，美国 IBM 公司全球雇员约 40 万人，其产品在世界计算机市场上占有 80%的份额，但 IBM 并不是技术上的领先者，其成功的秘诀是靠最佳服务来占领市场。近年来，西方一些学者对此进行了理论上的总结，他们认为传统意义上的产品概念是不完整的，并提出了产品整体概念。他们认为，产品不仅包括有形的物质实体，而且还包括无形的服务。具体来说，它由以下 3 个层次组成。

1）第一层次的产品是核心产品。核心产品是指产品能给顾客提供的基本效用，也就是传统意义上的产品。

2）第二层次的产品是形式产品。形式产品是核心产品所展示的外部特征，主要包括款式、质量、品牌、包装等。

3）第三层次的产品是延伸产品。延伸产品是指顾客因购买产品所得到的全部附加服务与利益，如保证、咨询、送货、安装、维修等。

在现代市场经济条件下，企业只有从以上 3 个层次全面地理解产品整体概念，才能在市场竞争中赢得优势。

3. 新产品构思

新产品概念是企业从消费者的角度对产品构思进行的详尽描述，即将新产品构思具体化，描述出产品的性能、具体用途、形状、优点、外形、价格、名称、提供给消费者的利益等，让消费者能够一目了然地识别出新产品的特征。新产品构思是企业创新者希望提供给市场的一些可能新产品的设想，新产品设想只是为新产品开发指明了方向，因而必须把新产品构思转化为新产品才能真正指导新产品的开发。因为消费者不是购买新产品构思，而是购买新产品概念。新产品概念形成的过程亦即把粗略的产品构思转化为详细的产品概念。

任何一种产品构思都可以转化为几种产品概念。新产品概念的形成来源于针对新产品构思提出问题的回答，一般通过对以下 3 个问题的回答，形成不同的新产品概念。即：谁使用该产品？该产品提供的主要利益是什么？该产品适用于什么场合？

企业新产品构思创意主要来源如下。

1）用户。企业着手开发新产品，首先要通过各种渠道掌握用户的需求，了解用户在使用老产品过程中有哪些改进意见和新的需求，并在此基础上形成新产品开发创意。

2）员工。员工特别是销售人员和技术服务人员，经常接触用户，用户对老产品的改进意见与需求变化他们都比较清楚。

3）科研人员。科研人员具有比较丰富的专业理论和技术知识，要鼓励他们发扬这方面的专长，为企业提供新产品开发创意。此外，企业还通过情报部门、工商管理部门、外贸等渠道，征集新产品开发创意。

因此，创业者在构思及设计新产品时，不能只局限于新产品的功能，还应注重新产品多维的外延性属性，着重于消费者“痛点”的解决，确定好新产品在目标市场上的定位。产品创新应从产品结构、功能、可操作性、可持续性及与环境的匹配性等层面进行分析、设计、试制、试验等，减少产品创新和设计的盲目性。

第二节　新产品的分类与特征

1. 新产品的分类

为了便于对新产品进行分析研究，可以从多个角度进行分类。

（1）按新产品创新程度分类

1）全新产品。它是指利用全新的技术和原理生产出来的产品。

2）改进的新产品。它是指在原有产品技术和原理的基础上，采用相应的改进技术，使外观、性能有一定进步的新产品。

3）换代的新产品。它是指采用新技术、新结构、新方法或新材料，在原有技术的基础上有较大突破的新产品。

另外，罗伯特·库伯提出的新产品类型共有6类[①]，具体见表5-1。

表5-1　罗伯特·库伯提出的新产品类型

类型	主要特征
全新产品	同类产品的第一款，同时创造了全新的市场
新产品线	这些产品对市场而言不是新的，但对企业而言是新的
已有产品品种补充	企业已经拥有的产品系列中的一部分，但对市场而言可能是一种新产品
老产品改进	本质是老产品的替代，比老产品在性能和内在价值上都有改进与提升
重新定位的产品	适合老产品在新领域使用，重新定位一个新市场或应用在不同领域
降低成本的产品	设计出来的代替原来的产品，性能和效用没有改变，只是降低了生产成本

（2）按新产品所在地的特征分类

1）地区或企业新产品。它是指在国内其他地区或企业已经生产，但在该地区或该企业初次生产和销售的产品。

2）国内新产品。它是指在国外已经试制成功，但在国内尚属首次生产和销售的产品。

3）国际新产品。它是指在世界范围内首次研制成功并投入生产和销售的产品。

（3）按新产品的开发方式分类

1）技术引进新产品。它是指直接引进市场上已有的成熟技术制造的产品，这样可以避开自身开发能力较弱的难点。

2）独立开发新产品。它是指从用户所需要的产品功能出发，探索能够满足功能需求的原理和结构，结合新技术、新材料的研究独立开发制造的新产品。

3）混合开发的产品。它是指在新产品的开发过程中，既有直接引进的部分，又有独立开发的部分，将两者有机结合在一起而制造出的新产品。

2. 新产品的特征

成功开发的新产品应具有以下特征（不局限于全部）。

（1）微型化与轻便化

在保障质量的前提下，使产品的体积变小、重量变轻，便于移动。

（2）多功能化

使新产品具有多种用途，既方便购买者使用，又能提高购买者的购买兴趣。

（3）时代感强，符合新消费

新产品能够体现时代精神，培植和引发新的需求，形成新的市场。

（4）简易化

新产品尽量在使用方法上使用户方便使用和维修。

① 周昌芹，李建清，林琢人，2016．创新与创业指导教程［M］．南京：河海大学出版社．

（5）环境友好

新产品属节能型，或对原材料消耗很低，或有利于保护环境。

（6）适应性强

新产品必须符合人们的消费习惯和人们对产品的观念。

（7）优点突出及个性化强

新产品相对于市场原有的产品来说具有独特的长处，如性能好、质量高、使用方便、携带容易、价格低廉等。

（8）体现智能化

对于生活消费品而言，要更多地考虑功能工程化与智能化。

3. *新产品开发的内涵*

新产品开发是指从研究选择适应市场需要的产品开始到产品设计、工艺制造设计，直到投入正常生产的一系列决策过程。从广义而言，新产品开发既包括新产品的研制，也包括老产品的改进与换代。新产品开发是企业研究与开发的重点内容，也是企业生存和发展的战略核心之一。企业新产品开发的实质是推出不同内涵与外延的新产品。对于大多数企业来说，是改进现有产品而非创造全新产品。市场营销学中使用的新产品概念不是从纯技术角度理解的，产品只要在功能或形态上得到改进，与原有老产品产生差异，并为顾客带来新的利益，即可称为新产品。

新产品开发作用可以成为竞争优势的源泉，体现在以下几个方面：①可以加强战略优势，能够提升企业形象；②有利于保持企业研究开发能力；③可以充分利用生产和经营资源；④可以提高品牌美誉度；⑤可以历练专业人才成长。

第三节　产品开发方向与策略

1. *产品开发方向*

企业开发新产品，应把有限的人力、物力、财力，有效地分配在急需的开发项目上，而使新产品的开发取得最佳效果，关键在于准确地确定新产品的开发方向。由于市场竞争日益激烈，消费需求日益多样化和个性化，新产品开发呈现系列化、复合化、微型化、智能化、艺术化等发展趋势。企业在选择新产品开发方向时，应考虑以下要素。

（1）新产品的性质和用途

在进行新产品开发前，应充分考察同类产品和相应替代产品的技术含量、性质和用途，确保所开发的新产品的先进性或独创性，避免新产品自诞生之日起就被市场淘汰。

（2）价格和销售量

系列化产品成本低，可以降价出售来增加销售量，但是系列化产品单调，也可能影响销售量。因此，对系列化、多样化的产品及其价格、销售量之间的关系，需要经过调查研究再加以确定。

（3）消费者需求变化速度和变化方向

随着人们物质生活水平的不断提高，消费者需求呈现多样化的趋势，并且变化速度很快。而开发一种新产品需要一定的时间，这个时间要比消费者需求变动的时间短，才能有市场，才能获得经济效益。

（4）企业产品创新满足市场需求的能力

曾经代表中国通信旗帜的巨龙、大唐、中兴、华为 4 家企业，面对的市场机会差不多，起步也差不多，但经过 3～4 年时间，华为、中兴已走在了前面，巨龙则几乎退出了通信市场。而决定这 4 家企业差距的关键因素是各自推向市场的产品所包含的技术创新能力和满足市场需求的能力。

（5）企业技术力量储备和产品开发团队建设

产品开发团队是企业产品创新的保障。团队建设、经费保障、市场调研都是专项人力资源储备的考量要素。对于新创企业，专业化的产品开发团队建设可能显得力不从心，在条件不足的情况下可以考虑采取外包的形式开发新产品。

2. 产品开发策略

新产品的开发是企业产品策略的重要组成部分。新产品开发的主要策略如下。

（1）领先策略

领先策略就是在激烈的产品竞争中采用新技术、新原理、新结构，优先开发出全新产品并迅速投放市场，占据领先位置。这类产品的开发多属于发明创造范围，采用这种策略投资数额大、科学研究工作量大、新产品试验时间长。

（2）超越自我策略

超越自我策略的着眼点不在于眼前利益，而在于长远利益。这种暂时放弃一部分眼前利益，最终以更新更优的产品去获取更大利润的经营策略，要求企业要有长远的“利润观”，要注意培育潜在市场，培养超越自我的气魄和勇气，更需要有强大的技术作为后盾。

（3）紧跟策略

采取紧跟策略的企业往往针对市场上已有的产品进行仿造或进行局部的改进和创新，但基本原理和结构与已有产品相似。这种企业用较少的投资得到成熟的技术，然后利用其特有的市场或价格方面的优势，在竞争中对早期开发者的商业地位进行侵蚀。

（4）补缺策略

每一个企业都不可能满足市场的所有需求，所以在市场上总存在着未被满足的需求，这就为企业留下了一定的发展空间。企业应详细地分析市场上现有产品及消费者的需求，从中发现尚未被占领的市场。

第四节　产品开发原则、方式、流程及实施要领

1. 产品开发原则

（1）以产品功能为中心制订产品开发计划

新产品的开发是围绕实现一定的功能而开展的，在进行市场研究弄清楚用户的确切需求后，就可以分析企业产品所提供的实际功能和客观需求之间的差距，得到哪些功能尚属空白、哪些功能尚未很好提供等信息。在对企业的研究与开发力量及生产运作条件进行分析后，就能制订以产品功能为中心的产品开发计划。

（2）最大限度地降低产品总成本

产品具有竞争优势的一个重要前提是产品的总成本低。在传统观念中，企业仅仅考虑制造成本而忽视使用成本，并且认为制造成本是由生产运作过程决定的。这是一种片面的观点。实际上，产品成本的绝大部分在设计开发和生产运作部门。因此，应将降低产品总成本的努力贯穿于新产品开发的整个过程。

（3）形成新产品开发的良性循环

企业必须高度重视新产品的开发工作，并制定完善的新产品开发工作规划，力争做到在生产运作第一代产品的同时，就积极开发第二代，研究第三代，构思设想第四代，以确保有连续不断的新产品投放市场，使企业在整个生产经营过程中保持旺盛的生命力，不断地谋求发展。

（4）以创造性思路为基础

不管是更新换代新产品的开发，还是对老产品的改革，都要以创造性思路为基础。新产品的开发源于有创造性思路。因此，应借助智力激励法、检核表法、综摄法、缺点列举法等有效的创造技法来挖掘潜在的创造力，以获取有价值的产品创意。

2. 产品开发方式

企业在开发新产品时，选择合适的开发方式很重要。如果选择的开发方式得当且适合企业实际，就能降低开发风险，容易获得成功。企业开发新产品的方式主要有独创开发、引进开发、改进开发和融合开发 4 种。

（1）独创开发

从长远的方面考虑，企业开发新产品最根本的途径是自行设计、自行研制，即独创开发方式。采用这种方式开发新产品，有利于产品更新换代及形成企业的技术优势，也有利于产品竞争。独创开发需要企业建立一支实力雄厚的研发队伍、一个深厚的技术平台和一个科学、高效的产品开发流程。

（2）引进开发

引进开发是开发新产品的一种常用方式。企业采用这种方式可以很快地掌握新产品制

造技术，减少研发经费和投入力量，从而缩短与其他企业的差距。但引进开发不利于形成企业的技术优势和企业产品的更新换代。

（3）改进开发

改进开发是以企业的现有产品为基础，根据用户的需要，采取改变性能、变换形式或扩大用途等方式来开发新产品。采用这种方式，开发费用低，成功把握大。但是，长期采用改进方式开发新产品，会影响企业的发展速度。

（4）融合开发

融合开发是指独创开发方式与引进开发方式的融合。

3. 产品开发流程

新产品开发是一项极其复杂的工作，从根据用户需要提出设想到正式生产产品投放市场，其中经历许多阶段，涉及面广、持续时间长。由于行业的差别和产品生产技术的不同，特别是选择产品开发方式的不同，新产品开发所经历的阶段和具体内容并不完全一样。下面以加工装配性质企业的自行研制产品开发方式为对象，来说明新产品开发需要经历的阶段。

（1）调查研究阶段

开发新产品的目的，是为了满足社会和用户的需要。用户的需要是新产品开发选择决策的主要依据。为此，必须认真做好调查研究工作。这个阶段的主要任务是提出新产品构思，以及新产品的原理、结构、功能、材料、工艺等方面的开发设想和总体方案。

（2）构思创意阶段

新产品开发是一种创新活动，新产品创意是开发新产品的关键。在这一阶段，要根据社会调查掌握的市场需求情况及企业自身条件，充分考虑用户的使用要求和竞争对手的动向，有针对性地提出开发新产品的设想和构思。新产品创意对新产品能否开发成功有至关重要的作用。新产品创意包括 3 个方面的内容：产品构思、构思筛选和产品概念的形成。

1）产品构思。产品构思是在市场调查和技术分析的基础上，提出新产品的构想或有关产品改良的建议。

2）构思筛选。并非所有的产品构思都能发展成为新产品。有的产品构思可能很好，但与企业的发展目标不符合，也缺乏相应的资源条件；有的产品构思可能本身就不切实际，缺乏开发的可能性。因此，必须对产品构思进行筛选。

3）产品概念的形成。经过筛选后的构思仅仅是设计人员或管理者头脑中的概念，离产品还有相当的距离，还需要形成能够为消费者接受的、具体的产品概念。产品概念的形成过程实际上就是构思创意与消费者需求相结合的过程。

（3）设计阶段

产品设计是指从确定产品设计任务书到确定产品结构的一系列技术工作的准备和管理，是产品开发的重要环节，也是产品生产过程的开始，必须严格遵循“三段设计”程序。

1）初步设计阶段。初步设计阶段一般是为下一步技术设计做准备。该阶段的主要工作是编制设计任务书，让上级对设计任务书提出产品设计方案的改进性和推荐性意见，经上级批准后，作为新产品技术设计的依据。初步设计阶段的主要任务是确定产品最佳总体设计方案、设计依据、产品用途及使用范围、基本参数及主要技术性能指标、产品工作原理及系统标准化综合要求、关键技术解决办法及关键元器件、特殊材料资源分析、对新产品设计方案进行分析比较，运用价值工程研究确定产品的合理性能及通过不同结构原理和系统的比较分析，从中选出最佳方案等。

2）技术设计阶段。技术设计阶段是新产品的定型阶段。它是在初步设计的基础上完成设计过程中必需的试验研究（新原理结构、材料元件工艺的功能或模具试验），并写出试验研究大纲和试验研究报告；作出产品设计计算书；画出产品总体尺寸图、产品主要零部件图，并校准；运用价值工程，对产品中造价高、结构复杂、体积笨重、数量多的主要零部件的结构、材质精度等进行成本与功能关系的分析，并编制技术经济分析报告；绘制各种系统原理图；提出特殊元件、外购件、材料清单；对技术任务书的某些内容进行审查和修正；对产品进行可靠性、可维修性分析。

3）工作图设计阶段。工作图设计阶段是在技术设计的基础上完成供试制（生产）及随机出厂用的全部工作图样和设计文件。设计者必须严格遵守有关标准规程和指导性文件的规定，设计绘制产品工作图。

（4）试制阶段与样品鉴定阶段

1）试制阶段。试制阶段又分为样品试制阶段和小批试制阶段。

① 样品试制阶段。该阶段的目的是考核产品设计质量、产品结构、性能及主要工艺，验证和修正设计图纸，使产品设计基本定型，同时也要验证产品结构和工艺，审查工艺上存在的问题。

② 小批试制阶段。该阶段的工作重点在于工艺准备，主要是验证产品的工艺在正常生产条件下（即在生产车间条件下）能否保证所规定的技术条件、质量和良好的经济效果。

2）样品鉴定阶段。样品试制后，必须进行鉴定，即对新产品从技术上、经济上作出全面评价，然后才能得出正确结论，从而投入正式生产。

（5）生产技术准备阶段

生产技术准备阶段的主要任务是完成全部工作图的设计，确定各种零部件的技术要求。

（6）正式生产和销售阶段

正式生产和销售阶段不仅要做好生产计划、劳动组织、物资供应、设备管理等一系列工作，还要考虑如何把新产品引入市场等方面的问题，如研究产品的促销宣传方式、价格策略、销售渠道、提供服务等。

（7）市场开发阶段

新产品的市场开发阶段既是新产品开发过程的终点，又是下一代新产品开发的起点。通过市场开发，可以确切地了解开发的产品是否适应需要及适应的程度；分析与产品开发有关的市场情报可为开发产品决策、改进下一批（代）产品、提高开发研制水平提供依据，同时还可取得有关潜在市场大小的数据资料。

4．产品实施要领

（1）做好深入细致的市场调研

任何企业要开发适销对路的新产品，都离不开深入细致的市场调研。市场调研包括直接调研和间接调研两种形式。直接调研主要是根据市场（消费者）的需求，了解市场上竞争对手产品的品质、包装、性能、价位，充分收集有求新求异观念的消费者资料，分析这些消费者对新产品的市场反应，包括已有产品存在的优劣势和消费者潜在的市场需求。间接调研主要是将市场业务员和经销商反馈的新产品信息，进行汇总、整理后得出结论，包括产品销量、市场占有率和消费者的反应。产品开发人员根据市场调研结果，在广泛征求市场销售人员、经销商和消费者意见的基础上，进行产品设计、局部投放，在投放过程中要了解市场对新产品的反应。新产品设计要走“开发—调整—试销—改进—批量生产”的路线，急于求成或闭门造车开发新产品，不仅会增加新产品研发的风险，也会影响新产品的市场投放。

（2）组建专业的开发团队

产品开发是一项复杂而细致的工作，产品创新的特点决定了新产品开发组织与一般管理组织相比，具有其突出的特点。新产品开发组织应具有高度的灵活性、简单的人际关系、高效的信息传递系统、较高的决策权力等，需要供应、生产、技术、财务、销售等各个部门紧密配合，形成一个相互协作的团队。组建专业的开发团队总的原则是使新产品的开发能够快速、高效地进行。新产品开发组织的特征使新产品开发组织的形式多种多样。一般常见的新产品开发组织有：新产品委员会、新产品部、产品经理、新产品经理、项目团队、项目小组等。

（3）做好新产品市场投放方案

新产品设计完成后，企业不能进行盲目的产品市场投放，而是要和营销策划人员、市场业务人员一起，重点研究新产品投放市场前的策划方案，内容包括：如何将新产品投放到目标市场；如何进行新产品的铺货；如何消除消费者的顾虑使其尝试新产品等，最终使新产品市场投放获得成功。

第五节　产品生命周期与创业产品选择

1．产品生命周期的内涵、特征及存在的缺陷

（1）产品生命周期的内涵、特征

产品生命周期理论是美国哈佛大学教授雷蒙德·弗农于1966年在其《产品周期中的国际投资与国际贸易》一文中首次提出的。随后哈佛大学的阿伯纳西和麻省理工学院的厄特拜克等以产品的主导设计为主线将产品的发展划分为流动、过渡和确定3个阶段，进一步发展了产品生命周期理论。

产品生命周期又称为商品生命周期，是指产品从投入市场到更新换代和退出市场所经历的全过程。它是产品（或商品）在市场运动中的经济寿命。在商品流通过程中，由于消费者的需求变化及影响市场的其他因素所造成的商品由盛转衰的周期，主要是由消费者的消费方式、消费水平、消费结构和消费心理的变化所决定的。一般来说，产品生命周期分为产品开发期、导入（引进）期、成长期、成熟（饱和）期、衰退（衰落、退出）期等阶段。

1）产品开发期。产品开发期，即从开发产品的设想到产品制造成功的时期。其间，产品的销售额为零，公司投资不断增加。

2）导入（引进）期。新产品投入市场就进入导入期。此时，消费者对产品还不了解，只有少数追求新奇的消费者可能购买，销售量很低。为了扩展销路，需要大量的促销费用，对产品进行宣传。在这一阶段，由于技术方面的原因，产品不能大批量生产，因而成本高，销售额增长缓慢，企业不但得不到利润，反而可能亏损。产品也有待进一步完善，但此时没有或只有极少数的竞争者。

3）成长期。进入成长期，产品经过一段时间已有相当知名度，销售额快速增长，市场逐步扩大，利润显著增加。产品大批量生产，生产成本相对降低，企业的销售额迅速上升，利润也迅速增长。竞争者看到有利可图，纷纷进入市场参与竞争，使同类产品供给量增加，价格随之下降，企业利润增长速度逐步减慢，最后达到生命周期利润的最高点。

4）成熟（饱和）期。进入成熟期，市场成长趋势减缓或饱和，产品已被大多数潜在购买者所接受，潜在顾客已经锐减，利润在达到顶点后逐渐下滑。市场竞争加剧，公司为保持产品地位需投入大量的营销费用。市场中，寡头企业或产品出现。

5）衰退（衰落、退出）期。进入衰退期，产品销售量显著衰退，利润也大幅下滑。市场竞争者也越来越多。随着新技术的运用与新消费的升级，新产品或新的替代品出现，使顾客的消费习惯发生改变，转向其他产品，从而使原来产品的销售额和利润额迅速下降。老产品逐步退出市场，新产品替代老产品加快。

然而，市场营销学定义的产品生命周期为导入期、成长期、成熟期、衰退期。这个已经不能概括产品生命周期的全过程，可以称为产品市场生命周期。从产品市场孕育的角度，还包含需求收集、概念确定、产品设计、产品上市和产品市场生命周期管理，也有概括为导入（进入）期、成长期、成熟（饱和）期、衰退（衰落）期、退出期5个阶段。

很多优秀的企业认为，上述生命周期并不能完全概括产品生命周期。在基于产品管理概念的基础上，可以把产品生命周期概括为产品战略、产品市场、产品需求、产品规划、产品开发、产品上市、产品退市7个部分。

（2）产品生命周期存在的缺陷

1）产品生命周期各阶段的起止点划分标准不易确认。

2）并非所有的产品生命周期曲线都是标准的S形，还有很多特殊的产品生命周期曲线，如风格型、时尚型、热潮型、扇贝形4种特殊类型。

3）无法确定产品生命周期曲线到底适合单一产品项目层次，还是一个产品集合层次。

4）产品生命周期曲线只考虑销售和时间的关系，未涉及成本及价格等其他影响销售的变数。

5）产品生命周期易造成“营销近视症”，即认为产品已到衰退期而过早地将仍有市场价值的好产品剔除产品线。

6）产品衰退并不表示无法再生。如果通过合适的改进策略，可能再创产品新的生命周期。

2. 创业产品选择

（1）产业生命周期①视角选择

产业生命周期理论是在产品生命周期理论的基础上发展而来的。在产品生命周期理论发展的基础上，1982 年，戈特和科莱伯通过对 46 个产品长达 73 年的时间序列数据进行分析，按产业中的厂商数目进行划分，建立了产业经济学意义上的第一个产业生命周期模型。

由于产业生命周期构成了企业外部环境的重要因素，因此产业生命周期理论自诞生之日起就受到经济学和管理学研究者的极大兴趣。迈克尔·波特在《竞争战略》中论述了新兴产业、成熟产业和衰退产业中企业的竞争战略。研究表明，从战略的角度研究产业生命周期主要集中在产业生命周期的阶段性变化对企业战略决策的影响，以及生命周期不同阶段（如初创期、成长期、成熟期、衰退期）可供选择的战略，如图 5-1 所示。

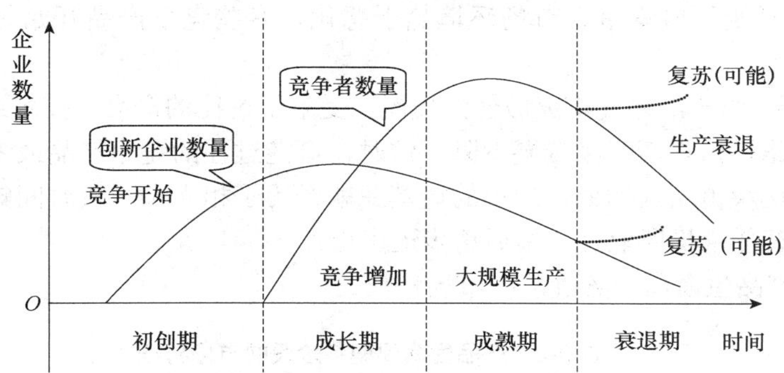

图 5-1　产业生命周期模型

因此，在创业产品的选择过程中，首先选择的是产业领域，而产业发展状况是创业企业必须考量的重要外部因素之一。图 5-1 的产业生命周期模型给创业者提供了如下选择的逻辑。

1）要选择处在初创期和成长期的产业。创新企业数量和竞争者数量相对比较少，机会比较多。

2）尽量不要选择处在成熟期和衰退期的产业。成熟期的产业，竞争异常激烈，产业利润率降低，基本形成寡头垄断；衰退期的产业，市场在萎缩，产能过剩，机会很少。但如果给成熟期产业的寡头企业提供产业链延伸配套产品，也许还有机会。

① 产业生命周期是每个产业都要经历的一个由成长到衰退的演变过程，是指从产业出现到完全退出社会经济活动所经历的时间。一般分为初创期阶段（幼稚阶段）、成长期阶段、成熟期阶段和衰退期阶段 4 个阶段。

（2）产品生命周期视角选择

雷蒙德·弗农认为：产品生命是指市场上的营销生命，产品和人的生命一样，要经历形成、成长、成熟、衰退这样的周期。就产品而言，也要经历一个开发、引进、成长、成熟、衰退的阶段。而这个周期在不同技术水平的国家里，发生的时间和过程是不一样的，其间存在一个较大的差距和“时差”，正是这一“时差”，表现为不同国家在技术上的差距，它反映了同一产品在不同国家市场上的竞争地位的差异，从而决定了国际贸易和国际投资的变化。当然，对资源禀赋不同的企业，也存在较大的差距和“时差”，这个差距和“时差”导致不同企业把握市场竞争能力的迥异。产品生命周期各阶段市场特征如下。

1）导入期。产品功能还不完善，对用户使用场景及需求的理解不深入，属于试错阶段。产品会经常改动，这时在产品运营上也处于冷启动阶段，用户增长缓慢，活跃度不高。同时，市场上可能会慢慢出现一些竞争产品。

2）成长期。产品已经可以为用户提供服务，活跃度大幅提高，且趋于不断增长的趋势。产品处于一个快速上升期，产品的核心价值已经形成，市场上可能出现竞争产品。

3）成熟期。产品基本已经定型，新增用户开始变得缓和，用户活跃度比较稳定。很多企业开始拓展价值链的延伸产品，增强产品壁垒，稳定产品生态。成熟期维持的时间越长越好，因为成熟期之后就慢慢进入衰退期了，产品很难再有大的发展机会。这时，同类竞争产品开始价格竞争，市场环境趋于恶化，有些竞争产品开始做差异化或者寻找新的突破点。

4）衰退期。由于产品没有突破性的发展，受限于过往的产品、技术或服务的瓶颈，产品开始走下坡路，用户活跃度慢慢下降。这时，可能过往的竞争产品或者异军突起的新产品慢慢取代了这块市场。例如，当年的诺基亚就经历了相当长一段时间的“霸主”地位，之后一步步被智能手机所取代，最后逐步退出市场。

表 5-2 为产品生命周期各阶段的市场特征。

表 5-2　产品生命周期各阶段的市场特征

项目	导入期	成长期	成熟期		衰退期
			前期	后期	
销售量	低	快速增长	继续增长	有降低趋势	下降
利润	微小或负	大	高峰	逐渐下降	低或负
购买者	爱好新奇者	较多	大众	大众	后随者
竞争	甚微	兴起	增加	甚多	减少

因此，在进行创业产品的选择时，产品生命周期是一个比较“动态”的视角，除了要注重每个阶段的产品迭代机会外，还应关注以下几点。

1）选择开发和导入期的产品，风险比较大。因为产品定位还不明确，需要市场验证其可行性。一般这个阶段的产品功能还不完善，满足用户需求不精准，用户在试探采用。

2）成长期的产品，值得重点关注。产品本身已经得到用户的认可，大量新用户涌入。这个阶段最主要的目标是优化已有产品，将核心体验做得更好。例如，对于技术驱动型的产品来说，需要提高效率、稳定性、兼容性等；对于运营驱动型的产品来说，需要完善数据库、提高服务质量；对于体验驱动型的产品来说，在产品的形态、交互、视觉等方面需要做到极致。

3）成熟期的产品，寻求功能突破。成熟期的产品营销或渠道创业，可能市场机会更好。产品在市场上已经有了较大影响，可重点关注提高运营效率，重点优化已有产品，同时应拓展新业务或新功能，寻求突破点。

4）衰退期的产品，进入淘汰阶段，客户持续流失，重复购买和活跃度不断下降。无须关注，除非出现重要产品迭代要素的变革。

（3）跟随者逻辑视角选择

雷蒙德·弗农还把产品生命周期分为 3 个阶段，即新产品阶段、成熟产品阶段和标准化产品阶段。

1）新产品阶段。在新产品阶段，创新企业所在国利用其拥有的垄断技术优势开发新产品。由于产品尚未完全成型，技术上未加完善，加之竞争者少、市场竞争不激烈、替代产品少、产品附加值高，国内市场就能满足其获取高额利润的要求，产品极少出口到其他国家，绝大部分产品都在国内销售。

2）成熟产品阶段。在成熟产品阶段，由于创新企业所在国技术垄断和市场寡占地位的打破，竞争者增加，市场竞争激烈，替代产品增多，产品的附加值不断走低，企业越来越重视产品成本的下降。创新国和一般发达国家市场开始出现饱和，为了降低成本，提高经济效益，抑制国内外竞争者，企业纷纷到发展中国家投资建厂，逐步放弃国内生产。

3）标准化产品阶段。在标准化产品阶段，产品的生产技术、生产规模及产品本身已经完全成熟，这时对生产者技能的要求不高，原来新产品企业的垄断技术优势已经消失，成本、价格因素已经成为决定性因素，这时先进入的企业有明显的比较优势。

因此，作为创业企业来说，从跟随者逻辑视角选择产品，需要考虑以下要点。

1）如果选择成熟产品阶段和标准化产品阶段的产品，不是不可取，但是作为跟随者的创业企业，在不具备规模经济和范围经济的优势时，只能在行业（产业）平均利润以下生存。

2）如果选择新产品阶段的产品，不管是技术转让获得新产品，还是原创新产品都有较大风险，不建议创业者选择。

（4）原创者逻辑视角的选择

这是基于原创的新产品，需要承担巨大的研发成本和市场推广难的风险。而一旦成功，就会获得超额的市场收益。

因此，创业者选择原创新产品的创业方式建议如下。

1）对于经验和技术资源不足的创业者来说，要谨慎选择原创新产品创业方式，因为市场的不确定性太大，可能会承受不可逆转的市场打击。

2）对于技术和产品开发优势明显，并且可能获得风险投资的精干创业团队，选择原创新产品的创业方式，成功的可能性较大。

第六节　产品创新优化的现代思维

1. 创新优化的原则[①]

创新优化的原则是在企业原有产品的基础上，依据客户体验的反馈、产业发展趋势与竞争者的创新力度等因素确定的，具体有以下几个原则。

1）由浅入深原则。“现代管理学之父”彼得·德鲁克曾写道：“有效创新都从小处开始，而并非宏伟壮阔。”在新消费时代，企业和产品都要追求“精致主义”。例如，微软专注于曾被 IBM 视为鸡肋的软件业务上，而成为世界上最有价值的公司。

2）跨界组合原则。由浅入深原则可以确保创新的方向不至于偏离正确的轨道，但要想推广创新或形成公司持续的创新能力，仅靠这一点还远远不够。当下，产品创新更注重对外部信息的整合与判断，重要的是突破来自各个领域智慧的跨界融合。苹果产品的创新就是跨界融合的典型例子。乔布斯推出 iPod 时，市场上已经充斥着各种数字音乐播放器了，但他把 iPod 和 iTunes 捆绑在一起，使得内容更易获取，接着又把 iPhone、iPad 等产品加入这个组合中，创造了更多的组合和更多的价值。

3）持续创新原则。拉里·佩奇和谢尔盖·布林把学术引用系统和计算机科技结合到一起，开发出了搜索引擎 Google。然而，直到数年以后他们才遇到 Overture 的商业模式，找到了能赚钱的组合。产品的持续创新，更强调坚持不懈、不屈不挠、极致专注的重要性，要执着于远见，在细节上下功夫。

2. 微创新

360 董事长指出，所有的公司应该要立足一个字“创”，作为创业公司，创新非常重要，那怎么理解“创新”呢？有一种新的产品创新方式，就是“微创新”[②]。微创新是未来产品创新很重要的方法，值得创业者借鉴。微创新的原理可以归纳为加法原则、减法原则、乘法原则、除法原则。

1）加法原则。基于商业环境“1＋1＞2”的原理。无论何种产品，从设计到开发，再从生产到物流，以及客服、售后等，涉及的环节较多，如果每个环节都能努力改善一点点，那么产品必然能前进一大步。因此，微创新的加法原则是指合理优化管理环节，力图在每一个单元都能做到细微的改善，最终让产品的生产达到“精益”效果。例如，世界工业界公认的最佳的一种生产组织体系和方式之一是丰田公司的精益生产，丰田公司的精益生产就很好地促进了产品的极致优化。

---

① 陈晓暾，陈李彬，田敏，2017．创新创业教育入门与实践［M］．北京：清华大学出版社．

② 所谓“微创新”，可以理解为一种单点突破，它鼓励创业者找到最能打动用户心理期望值的那个点，把关于这个点的问题解决好，起到四两拨千斤的作用。这是近年来随着外部创新环境的更替而诞生的新型理念。

2）减法原则。减法原则的关键在于把你曾经认为必不可少的部分删减掉，当然这个必不可少的部分不应该是最核心的，但也不应该是最次要的，它应该处于中间地带，删除产品中处于中间地带的功能或服务才能让减法原则发挥最大的效用。在实施减法原则时，首先要明确删除某项功能或服务的目的，如果删除某项功能或服务不是为了更新产品或服务，那么这种删除就没有太大的意义；其次，不一定非要把某项功能或服务整体删除，可以做部分减法；最后，在删除某项功能或服务后，可以用替代品取代从产品中去掉的某个部件，但应该确保不用相同的东西充当替代品。

3）乘法原则。乘法原则就是对某个部件进行复制时，也需要对其加以改动，如果不改动，则无异于单一地添加，这样就会让产品变得更复杂，丝毫没有提升它的价值。在运用乘法原则时，要避免进入对产品或服务做简单加法的误区。首先，明确某个产品或服务所处的框架；其次，将框架内的某个部分进行复制并加以改动，观察改动后产品的变化，并思考这种变化所带来的结果；最后，不要针对部件的属性运用乘法原则，属性是部件的特征，如闹铃的铃声是部件，但是铃声的分贝则是属性。

案例启发 5-1

“谁叫我起床”App

“谁叫我起床”是首个将闹钟、真人语音与社交结合起来的趣味应用软件。这款应用软件是腾讯主办的“2013 中国互联网创新创业大赛”的潜力应用软件，首发期间的分发总量突破 20 万份。这是目前市场上第一款真人语音叫早的应用软件，用户只要设置好选项，就可以在每天清晨被不同有趣、神秘的真人闹钟叫醒，如果 90 秒内你没有醒来，就永远不知道叫你的温柔声线或讲出逗趣笑话的主人是谁。可能大家都不相信，这款应用软件最初的诞生是因为 CEO 任文勇的一个梦。“那段时间由于思考产品的压力太大，任文勇每天早上是起床的困难户，有一天，他梦见一个美女用十分温柔的声音叫他起床，结果一下子就醒了，这就是我们这款产品最初的创意来源。”该应用软件的开发公司——八千里网络科技公司市场总监如是说。

这款软件采用了类似于阅后即焚的形式，也就是“闹”即焚，如果在规定的时间内没有起来关掉闹钟，那么你就不会知道这个给你发送声音的用户是谁，因为都是绑定微博账号的用户，所以基本上都是实名制的用户，说不定因为你的懒惰就和一个女神擦肩而过了。

（资料来源：陈晓暾，陈李彬，田敏，2017. 创新创业教育入门与实践［M］. 北京：清华大学出版社.）

4）除法原则。除法原则是把一个产品或一项服务分解成多个部分，再将这些分解后的部分进行重组，找出其可能具有的优点。经过分解和重组后的产品可能产生一种全新的功能，也可能以一种全新的形式呈现某个已有的功能。除法原则可以具体细分为功能型除法、物理型除法和保留型除法。功能型除法将注意力放在产品的功能上，挑出产品或者服务中的某个功能，改变其位置，然后观察这种位置变化所带来的影响。例如空调，改变压缩机的位置，由原先室内的位置放到室外，这样屋内的热量减少了，噪声也减少了。物理型除法是指对某个产品的实体随意进行分割，按随机原则分解成若干部分，如拼图游戏的产生就是物理型除法的具体体现。保留型除法是指把产品按原样缩小并保证这些变小的产品依然保留原产品的功能和特性，如U盘、更小的食品包装袋等。

除法原则的关键在于分解和重组。因此，列举出部件的清单非常重要，这是启动创新之旅的第一步。在重组方式的选择上，既可以选择按时间方式重组，也可以选择按空间方式重组。

3. 开放式创新[①]

2003年5月，亨利·切萨布鲁夫教授提出，随着知识视野的变更、人才全球的流动和可用性，我们正在见证一种“创新模式的转型”，即企业从封闭式创新向开放式创新模式转变。这是从企业创新行为的视角，而不是从技术创新网络的视角来探讨企业产品创新模式的。开放式创新一词源自亨利·切萨布鲁夫2003年出版的《开放式创新》一书。开放式创新是指为了促进组织内部的创新，有意图且积极地活用内部与外部的技术及创意等资源的流动，其结果是增加将组织内部创新扩展至组织外部的市场机会。在全球资源整合的视野下，创新由封闭式创新[②]转向开放式创新[③]，两者存在异同，如表5-3所示。企业中，阿里巴巴、华为、海尔的开放式创新都做得很好[④]。

表5-3 封闭式创新与开放式创新的异同[⑤]

要素	封闭式创新	开放式创新
人才	自己公司拥有最优秀的人才	自己公司不一定拥有最优秀的人才，可以不局限公司内外与人才进行合作
研究开放	为获得收益，自己公司包揽从研发到销售的一切	能够从外部研发创造附加值，内部研发也可享受一部分成果
市场化	将创新快速投入市场的企业，处于优势地位	相比市场化，构筑商业模式更优先
想法	将最好的创意进行更好的产品化，就可以建立优势地位	关键在于能否有效活用公司内外部的资源
知识产权	严格保护自己公司的知识产权	与其他公司之间积极进行知识产权的授权/引进交易

切萨布鲁夫认为，面对信息技术的发展、到处遍布的可用知识，将技术创新严格限制在企业内部的封闭式创新模式，根本不能适应知识经济条件下的企业竞争战略和资本的全球化。从企业自我中心网络的角度看，开放式创新意味着企业把自己的创新网络看作一个可以不断扩展的开放系统。从开放式创新的角度看，也可以解释企业自我中心创新网络的形成：开放式创新要求企业超越自己的边界，与外部合作者发展各种合作关系，这些关系稳定下来就构成技术创新网络。企业在创新的各环节上越来越关注从外部获取资源与帮助。

① 司春林，2016．创新型企业研究：网络化环境、商业模式与成长路径［M］．北京：清华大学出版社．

② 封闭式创新，就是一个国家或一个企业仅仅利用内部的组织资源实现创新。

③ 开放式创新，就是一个国家或一个企业不仅利用内部的组织资源，而且充分利用外部组织资源实现创新。

④ 迟福林，2018．动力变革［M］．北京：中国工人出版社．

⑤ 亨利·切萨布鲁夫，2005．开放式创新：进行技术创新并从中赢利的新规则［M］．金马，译．北京：清华大学出版社．

创新的各环节包括知识的流动，人才、资金等要素的参与，企业必须根据市场环境与条件、自己拥有的技术资源、外部可取的资源，以及创新过程中的成本投入、风险分担、创新成果的分享、转移与交易等来考虑如何利用外部的关系与资源实现新技术的价值。开放式创新模式使得企业的边界不再是确定的。按照科斯的研究，企业本来是要节约市场交易成本而存在的，但在企业内部的交易成本反而大于外部交易成本的情况下，就应当把有关的业务部门精简。优化内部价值链，使企业产品创新活动更加开放，更能获得有价值的市场资源，促进产品在互联网开源状态下的极致优化，更能符合市场的精致需求。

延伸阅读

特斯拉的颠覆性创新

特斯拉的创新其实是一种颠覆性创新，是一种基于原创的创新，它不是跟随、不是抄袭，而是在关键部分拥有自己真正的原创，具体体现在 3 个方面：①颠覆性的产品创新；②颠覆性的制造过程的创新；③新技术应用的创新。

1. 颠覆性的产品创新

特斯拉是一款纯电动汽车，相比传统的燃油汽车，这是一种极大的创新。在当时的汽车产业界，混合动力还被认为是未来的发展方向，而丰田的普锐斯还是行业的佼佼者，世界各大汽车企业还都在积极研发混合动力之中，并没有大规模的推出商业化产品，并且在混合动力方面，丰田拥有了大量的专利。但特斯拉是一款在多方面可以和传统高端燃油车相媲美的纯电动汽车，并得到了消费者的认可，这在当时就是一种颠覆性创新。

在当时的电动汽车领域，日产的聆风和福特的沃兰达，都是续航里程在 150 千米以下的短距离车型，还不能和传统燃油汽车的续航里程相比。但特斯拉的产品做到了超过 400 千米，已经接近传统燃油汽车的续航里程。这也是一种颠覆性创新，它改变了人们对纯电动汽车的认识，让消费者认识到与传统燃油汽车接近或者可以相媲美的纯电动汽车已经进入了他们的生活。

特斯拉在动力电池的应用方面，也是一种颠覆性创新。动力电池作为电动汽车的核心，马斯克做出了一个惊人的创新，决定使用笔记本电脑中使用的圆柱形电池，其质量、耐用性、稳定性和可靠性都已经证实。据分析，每一个特斯拉电池板都是由将近 7 000 个 18650 型号电池组合而成。马斯克基于一个超前的、创新者的判断，认为近期内（也许是二三十年内）动力电池技术不会有太大的突破。于是，他选择了这种电池并开发了相关的散热和控制系统，因此形成了自己的一种创新，并得到了实践的检验。

对特斯拉车辆各系统实行的统一程序控制，这也是一个颠覆性创新。在特斯拉车辆中，所有车辆各部件的数据，都与每辆车唯一的车辆识别号码（VIN）一起存储，因此服务中心可以追溯任何问题回到工厂，从而找到根本原因。通过这种设计，特斯拉能够实施远程操控，升级它的控制系统，增加新的功能，改进它的汽车，即便是在客户把车开走以后。

特斯拉的外形也非常漂亮，其流线型的外形不输于其他同价位的跑车，即使汽车的外形还不能算颠覆性创新，但汽车外形的创新也是非常重要和不可替代的。

2. 颠覆性的制造过程的创新

特斯拉的很多颠覆性创新更多体现在其制造工厂中，马斯克作为一个汽车行业的门外汉，却敢于在汽车制造流程中的很多方面开展创新，的确是让人感受到颠覆者的力量。创新是要付出代价的，特别是颠覆性创新，创新者更需要天马行空的思维和接受失败、挫折的勇气。特斯拉采用近乎完全自动化的汽车生产装配流程，是对传统汽车制造流程的颠覆性创新。传统汽车制造虽然是流水线生产，但关键的装配环节还是以人工为主，并且对人工的替代或机器人的应用是循序渐进的，成熟一些应用一些，慢慢提升流水线的自动化水平。但马斯克不是这样想的，而是实施颠覆性创新，大量采用自动化机器人。马斯克认为，“一旦我的自动生产过程得到调整，公司将为制造业的速度、精度和可扩展性创造出一个新标准”。在车身装配流水线上，马斯克设计了复杂的机械输送系统，希望能够替代工人来操作。他甚至用玻璃墙把人与装配车身的机器人隔离开。这也是特斯拉走得远、走得快的一个领域。

3. 新技术应用的创新

在新技术的应用上，特斯拉也是超前的，马斯克更多注重的是消费者体验，而不是传统汽车厂商的技术可靠性优先的原则。例如，无钥匙的进入系统、电子手刹系统、自动开启和锁车系统等，还有借助苹果 iPad 的热销，其车内直接设置了一块 17 英寸的中控大屏，给消费者一种全新的感受，以及自动驾驶技术的应用。

（资料来源：许海东，2018. 看特斯拉的颠覆性创新［EB/OL］. http://blog.sina.com.cn/donghaixuri，有改动.）

思考与训练

1. 分享你打算创业的产品类型。
2. 你认为哪种产品创新方式适合互联网企业的产品创新。
3. 请结合实际，分享如何选择创业产品。

第六章 商业模式构建——持续盈利

商业模式是企业持续盈利、基业长青的基石。

案例导入

商业模式典型案例

活跃在复杂市场环境中的商业模式千差万别，成功的商业模式却有共同之处。以下对腾讯、阿里巴巴、携程、苏宁电器、华为、比亚迪的商业模式从产业价值链定位、盈利模式及创新性方面进行分析。

（1）腾讯

从产业价值链定位来看，抓住互联网对人们生活方式的改变形成新的业态的机遇，通过建立中国规模最大的网络社区为用户提供一站式在线生活服务，通过影响人们的生活方式嵌入主营业务。

盈利模式：在一个巨大的沟通平台上影响和改变数以亿计网民的沟通方式和生活习惯，并借助这种影响嵌入各类增值服务。

创新性：借助互联网对人们生活方式改变之力切入市场，通过免费的方式提供基础服务，而将增值服务作为价值输出和盈利来源的实现方式。

（2）阿里巴巴

从产业价值链定位来看，抓住互联网与企业营销相结合的机遇，将电子商务业务集中于 B2B 的信息流，为所有人创造便捷的网上交易渠道。

盈利模式：通过在自己的网站上向国内外供应商提供展示空间以换取固定报酬，将展示空间的信息流转变为强大的收入流并强调增值服务。

创新性：通过互联网向客户提供国内外分销渠道和市场机会，使中小企业降低对传统市场中主要客户的依赖及营销等费用，并从互联网中获益。

（3）携程

从产业价值链定位来看，抓住互联网与传统旅行业相结合的机遇，力求扮演航空公司和酒店的“渠道商”角色，以发放会员卡吸纳目标商务客户、依赖庞大的电话呼叫中心作预订服务等方式，将机票预订、酒店预订、度假预订、商旅管理、特约商户及旅游资讯在内的全方位旅行服务作为核心业务。

盈利模式：通过与全国各地众多酒店、各大航空公司合作，以规模采购大量降低成本，同时通过消费者在网上预订客房、机票积累客流。客流越多，携程的议价能力就越强，其成本越低，客流就会越多，最终形成良性增长的盈利模式。

创新性：立足于传统旅行服务公司的盈利模式，主要通过“互联网＋呼叫中心”完成一个中介的任务，用 IT 和互联网技术将盈利水平无限放大，成为“鼠标+水泥”模式的典范。

（4）苏宁电器

从产业价值链定位来看，以家电连锁的方式加强对市场后端的控制，同时加强与全球近 10 000 家知名家电供应商的合作，打造价值共创、利益共享的高效供应链，强化自身在整个产业价值链中的主导地位。

盈利模式：基于 SAP 系统与 B2B 供应链项目，通过降低整个供应链体系运作成本、库存储备并为客户提供更好的服务这一“节流＋开源”的方式实现营收。

创新性：以家电连锁的方式加强对市场后端的控制力，并以此为基础加强向上游制造环节的渗透，使零售与制造以业务伙伴方式合作，从而提高整个供应链的效率，进而打通整个产业价值链，以谋求更高的价值回报。

（5）华为

从产业价值链定位来看，以客户需求为驱动，定位为通信设备领域的系统集成服务商与量产型公司，为客户提供有竞争力的端到端通信解决方案，并围绕通信设备领域的整个产品生命周期形成完整的产品线。

盈利模式：主要依靠通信产品的整个产品生命周期赚钱。

创新性：凭借通信设备领域整个产品生命周期上完整的产品线的营收，以牺牲暂时的亏损为代价，将投入市场的新产品按两三年后的量产模型定价，利用企业规模效益、低耗与高效的供应链管理、非核心环节外包、流程优化等方法挖掘成本优势，挤垮或有效扼制国内竞争对手，并利用研发低成本优势快速抢夺国际市场份额，形成著名的“华为优势”。

（6）比亚迪

从产业价值链定位来看，依托某一产业领域的技术优势，在相关产业转型或兴起的背景下，将其产业优势向这一领域进行逆向的产业转移，形成跨领域的、稳步攀升的产业扩张。

盈利模式：在产业转移与扩张的过程中，通过设定新的游戏规则、合并细分市场、整合顾客需求进行价值创新，以蓝海战略实现营收。

创新性：基于电池领域的绝对竞争优势与产业优势，在已有商业领域取得成功后，以较强的复制能力、稳定性、技术创新等，集中利用内部资源、整合各业务群中的优势元素塑造向新兴领域或转型产业进行产业布局的转移与调整，繁衍一个又一个新业务，实现塑造蓝海、产业扩张与价值创造的统一。

对上述商业模式进行分析可以发现：成功的商业模式都是创新性地将内部资源、外部环境、盈利模式与经营机制等有机结合，不断提升自身的盈利性、协调性、价值、风险控制能力、持续发展能力与行业地位等。他们是在一定条件、一定环境下的成功，更多的具有个性，不能简单地复制，而且必须通过不断的修正、创新才能保持企业持久的生命力。

（资料来源：李江涛，2014. 八大成功商业模式案例分析［EB/OL］. https://www.qianzhan.com/analyst/detail/329/140814-1953936a.html，有改动.）

商业模式，又称为盈利模式，近年来越来越受到国内外企业界和学术界的重视。商业模式是互联网企业创新发展的核心要素，也是创业者及创业企业应该重点考虑的。当创业者瞄准一个机会之后，需要进一步构建与之相适应的商业模式。机会不能脱离必要的商业模式的支撑而独立存在，缺乏良好的商业模式，机会就不能实现真正意义上的市场价值。企业需要的价值创造模式就是企业的商业模式，即：赚谁的钱、怎样才能实现盈利、如何组织运营。这就涉及企业如何构建商业模式的问题。每一种新的商业模式的出现，都意味着一种创新、一个新的商业机会的出现。谁能率先把握这种商业机会，谁就能在商业竞争中先拔头筹，从而提升企业的核心竞争力[①]。

第一节　商业模式的内涵与特征[②]

1. 商业模式的内涵

“商业模式”一词于20世纪50年代在国外出现，到90年代得益于互联网经济的蓬勃发展，商业模式才在我国传播与应用[③]。创业者凭借有吸引力的商业模式和一本商业计划书就可以获得风险投资，传统经营中的要素，如产品、服务、技术、人才、管理制度等都不是那么重要，只有独特而新颖的商业模式才能得到投资者和市场的青睐。“现代管理学之父”彼得·德鲁克曾经说过，“当今企业之间的竞争，不是产品之间的竞争，而是商业模式之间的竞争。”

创业者在有了适合自己的创业机会、明确了创业目标之后，首先要考虑的就是采取什么样的方式盈利与发展，从而构建什么样的商业模式。商业模式是一个完整的产品、服务和信息流体系，包括每一个参与者在其中起到的作用，及每一个参与者的潜在利益和相应的收益来源和方式，即一个企业通过什么途径或方式来赚钱。商业模式的概念有很多种表述，较为规范的版本是：商业模式是指为实现客户价值最大化，把能使企业运行的内外各要素整合起来，形成一个完整的、利益相关的、高效率的、具有独特核心竞争力的运行系统，并通过最优实现形式满足客户需求、实现客户价值，同时使系统达成持续盈利目标的整体解决方案。

简而言之，商业模式就是企业通过什么途径或方式来盈利的整个服务和产品体系。商业模式是盈利模式的外延拓展，是广义的盈利模式，从这个角度来看，商业模式即盈利模式；但是，不能把盈利模式简单等同于商业模式，盈利模式是商业模式的一部分，商业模式包含了更长链条的盈利逻辑。

企业的各种要素都是围绕企业的价值主张来创造价值的，都是围绕满足客户需求、实现客户价值来服务的。同时，在这个创造价值的过程中还包含供应链，企业内部运营、分

① 核心竞争力是指能够为企业带来比较竞争优势的资源，以及资源的配置与整合方式。它是组织具备的应对变革与激烈的外部竞争，并且取胜于竞争对手的能力的集合。

② 胡龙廷，2017. 大学生创业基础［M］. 北京：机械工业出版社.

③ 李庆奇，李智锋，2017. 大学生创新创业基础［M］. 北京：科学出版社.

销链，直到价值交换与转移的全过程。

商业模式正是为了满足客户需求或实现客户价值而采取的整体解决方案和一切方案的整合，即实现客户价值的逻辑。那么，把它再展开就是企业如何获得资本，用资本做什么，为谁做，用什么做，怎么做，用什么方式提供给需求者，最终获得利润的整体解决方案，而这个整体解决方案就是商业模式。

2. 商业模式的特征

任何一个商业模式都是由客户价值主张①、企业资源和能力、盈利方式构成的三维立体模式。成功的商业模式具有以下 3 个特征。

（1）提供独特价值

这个独特价值可能是新思想，而更多时候它是产品和服务独特性的组合。这种组合要么可以向客户提供额外的价值，要么使客户能够用更低的价格获得同样的利益，或者用同样的价格获得更多的利益。

（2）模式难以模仿

企业通过确立自己与众不同的商业模式来提高行业的进入门槛。例如，戴尔公司是直销模式的标杆，但其他企业很难复制戴尔的模式，原因在于直销模式是一套完整的、极难复制的资源和生产流程。

（3）精准匹配资源

不管是传统企业还是新型企业，都需要分析企业的盈利来源，如为什么客户看中自己企业的产品和服务、有多少客户不能为企业带来利润、低效资源有哪些等关键问题。成功的商业模式需要精准匹配企业资源。

除了上述 3 个特征外，商业模式还具有时效性、可移植性、偶然性和衍生性。

第二节　商业模式的本质

1. 商业模式的构成要素

商业模式是以实现商业盈利为目标的一系列价值活动系统。价值主张②、价值创造③、价值实现④是商业模式体系的关键核心要素。核心能力和资源整合是商业模式价值实现的关键影响因素。核心能力是价值主张、价值管理、价值构成的基础，是商业模式得以持续盈利的内在因素。企业所提供的产品/服务技术的先进性、使用的舒适性、服务的便捷性、价

① 客户价值主张是指在一个既定价格上企业向其客户或消费者提供服务或产品时所需要完成的任务。

② 价值主张是企业通过产品/服务所能向消费者提供的价值，为客户、伙伴和员工创造价值，并最终为企业带来显著价值的关键要素形态的组合。

③ 价值创造是商业模式盈利的核心，最终达到商业模式的价值实现。

④ 价值实现是企业基于产品和服务运用一系列手段实现盈利的过程，是商业模式的目标。

格的低廉性等都要以核心能力作为前提。资源整合是价值网络、价值配置、价值实现的核心，是商业模式系统优势的体现，它能有效整合企业的内外部资源，使企业价值最大化。商业模式是一个有核心内在联系，由多个相互依存、互为补充的元素所组成的整体结构。企业正是依靠这样的整体结构来实现盈利的。商业模式本质上是由若干要素构成的盈利逻辑关系的生态链。商业模式的构成要素主要包括 4 个方面：产品、顾客界面、管理架构、财务表现，具体见表 6-1。

表 6-1　商业模式的商业构架、构成要素及描述①

商业构架	构成要素	描述
产品	价值主张	它是指企业通过其产品和服务向消费者提供的价值。价值主张确认了企业对消费者的适用意义
顾客界面	消费者目标群体细分	它是指企业所瞄准的消费者群体。这些群体具有某些共性，从而使企业能够针对这些共性创造价值。定义消费者群体的过程被称为市场细分
	分销渠道构建	它是指企业用来接触消费者的各种途径。这里指企业如何开拓市场，它涉及企业的市场和分销策略
	客户关系维护与开发	它是指企业同消费者群体之间所建立的良性互动关系
管理架构	价值配置与创造	它是指企业资源与活动的配置
	核心能力打造	它是指企业执行其商业模式所需的能力与资格
	合作协同网络整合	它是指企业和其他企业之间为有效地提供价值并实现其商业化而形成的合作关系网络，即企业商业联盟范围
财务表现	成本结构优化	它是指企业所使用的工具和方法的货币描述
	收入模式创新	它是指企业通过各种收入流来创造财富的途径

在以上构成要素中，消费者目标群体细分、分销渠道构建、客户关系维护与开发属于顾客界面，价值配置与创造、核心能力打造、合作协同网络整合属于管理架构，成本结构优化和收入模式创新属于财务表现。

商业模式是一个由各种要素组成的整体，必须是一个结构，而不仅仅是某个单一的组成要素。商业模式各组成要素之间必须有内在的逻辑关系，这个内在的逻辑关系把各组成部分有机地联系起来，使它们互相支持、共同作用，形成一个良性循环，建立一个从商业战略到运营执行的内在逻辑。

2. 商业模式与商业战略的异同

商业模式与商业战略的异同如下。

（1）相同点

1）商业模式与商业战略的本质是相同的。从价值活动实施前的角度定义，它们都是对能够获得竞争优势的价值创造活动的规划或设计。从价值活动实施后的角度定义，它们就

① 李宇，苗莉，2018．创新管理：获得竞争优势的三维空间［M］．北京：机械工业出版社．

成了对获得竞争优势的价值创造活动的总体描述。

2）商业模式与商业战略在内容上高度一致。商业模式理论属于商业战略理论范畴。

（2）不同点

1）商业模式理论与商业战略理论研究的侧重点不同。商业模式理论的主要研究对象或侧重点是企业别具特色的战略措施体系构建。商业战略理论主要设计用来开发核心竞争力、获取竞争优势的一系列综合的、协调的约定和行动。

2）商业模式和商业战略在概念表述上不同。商业模式从战略措施层面着手研究，所以在概念表述上，除了战略方向外，还包含从战略措施体系中得到的经济、运营逻辑。

3）商业模式理论拥有商业战略理论所不具备的特点。商业模式常常通过案例来描述，如国美模式、京东模式等，这赋予了商业模式理论的具体性和形象性特点，企业可以借鉴这些具体模式来构建自己的战略措施。

4）商业战略理论的很多重要内容是商业模式理论所不具备的。例如，波士顿矩阵、SWOT 分析等分析工具并未出现在商业模式理论中。另外，很多战略学派的重要战略理论或观点也是商业模式理论所未涉足的。

总之，商业模式是商业战略生成的基础，商业战略是在商业模式基础上的行为选择。商业模式是企业运营的逻辑，即企业如何在市场竞争中运作，并为客户创造和获取价值。商业模式更强调结构性和逻辑性。一方面，为企业提供了从战略到行动的内在逻辑思维框架，可以作为企业战略解析并落实到行动的一个很好的思维工具；另一方面，商业模式也可作为企业检视自己从战略到行动各方面的管理是否正确、是否合理的诊断工具，为企业下一步的变革或改进提供理论和实践依据。

第三节　商业模式设计与创新

1. 商业模式设计

优秀的企业都是在一个有效的商业模式下运营的。商业模式设计就是企业基本盈利假设和实现方式，以及由此产生的不同价值链和不同资源配置模式，其目的是为了最大化企业价值。

企业价值的创造是通过一系列活动来实现的，这些活动包括生产作业采购、技术开发、市场营销、销售开发、人力资源管理、后勤保障、客户关系、基础设施等。这些互不相同但又相互联系的生产经营活动，构成了一个创造价值的动态过程，即价值链[①]。

价值链在企业经济活动中无处不在，上下游关联企业与企业之间存在行业价值链，企业内部各业务单元之间的联系构成了企业内部的价值链。价值链上的每一项价值活动，都

① 价值链这一概念是哈佛大学商学院迈克尔·波特于 1985 年提出的。波特认为：每一个企业都是在设计、生产、销售、发送和辅助其产品的过程中进行种种活动的集合体，所有这些活动可以用价值链来表明。

会对企业最终能够实现多大的价值造成影响。创业者可以通过审视一个产品或服务的价值链，来发现价值链的哪个阶段能够以其他更有意义的方式增加价值。

价值链分析有助于创业者识别机会以进行商业模式的开发。然而，即使创业者设置了商业模式，不清晰或是方向错误的商业模式对创业过程也具有较大的破坏性。一旦发现所设计的商业模式存在失误，创业者应该尽快对错误的商业模式进行修正。商业模式设计既是创业机会开发环节的一个不断试错、修正和反复的过程，又是分解企业价值链和价值要素的过程，这涉及要素的新组合、新要素增能和融合创新。为了适应市场竞争，商业模式设计应该从价值定位、业务系统、关键资源和能力、盈利模式、现金流结构、企业价值6个方面进行把握。

（1）价值定位

价值定位就是企业应该做什么，它决定了企业应该提供什么特征的产品和服务来实现客户的价值。价值定位，首先要选择“最有潜力提供长期利润增长的消费群”，并确定为他们提供什么样的独特价值；其次，当这一选择不断变化、价值向新的区域转移时，价值定位也要跟进。价值定位是企业战略选择的结果，也是商业模式设计至关重要的一步，还是价值网络构建的依据。

（2）业务系统

业务系统是指企业达成价值定位所需要的业务环节、各合作伙伴扮演的角色，以及利益相关者合作与交易的方式和内容。业务系统，对外要界定企业活动范围，确定提供何种服务或产品，才能抓住消费者，创造高利润；对内要建立组织系统，确保内部有能力完成以上任务。

业务系统是商业模式的核心。高效的业务系统需要根据企业的定位识别相关的活动，并将其整合为一个系统，然后再根据企业的资源能力分配利益相关者的角色，确定与企业相关价值链活动的关系和结构，围绕企业价值定位所建立的这样一个内外各方利益相关者相互合作的业务系统就形成一个价值网络，该价值网络明确了客户、供应商和其他合作伙伴在影响企业通过商业模式获得价值的过程中所扮演的角色。

（3）关键资源和能力

业务系统决定了企业所要进行的活动，而要完成这些活动，企业需要掌握和使用一整套复杂的有形资产、无形资产、技术和能力，我们称之为“关键资源和能力”。关键资源和能力是指让业务系统运转所需要的重要资源和能力。

任何一种商业模式构建的重点工作之一就是了解和明确企业商业模式有效运作所需的资源和能力有哪些，它们是如何分布的，以及如何才能获取和建立这些资源和能力。不是所有的资源和能力都是同等珍贵，也不是每一种资源和能力都是企业所需要的，只有和企业的定位、业务系统、盈利模式、现金流结构相契合且能互相强化的资源和能力才是企业真正需要的。

（4）盈利模式

盈利模式是指企业如何从为客户提供的价值中获得收入、分配成本、赚取利润。良好的盈利模式不仅能够为企业带来利润，更能为企业编织一张稳定共赢的价值网。

一个好的盈利模式往往可以给企业带来多种收入来源，传统的盈利模式往往是企业提供什么样的产品和服务就针对这种产品和服务向客户收费，而创新的盈利模式则变化较大，如企业提供的产品和服务不收费，吸引来的顾客产生的价值则由其他利益相关者支付。例如，客户使用网上的搜索引擎不需要支付费用，但被搜索到的产品和服务的提供商却需要支付费用。同样的业务系统，其盈利模式也可能不一样，如网络游戏就有收费、免费和向玩家付费3种方式。

（5）现金流结构

现金流结构是企业经营过程中产生的现金收入扣除现金投资后的状况，其贴现值反映了采用该商业模式的企业的投资价值。不同的现金流结构反映企业在价值定位、业务系统、关键资源和能力及盈利模式等方面的差异，体现企业商业模式的不同特征，并影响企业成长速度的快慢、决定企业投资价值的高低、企业投资价值递增速度及受资本市场青睐的程度。

（6）企业价值

企业价值，即企业的投资价值，是企业预期未来可以产生的现金流的贴现值。如果说价值定位是商业模式的起点，那么企业的投资价值就是商业模式的归宿，是评判商业模式优劣的标准。企业的投资价值由其成长空间、成长能力、成长效率和成长速度来决定。好的商业模式包括投资少、运营成本低、收入的持续增长能力强等。

商业模式也可概述为五大要素：利润源（顾客）、利润点（企业提供的产品或服务）、利润渠道（产品或服务的供应和传播渠道）、利润杠杆（生产产品或服务的内部运作）和利润屏障（保护产品或与自身核心价值观冲突的战略控制活动）。在设计商业模式时要遵循以下步骤。

1）界定和把握利润源，即顾客。

2）不断完善企业利润点，即产品。

3）优化内部运营价值链。

4）整合资源，构筑商业模式外部运作价值链，攀升产业链位势。

5）提升利润空间与价值链控制力。

2. 商业模式创新①

商业模式创新作为一种新的创新形态，其重要性不亚于技术创新等要素创新。商业模式创新是为企业、客户和社会创造新的价值。近年来，创新的商业模式以前所未有的力量、规模和速度改变着产业或行业格局。

在互联网和人工智能等新技术的支撑下，新的商业模式会取代旧的商业模式。例如，苹果公司凭借iPod及iTunes在线商店，创造了一个全新的商业模式，从而成为在线音乐市场的主导力量。又如，Skype公司基于点对点（P2P）技术上的创新商业模式，为人们带来了相当廉价的全球通话及Skype客户端之间的免费通话。

那么，企业该如何系统地设计和实现这些全新的商业模式呢？掌握商业模式创新的条

① 黄海燕，2017．大学生创业教育［M］．长沙：湖南师范大学出版社．

商业模式创新是指企业价值创造提供基本逻辑的变化，即把新的商业模式引入社会（企业）的生产（运营）体系，并为客户和自身创造价值。简而言之，商业模式创新是指企业以新的有效方式实现超值盈利。

件、特征、路径将有助于我们设计和不断更新商业模式。

（1）商业模式创新的条件

1）全新服务领域。提供全新的产品或服务、开创新的产业领域，或以前所未有的方式提供已有的产品或服务。例如，Grameen Bank 面向穷人提供的小额贷款产品服务，开辟的全新产业领域是前所未有的；亚马逊卖的书和其他零售书店没有什么不同，但它卖的方式全然不同；西南航空的航空服务提供方式不同于已有的全服务航空公司；等等。

2）核心要素差异。商业模式至少有多个要素明显不同于其他企业，而非少量的差异。例如，Grameen Bank 不同于传统商业银行，主要以贫穷妇女为主要目标客户、贷款额度小、不需要担保和抵押等；亚马逊相比传统书店，其产品选择范围广、通过网络销售、在仓库配货运送等；西南航空也在许多方面不同于其他航空公司，如提供点对点基本航空服务、不设头等舱、只使用一种机型、利用大城市不拥挤机场等。

3）独特业绩优势。企业有良好的业绩表现，体现在成本、盈利能力、独特竞争优势等方面。例如，Grameen Bank 虽然不以盈利为主要目的，但它一直是盈利的；亚马逊在一些传统绩效指标方面具有良好的表现，也表明它的商业模式具有优势，短短几年就成为世界上最大的书店，数倍于竞争对手的存货周转速度给它带来独特的优势，消费者购物使用信用卡支付时，通常在 24 小时内到账，而亚马逊付给供货商的时间通常是收货后的 45 天，这意味着它可以利用客户的钱长达一个半月；西南航空公司的利润率连续多年高于其全服务模式的同行，如今，欧洲以及美国、加拿大等国内中短途民用航空市场，一半已逐步为像西南航空那样采用低成本商业模式的航空公司所占据。

（2）商业模式创新的特征

熊彼特提出，创新是把一种新的生产要素和生产条件的“新结合”引入生产体系。具体有 5 种形态：开发新产品、推出新的生产方法、开辟新市场、获得新原料来源、采用新的产业组织形态。相对于传统的创新类型，商业模式创新具有以下特点。

1）注重客户价值的提升。从客户的满意度来说，其根本是促进“客户价值最大化”，视角更为外向和开放，更注重企业经济方面的因素。商业模式创新的出发点是如何从根本上为客户创造更多的价值。

2）系统化根本性创新。商业模式创新不是单一因素的变化，它常常涉及商业模式多个要素同时变化，需要企业组织较大的战略调整，是一种集成创新。商业模式创新往往伴随产品、工艺或者组织的创新；反之，则未必足以构成商业模式创新。如今是以服务经济为主导的时代，商业模式创新也常常体现为服务创新，表现为服务内容、服务方式及组织形态等多方面的创新变革。

3）盈利能力与竞争优势强。从绩效表现来看，商业模式创新如果提供全新的产品或服务，那么它可能开创了一个全新的可盈利产业领域，即便提供已有的产品或服务，也能给企业带来持久的盈利能力与更大的竞争优势。传统的创新能给企业带来效率的提高及成本的降低，但它容易被竞争者在较短时期内模仿。商业模式创新虽然也表现为企业效率的提高及成本的降低，但由于它更为系统和根本，涉及多个要素的同时变化，因此它难以被竞争者模仿，能给企业带来战略性的竞争优势。

（3）商业模式创新的路径

商业模式创新是当今企业获得核心竞争力的关键。例如，沃尔玛、亚马逊、Zara、Ryanair航空等企业都是因为它们独特而具有竞争力的商业模式而异军突起，在各自竞争激烈的行业中成为领袖。通常，商业模式创新有以下4种方法。

1）改变收入模式。该模式就是改变一个企业的用户价值定义和相应的利润方程或收入。这需要企业从确定用户的新需求入手，从更宏观的层面重新定义用户需求，深刻理解用户购买你的产品需要完成的任务或要实现的目标是什么。例如，国际知名电钻企业喜利得公司就从此角度找到用户的新需求，并重新定义用户价值，变革其商业模式，从硬件制造商变为服务提供商，并把制造向第三方转移，同时改变盈利模式。

2）改变企业模式。该模式就是改变一个企业在产业链的位置和充当的角色，即改变其价值定义中“造”和“买”的搭配，一部分由自身创造，其他由合作者提供。一般而言，企业的这种变化是通过垂直整合策略或出售及外包来实现的。例如，IBM就是采取这种思路进行商业模式创新的，它在20世纪90年代初意识到个人计算机产业无利可寻，随即出售此业务，并进入IT服务和咨询业，同时扩展它的软件部门，创新改变了它在产业链中的位置和它原有的商业模式，由“硬”变“软”。

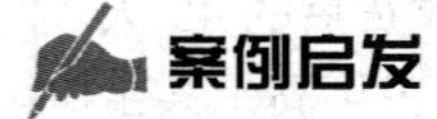

案例启发 6-1

戴尔（DELL）的商业模式创新

在戴尔之前，个人计算机产业是通过一支日益庞大的分销队伍进行产品销售的，从百货公司到针对企业和政府机构用户，其产品销售是通过分销商实施和完成整个营销过程的。经销商在其店铺中只为顾客提供极少的服务，有些甚至没有售后服务。1988年，戴尔公司股票上市发行，直销正式启动。戴尔的整个设计、制造、销售过程紧紧围绕着顾客，他们把聆听顾客意见、反映顾客问题、推出顾客所需的产品和服务作为企业宗旨。他们所建立的直销业务从电话拜访开始，接着是面对面的交流，后来则通过互联网，这些做法可以及时得到顾客的反馈，全面获得顾客对产品、服务的建议，并准确知道顾客希望公司开发什么样的产品。

戴尔直销的理念是“消除中间人，以更好的服务、更有效率的方式来提供计算机”。直销的商业模式使产品和服务比其他公司更贴近客户，这改变了传统的顾客接触方式，这种商业模式能够为顾客提供最具价值的技术解决方案：系统配置强大而丰富，适合用户想要的性能价格比。正是这种优势，使戴尔能以极具竞争力的价格推出最新的相关产品。采用定制化则真正实现了零库存和高周转。戴尔的顾客是在公司组装产品之前就明确地表达了自己的需求，而其他公司则必须估计何种配置最受顾客欢迎，处于一线的销售人员，把工作重心完全放在顾客身上，对顾客实现了高度接触，他们充分了解顾客对产品的需要。

（资料来源：根据相关资料整理.）

3）改变技术模式。产品创新是商业模式创新的最主要驱动力，技术变革也是核心推动力。企业可以通过引进创新型技术来主导自身的商业模式创新，如众多企业利用互联网进行商业模式创新。在互联网时代，最具潜力的技术是云计算，它能提供诸多崭新的用户价值，从而提供企业进行商业模式创新的契机。另一项重大的技术革新是 3D 打印技术。如果成熟并能商业化，它将帮助诸多企业进行深度商业模式创新。例如，汽车企业可用此技术替代传统生产线来打印零件，甚至可采用戴尔的直销模式，让用户在网上订货，并在靠近用户的场所将所需的汽车打印出来。

4）改变产业模式。它是最激进的一种商业模式创新，要求企业重新定义本产业，进入或创造一个新产业。例如，IBM 通过推动智能星球计划和云计算，重新整合资源，进入新领域并创造新产业，进行商业运营外包服务和综合商业变革服务等，力求成为企业总体商务运作的大管家；亚马逊也是如此，它进行的商业模式创新向产业链后方延伸，为各类商业用户提供物流和信息技术管理的商务运作支持服务，同时大力进入云计算领域，成为提供相关平台、软件和服务的专业供应商。

综上所述，企业无论采取何种方式，成功进行商业模式创新的前提条件是企业对自身的经营方式、用户需求、产业特征、宏观技术环境等具有深刻的理解和敏锐的商业洞察力。

上海贝尔：供应链组织方式的模式创新

上海贝尔有限公司（以下简称“上海贝尔”）成立于 1984 年，是一家中比合资企业，也是中国现代通信产业的支柱企业，连续名列全国最大外商投资企业和电子信息百强企业，建有国家级企业技术中心，在通信网络及其应用的多个领域具有国际先进水平。上海贝尔建立了覆盖全国和海外的营销服务网络，拥有世界先进水平的通信产品制造平台。

从 1999 年开始，全球 IT 市场需求出现爆发性增长，但基础的元器件材料供应没能及时跟上，众多 IT 行业厂商纷纷争夺材料资源，同时出现设备交货延迟等现象。由于上海贝尔在供应链管理的快速反应、柔性化调整和系统内外响应力度上有所不足，一些材料不成套，材料库存积压，许多产品的合同履约率极低，2000 年上半年履约率低于 70%，有的产品（如 ISDN 终端产品）履约率不超过 50%。这迫使公司必须对供应链组织方式进行变革。

上海贝尔与外部供应链资源的集成状况不佳，其原因是在很大程度上依托了传统的运作模式，并没有真正面向整个系统开展供应链管理。上海贝尔的供应链组织方式变革的重点是供应商关系管理的网络化、外包决策和跟踪控制的网络化、库存管理战略的网络化、市场需求预测的网络化。他们在供应商的遴选标准、方式、范围、外包厂商的选择、生产计划的实时响应、材料库存和半成品库存的管理，以及市场和客户响应等方面进行了重组。

通过重新选择供应链组织方式，上海贝尔依托良好的内部信息基础设施——ERP 系统，有效地实现了供应链上各个业务环节的连接，使业务和信息有效地集成和共享起来。同时，电子商务的应用改变了供应链的稳定性和影响范围，也改变了传统供应链上信息逐级传递的方式，为企业创建了广泛而可靠的供应网，大幅度降低了采购成本，也使更多的企业能以较低的成本加入上海贝尔的供应链联盟中。

上海贝尔的供应链组织方式的模式创新不仅提高了供应链运营的效率，也提高了顾客的满意度，而且通过模式创新使供应链组织具有更高的适应性，企业也因此获得更强的竞争力。

（资料来源：佚名，2012. 上海贝尔电子商务供应链管理战略实施案例［EB/OL］. https://wenku.baidu.com/view/d2ac5dba960590c69ec3768c.html，节选，有改动.）

第四节　商业模式的分类与选择

1. 商业模式的分类①

商业模式的价值主张、价值创造、价值实现、核心能力、资源整合网络等要素之间的不同融合方式形成了不同的商业模式。商业模式分为运营性商业模式和策略性商业模式两大类。

（1）运营性商业模式

运营性商业模式重点解决企业与环境的互动关系，包括与产业价值链环节的互动关系。运营性商业模式创造企业的价值，创造企业的核心优势、能力、关系和知识，主要包含以下内容。

1）产业价值链定位。企业处于什么样的产业链条中，在这个链条中处于何种地位，企业应结合自身的资源条件和发展战略来进行定位。

2）盈利模式设计。盈利模式设计包括企业从哪里获得收入，获得收入的形式有哪几种，这些收入以何种形式和比例在产业价值链中分配，企业是否对这种分配有话语权，等等。

（2）策略性商业模式

策略性商业模式是一个企业在动态的环境中怎样改变自身以达到持续盈利的目的，它是对运营性商业模式加以扩展和利用，包括提供给顾客什么样的价值、提供解决所有顾客所有问题的方案等。策略性商业模式涉及企业生产经营的主要方面，包括以下内容。

1）业务模式。企业向客户提供什么样的价值和利益，包括品牌、产品等。

2）渠道模式。企业如何向客户传递业务和价值，包括渠道倍增、渠道集中/压缩等。

3）组织模式。企业如何建立先进的管理组织结构，如建立面向客户的组织结构、通过企业信息系统构建数字化组织等。

2. 商业模式的选择②

《科学投资》期刊通过大量研究，提炼出了创业企业最常见的 8 种商业模式。

---

① 黄海燕，2017. 大学生创业教育［M］. 长沙：湖南师范大学出版社.

② 胡龙廷，2017. 大学生创业基础［M］. 北京：机械工业出版社.

（1）“鲫鱼”模式

找到与优势产业或者大企业的共同利益，主动配套服务，做产业链延伸产品或大企业不愿意做的供应链配套服务，以争取在产业生态链中生存发展，这种模式就是“鲫鱼”模式。其产生的背景是，大企业有通畅的产品流通渠道，有优质的客户群；而创业企业无论在资金、技术方面，还是在人才等方面，都存在着先天不足。如果创业企业能够找到与大企业的利益结合点，与大企业进行合作，就可以有效弥补自身的短处，且风险小、成功概率高，同时还可以分享大企业的利润辐射价值。其方式有多种，如配套生产、贴牌生产等。在全球经济一体化时代，社会分工越来越细，一件商品的生产和营销往往被细分为众多的环节，由此给配套生产者提供了大量机会。“鲫鱼”模式对于创业企业来说，可借鉴程度较高，是一种有效的盈利模式。这种模式在我国加工业集中的长三角、珠三角地区比较容易成功。

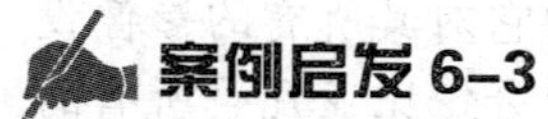
案例启发 6-3

微软和英特尔的 Wintel 联盟

微软和英特尔已有多年的合作历史。自微软推出视窗以来，两家企业就逐步建立了战略联盟关系，两家企业的 Windows 操作系统和 Intel 芯片通过技术标准、结构与接口设计，使 PC 台式机和便携式机在微处理器和操作系统之间进行了多项嵌入，共同锁定了 PC 厂商和最终产品用户，共同开发和销售企业级硬件、软件和服务。近年来，微软和英特尔提供的构建模块从简单的文件服务器和工作组服务器发展到今天遍布全球强大的互操作性关键任务：企业和电子商务数据中心的解决方案。在 PC 台式机和便携式机方面，英特尔和微软更是紧密合作。作为技术领先者，微软和英特尔不断致力于新解决方案的开发，以满足市场日益增长的需求。

2005 年 10 月，英特尔在上海发布了名为“欢跃”的双核处理器平台，这是面向家庭市场的产品，旨在整合中国家电与 PC 厂商，全面推进中国家庭数字化、娱乐化。“数字家庭计划”即通过数字技术，将计算机、电视等数字设备在家庭局域网内自由互联。“欢跃”平台成为英特尔抢占中国家庭市场的工具。而作为基于双核处理器、面向家庭应用的芯片产品，“欢跃”平台也是英特尔平台策略的一部分。与此同时，微软中国移动产品部表示，微软已经正式推出针对数字家庭市场的软件平台 MCE，数字家庭已经不再是梦想，而是现实。分析人士指出，这是微软迎合英特尔“数字家庭计划”的软件产品，它试图继续以软件系统捆绑英特尔双核处理器平台，在数字家庭市场延续以往牢不可破的 Wintel 产业联盟。

（资料来源：根据相关资料整理.）

（2）专业化模式

专业化为什么可以成为创业的盈利模式？因为精，所以深，于是就提高了产业门槛，别人不容易进来竞争。而专业化的生产，其组织形式比复合式生产要简单得多，管理也相对容易。在市场营销方式上，一旦市场打开，后期几乎不需要有更多的投入。专业化成本容易控制，一般低于行业平均成本，利润可以大幅度提高。专业化生产一般会形成独占性生产，至多是几个行业寡头同台竞争，从业者较易形成默契，行业协同有利于平均利润的提升。

案例启发 6-4

通用电气专业化转型

通用电气在杰克·韦尔奇的领导下，在 1994 年制定了服务战略规划，该规划旨在提高通用电气产业中服务收入的比重。例如，面对已经拥有 15 000 名员工、价值 45 亿美元，并在 CAT 扫描机和超声波诊断仪等影像技术占据首位的经营企业，通用电气努力在顾客中寻求新的机会，它向哥伦比亚/HCA 旗下经营的 300 家医院提供了 CAT 扫描机和核磁共振成像设备及其他相关的医用影像产品。而且通用电气说服哥伦比亚由它对其所有的影像设备提供服务，包括通用电气竞争对手的产品，继而通用电气开始管理哥伦比亚几乎所有的医用产品，哥伦比亚由此节约数百万美元，通用电气也因此获得了服务收入，向顾客提供服务成为通用电气事业部服务经营的主要方向。在尝到甜头后，通用电气开始并购其他的医用服务商，扩大自己为顾客提供更全面价值的服务范围，围绕医院用户对诊断技术核心价值的需求，通用电气甚至建立针对医院的教育培训中心，开设从技术培训到管理培训的项目，从而带动了医用事业部的服务业务快速增长。

1997 年，杰夫·伊梅尔特接替特兰尼掌管通用电气全球医用事业部，伊梅尔特思考只能在服务方面采用新的模式才能找到新的机遇。当时，服务收入已经占总收入的 40%，且每年以 10%～15%的速度增长。他们开发了一种远距离的影像诊断服务，在全球范围内为客户提供服务。韦尔奇总结说，“我们向用户提供完整的配套服务不只是为了促销，更是因为他们的需求，即我们永远是销售高科技产品的公司”。

这表明，通用电气已经成功地将自己的角色转变了，从一个单纯的制造商变成一个为顾客价值系统提供更多产品和服务的网络组织。

（资料来源：胡龙廷，2017. 大学生创业基础［M］. 北京：机械工业出版社.）

（3）利润乘数模式

借助已经受到良好市场认同的形象或概念进行包装生产，可以产生良好的效益，这种方式类似于做乘法，称为利润乘数模式。利润乘数模式是一种强有力的盈利模式，关键是创业者如何对所选择的形象或概念的商业价值进行正确的判断。创业者首先需要寻找该行业有价值的商业机会，即使是产业上“缝隙”价值，如果利用利润乘数模式开发好，也是很好的商业模式选择。例如，当马化腾利用 ICQ 的启发开发出 QQ 时，谁都没有想到它会发展成什么规模。但是几年后，QQ 以迅猛的速度得到发展。QQ 的卡通形象（一只憨态可掬的小企鹅）也渐渐被数以亿计的网民所熟知和喜爱。此时，以经营礼品进出口业务起家的广州东利行公司，看准了 QQ 小企鹅形象在商业领域拓展的前景，与 QQ 的所有者腾讯公司签署了 QQ 形象有偿使用协议，该公司因此获得了可观的商业回报。

（4）独创产品模式

独创产品是指具有非同一般的生产工艺、配方、原料、核心技术，又有长期市场需求的产品。鉴于该模式的独占性原则，掌握它的企业将获得相当高的利润，如家传秘方、进入难度大的新产品等。

独创产品模式是很多创业企业在创业之初可以大力借助的模式，“独创”的魅力在于其能带来高额的利润。但是，独创产品模式并不是进入利润区的“万能钥匙”，它也有很多的局限性，体现在以下几个方面。

1）无可借鉴。它表示需要很多的研发费用和很长的研发时间。

2）市场认知度不高。意味着打开市场、获取市场认同需要更多的资金投入。

3）具有很大的风险性。尽管事前可能做过很细致的调查，但一个独创产品在真正进入市场之前，是很难预测出市场是否最终会接纳它，有得不到市场认同的可能。

4）由于对产品缺乏细致的了解和认知，国家有关部门很难对某一种独创产品提供完善的“保护”，生产者可能面临诸多带有恶意的市场竞争，这种竞争经常会使创业者陷入困境。

为了保护和延长独创性产品的生命周期，延长利润的产出周期，创业者可以采取以下措施。

1）增强专利意识、注重品牌，积极寻求国家法律法规专项保护。

2）增强保密意识，使竞争者无隙可乘，利用好同业禁止规定。

3）进行周期性的产品更新，提高技术门槛，使后来者难以进入。

4）强化企业利益相关者的责任，优化产品的客户体验，增强消费者对企业与产品的忠诚度。

5）在产能或投入不足的情况下，积极进行授权生产或技术转让，扩大市场占有份额，增加潜在竞争者进入的成本。

维珍集团的创新

英国最大的私营企业维珍集团是创始人理查德·布兰森于 1978 年的一次偶然机会创立的。基于“度假的人愿意多花钱”这一经营哲学，有最佳的品质、有创意/创新、有较高的金钱价值、其他选择具有挑战性、能增添一种趣味或顽皮感成为维珍航空选择拓展领域时的“五项准则”。布兰森认为，“如果一个市场被两个寡头垄断，对我来说它就有正当竞争的空间。尤其是当大公司提供价高质次的产品时，我就想从他们的收入中分一杯羹”。布兰森清楚地知道：如果维珍航空在服务和产品上只是和其他航空公司差不多的话，那么将难以成为客户的最终选择。他们通过加强产品创新和服务，以及提供这些产品和服务的方式来吸引旅客。正是基于这种理念，维珍航空不参加任何一家航空联盟。它的航线网络以远程航线为主，但又没有支线航空给它输送客源。公司 80%的收入来自经济舱客源，却又花巨资在头等舱和公务舱上提供创新性的产品和服务。在大西洋航线上，维珍航空用商务舱的价格提供头等舱的服务，并按这个价格建立所有其他附加的服务，而在澳大利亚航线上，采取的是低成本策略，吞噬着比自己大得多的英国航空公司和澳洲航空公司的市场。

正是在创新理念的指引下，维珍航空从一开始就致力于以客户为中心，不断推出别具一格或引领潮流的服务产品：它第一个提出并设计了全标价经济舱航空产品；所有舱位中都装有液晶电视；在公务舱中设置头等舱的座椅；机上提供美容保健等服务；在伦敦机场提供18个淋浴房，在机场休息厅开设独特的健康和美容俱乐部，提供美容、图书馆、音乐室、酒吧等服务。这种不断创新的服务组合，使得维珍航空持续保持了服务的最佳水平，保持了竞争的优势。

（资料来源：根据相关资料整理.）

（5）策略跟进模式

策略跟进即强者跟随，需要创业者对自己做出正确评估，清楚自己的优势、劣势，并对未来走向做出准确判断。在创业成长中，瞄准一个目标，紧跟其后，时刻关注对方的一举一动，学习长处，寻找弱点，等待时机成熟时一举超越就是这一模式的本质。在商业活动中，“跟进者”可以降低成本，获得较高利润。

（6）配电盘模式

配电盘模式就是吸引供应商和消费者的关注目光，通过为供应商和消费者提供沟通渠道或交易平台，从中获取不断增长的利润。该模式对于操作者来说要求很高，而且前期的投入成本很大，风险也很高，但这种模式对于创业企业来说还是值得借鉴的，因为它有很大的市场空间和强烈的市场需求。绝大多数初创企业在开拓市场时都会遇到困难，如有的创业者有好的产品却找不到合适的消费者，而有的消费者有消费需求却找不到合适的产品，通过配电盘模式可以将供需双方连接在一起，互联网平台公司基本属于这种商业模式。

对于创业者来说，借助配电盘模式已有的市场与规模效应，可以降低创业的成长风险，缩短创业者开拓市场的周期。

（7）产品金字塔模式

为了满足不同客户对产品的不同偏好，以及利用个人收入上的差异化因素达到客户群和市场拥有量的最大化，一些企业不断推出高、中、低各档次的产品，从而形成系列产品金字塔模式。该模式运用的前提条件是必须在一个成系统的产品或者领域中运用，同时要与客户的市场定位紧密联系，并且高、中、低各档次产品的客户群之间必须拥有一定的联系。构建系列产品金字塔的关键是不能仅将不同价位的产品进行简单罗列，一个真正的金字塔是一个系统，其较低价位的产品的生产和销售，将为企业赢得市场和消费者的注意力，而高价位的产品是在此基础上对利润的获取。对于拥有完善产品线的企业来说，竞争对手根本不可能用更低的价格抢走市场份额，其核心是不同层次的客户群可以转化。

（8）战略领先模式

起步领先并不代表永远领先，不能确保永远盈利，因为随后会有后来者参与激烈的竞争。所以，适时改变竞争策略，可以确保从起步时的飞跃领先到战略上的始终领跑，从而使企业持续盈利。

第五节 商业模式的现代思维

1. “O2O”商业模式

O2O（online to offline）是指将线下的商务机会与互联网结合，让互联网成为线下交易的平台。O2O 概念最早来源于美国，这个概念非常广泛，既涉及线上，又涉及线下。企业兼备网上商城及线下实体店，并且网上商城与线下实体店全品类价格相同，称为 O2O。也有观点认为，O2O 是 B2C（business to customer）或 C2C（customer to customer）的特殊形式。实现 O2O 商业模式的核心是在线支付。在 O2O 商业模式中，消费者的消费流程可以分解为以下 5 个阶段。

（1）引流

线上平台作为线下消费决策的入口，可以汇聚大量有消费需求的消费者，或者引发消费者的线下消费需求。常见的 O2O 平台引流入口包括：消费点评类网站，如大众点评网等；电子地图，如百度地图、高德地图等；社交类网站或应用，如微信、人人网等。

（2）转化

线上平台向消费者提供商铺的详细信息、优惠（如团购、优惠券）、便利服务，方便消费者搜索、对比商铺，并最终帮助消费者选择线下商户，完成消费决策。

（3）消费

消费者利用线上获得的信息到线下商户接受服务、完成消费。

（4）反馈

消费者将自己的消费体验反馈到线上平台，有助于其他消费者做出消费决策。线上平台通过梳理和分析消费者的反馈，形成更加完整的本地商铺信息库，可以吸引更多的消费者使用在线平台。

（5）存留

线上平台为消费者和本地商户建立沟通渠道，可以帮助本地商户维护消费者关系，使消费者重复消费，成为商家的回头客，这里需要大数据的支撑。

O2O 商业模式分为垂直血缘行业链和平行优势产业链。垂直模式是以某个点作为突破口，然后建立从上游到下游的行业链。垂直模式需要的是强大的资源整合能力。平行模式也是以某个点作为突破口，然后建立闭环生态链，共享信息。平行模式需要数据处理能力，这不仅是公司自身实力的体现，也需要整合社会资源，相比于垂直模式更难。例如，阿里巴巴、京东基本都属于这种模式。

2. “十互联网”商业模式

“十互联网”模式是针对传统行业融合、产业变革所产生的概念，是传统行业借助互联网手段把线下的生意做到线上去，并将互联网技术融合到产品的生产、管理、销售、服务等环节中。

“＋互联网”模式是针对传统行业触网所产生的商业模式。事实上，企业触网的方式主要有两种，其中一种是“＋互联网”。“＋互联网”模式的焦点在于实体企业的运用。在供给侧结构性改革下，生产制造和实体经营企业的触网势在必行，生产制造和实体经营企业要运用好“＋互联网”模式，将互联网所具有的人与人、人与物、人与生产活动、人与生活消费活动等充分调动起来。生产制造和实体经营企业的“＋互联网”需要借助云计算、物联网、智能机器人等技术的应用，以生产优质产品为核心，优化生产线，让生产线达到一定程度的“智能制造”，有效支撑起企业的智能化转型。

3. “互联网＋”商业模式

“互联网＋”模式是创新 2.0 下的互联网发展的新业态，是知识社会创新 2.0 推动下的互联网形态演进及其催生的经济社会发展新形态。“互联网＋”模式就是“互联网＋各个传统行业”，但这并不是简单的两者相加，而是利用信息通信技术及互联网平台，让互联网与传统行业进行深度融合，创造新的发展生态。它代表一种新的社会形态，即充分发挥互联网在社会资源配置中的优化和集成作用，将互联网的创新成果深度融合于经济社会各领域之中，提升社会的创新力和生产力，形成更广泛的以互联网为基础设施和实现工具的经济发展新形态。

“互联网＋”模式的主导者往往是互联网企业，从技术、商业模式、资金、人才等方面来看，都是互联网企业主导着融合进程，而“＋互联网”主要是传统企业在主导着融合进程。2015 年 7 月，国务院印发《国务院关于积极推进“互联网＋”行动的指导意见》。“互联网＋”模式有新技术优势、体制机制优势和更广泛的社会支持，容易产生市场的爆发式增长。“互联网＋”模式具有以下六大特征。

1）跨界融合。“＋”就是跨界，就是变革，就是开放，就是重塑融合。只有跨界融合，创新的基础才更坚实；只有协同了，群体智能才会实现，从研发到产业化的路径才会更垂直。注重生态融合，客户消费可以转化为投资，“伙伴”参与创新，发挥融合创新发展的乘数效应。

2）创新驱动。粗放的资源驱动型增长方式已难以为继，因此必须转变到创新驱动发展这条正确的道路上来。这正是互联网的特质，只有用互联网的思维来求变、自我革命，才能发挥创新的力量。

3）重塑结构。信息革命、全球化、互联网已打破原有的社会结构、经济结构、地缘结构、文化结构。权力、议事规则、话语权不断发生变化。“互联网＋社会治理、虚拟社会治理”会是很大的不同。

4）尊重人性（客户体验）。人性的尊重是推动科技进步、经济增长、社会进步、文化繁荣的最根本力量，互联网力量之强大的最根本原因是对人性最大限度的尊重、对客户体验的敬畏、对人的创造性发挥的重视。

5）开放生态。对于“互联网＋”，产业生态是其重要的特征，而生态的本身就是开放的。推进“互联网＋”的一个重要方向就是把过去制约创新的环节化解掉，把孤岛式创新连接起来，让研发由人性决定市场驱动，让创业者有机会实现价值。

6）连接一切。连接是有层次的，可连接性是有差异的，连接的价值相差很大，但连接一切是“互联网＋”的目标，连接可以增强产业效能。

“互联网＋”不仅正在全面应用到第三产业，形成了互联网金融（ITFIN）、互联网交通、互联网医疗、互联网教育等新业态，而且正在向第一和第二产业渗透。例如，“互联网＋工业”，即传统制造业企业采用移动互联网、云计算、大数据、物联网等信息通信技术，改造原有产品及研发生产方式，与“工业互联网”“工业 4.0”的内涵一致。这些应用的商业模式，都值得创业者研究。

另外，互联网（平台）商业模式也值得创业者关注，其商业模式模型如图 6-1 所示。其战略定位是面对互联网诸多机会确定企业为哪些客户服务，提供哪些产品，关键在于企业做好内外部市场环境分析、做好市场细分并充分发挥资源优势，从而使企业能够在市场竞争中保持优势。价值定位是互联网企业要找准目标市场及客户尚未满足的需求，通过其产品和服务向消费者提供独特的价值。价值定位和需求创新就是帮助客户解决问题，满足客户的需求。开放生态平台的营造是业务平台运营系统的核心，构建良好的产业生态系统是商业模式创新的关键，盈利模式是商业模式的输出结果，也是商业模式成败的重要判断标准，它们相互联系、相互影响，共同构成互联网商业模式。

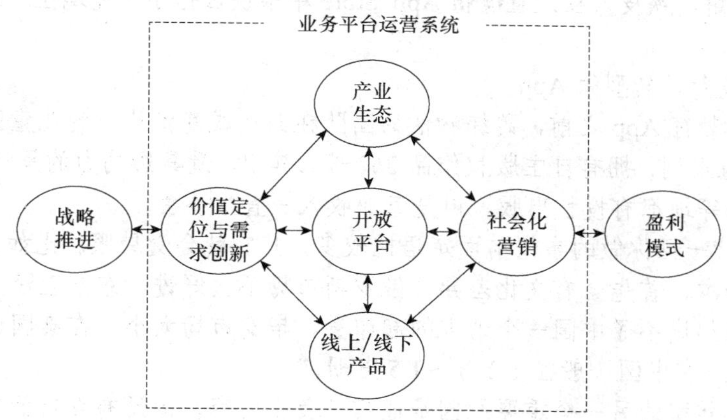

图 6-1　互联网（平台）商业模式模型

4. “精准定制”商业模式

精准定制是正在到来的全球趋势。“精准定制”商业模式是指基于大数据、互联网、人工智能等新一代信息技术，提供“私人”智慧的专业化商业服务的整体解决方案。“精”就是精致，从定制角度来看，是对客户需求的精准把握和引领、资源的精准匹配、服务的精准驾驭，并及时解决客户所遇到的各种问题；“准”就是准确，这要靠数据智能和网络协同才能实现。[①]这一商业模式，在旅游、服饰、专业医疗等领域都已成功运用。

① 唐德淼，2015. 新工业革命与互联网融合的产业变革［J］. 财经问题研究（8）：24-29.

案例启发 6-6

教育互联网：App 商城

“很喜欢《绿野仙踪》里的铁皮人，没有心却依然快乐着，他克服种种艰难险阻，只为求得一颗心来照亮自己冰冷的躯壳。我想，我找到这颗心了。”这是来自铁皮人官网关于公司名称来历的一段话。成都铁皮人科技有限公司成立于 2011 年 4 月，从事儿童阅读 App 应用、图书创作等多个领域。2012 年 4 月，铁皮人获得了来自联想之心和清科创投的投资。目前，累计下载次数已突破 200 万。

创始人魏纬 1999 年毅然离开学校，2000 年创办了独立工作室，从事儿童读物方面的美术代工。积累了一些经验后，2008 年魏纬开始策划和制作儿童读物。

2010 年，魏纬转型儿童电子书领域，后来魏纬又接触到了 iPad，当时他觉得借助移动平台，更能体现儿童读物的核心价值，加之国内儿童读物内容陈旧，出版装帧缺乏美感，国内儿童的教育需求得不到满足，魏纬决心改变这一现状。2011 年，魏纬重新注册了一家公司——铁皮人科技有限公司，用来专门开发移动平台端的儿童读物应用。利用从业多年来对儿童读物的经验与理解，铁皮人在儿童读物 App Store 中很快占据了领先地位。这让他更加确信，转型是正确的。

1. 规避发行，转型做 App

在做儿童教育 App 之前，魏纬和他的团队在四川成都做传统的儿童图书出版，主攻内容创意/创新与策划，拥有自主版权作品 262 部。其中，最具影响力的是“小鸡叫叫”系列，在泰国、韩国等地都有授权出版，但是营业收入一直上不去。

魏纬说：“一旦你做的事情前面定语比较多，其实就会受局限。比如，我们是做低幼儿童的启蒙类绘本，首先会有文化差异，俄罗斯市场不太好进，东南亚没太大问题，但是这些地方加起来都比不了中国一个地方的起印量，毕竟市场太小。在泰国，一本书的起印量也就 3 000 册，在中国一般在 1.2 万～1.5 万册。”

促使魏纬转型的另一个重要原因是他们只负责内容，而没有发行的经验，发行主要靠出版社。无法接触到最终的消费者，也就不能在第一时间拿到用户的反馈——往往要在半年之后才能从出版社拿到第一轮的销售报表。2009 年，几个股东准备自己掏点钱去做发行，但是 1 000 万元的起步价打消了他们的念头。魏纬说：“我们团队没有一个人适合做酒桌上的公关，而且没人能比较强势地去收款。”

转做移动 App 之后，情况大为不同，魏纬找到了自己的兴奋点：“互联网最大的好处就是可以抓住用户的习惯，可以看到一个产品的生命周期有多长。而且我能控制它，包括定价、发行、宣传等，我们都可以做到。”

他们把市场反馈最好的“小鸡叫叫”系列先做成一款 App 挂到苹果的 App Store 上，每天的下载量有 1 000～2 000，第三天就冲到了美国市场排行榜的第一。这个效果促使他们决定单独成立公司正式进攻 App 应用。

魏纬不是儿童教育 App 的第一个淘金者。多媒体的儿童用品公司或是掌握渠道资源的互联网公司，因为长期贴近市场，已经抢先一步进入市场。这些先行者复杂的出身，让魏纬坚持将“铁皮人”定位于内容生产商。他说：“真的想要赚钱，就要有持续的好内容，要了解宝宝，了解妈妈。”

“铁皮人”的内容更多的是引导儿童的一些行为习惯，也有一些启蒙教育。“小鸡叫叫”系列就是对儿童的行为进行引导。比如，小孩在两三岁时已经表现出一些逆反心理，该系列中的“我不我不”就是用故事讲这个问题。

现在，“铁皮人”的每个应用都有一段给父母的寄语，主题就是告诉他们这款应用对孩子起到什么作用，是锻炼宝宝的小手活动能力，还是学到一些基础发音，或是培养一种好的习惯；也有部分内容会告诉父母，该如何与小孩进行互动交流。亲子类的题材比较受市场欢迎，用户对《了不起的爸爸》之类的内容付费意愿会比较强。

魏纬坚持认为，儿童教育 App 真正的竞争会聚焦在内容本身的好坏。就像幼儿园拼硬件设施和师资力量一样，App 应用的理念和质量符合儿童及家长的需求才能体现真正的竞争力，而“铁皮人”之前就有内容沉淀和资源，这是他们最大的砝码。

2. 变成垂直平台

“铁皮人”在 App Store 的下载量已经有 200 多万，但是魏纬觉得发展速度并不快，他说：“隔行如隔山，移动互联网其实也有很多不同的玩法，刚开始在用户体验、商业模式的设计等方面都可能有不太合理的地方。”

比如，开始他们采用 App Store 的 IAP 模式，就是程序内付费——第一个完整的应用下载是免费的，以后持续的更新就要收费。但是魏纬发现，国内很多同行都是做单本，要么免费，要么收费，产品曝光率很高。而 IAP 受苹果系统限制，很多做法并不灵活，想改价格都不容易。IAP 模式试行一段时间后，魏纬经不住市场诱惑，开始做单个应用。半年以后，他又改回到 IAP 模式。

“其实一开始，我就应该相信自己的判断。单本的应用下载，特别是儿童阅读类和教育类的应用生命周期很短，它不像游戏。宝宝再喜欢看，3 个月已经顶天了，实际上最多 1 个月。目前市场只有这么大，中国只有几百万台 iPad。但如果把这些内容做到一个 IAP 应用中，每个月甚至每周都有新的内容更新，用户可能会持续地去阅读，活跃度的曲线至少应该是平的。”魏纬说。

重新改回 IAP 模式之后，“铁皮人”有点像商城的味道。第一个版本刚刚上线 1 个月，把之前的单独应用进行归纳整理，每月甚至每周都会有更新。相比于单独一款 App 应用，商城的推广难度要更大，两道下载程序可能会让用户接受起来比较困难。所以，他们选择两条腿走路，独立于商城之外，还有不少单独的 App 在推广。在成熟的时候，商城也接受其他应用的合作。

但是从长远来看，魏纬要把“铁皮人”打造成一个平台型的产品，增强社区和分享的概念，他说：“如果过于强调艺术创作，公司很难做大，也很难达到投资人想要的效果。你可能会变成像皮克斯一样的公司，但不会成为迪士尼。”

腾讯早已做成一个大平台，就像一个琳琅满目的商店。这让魏纬一度恐惧，不敢妄想把“铁皮人”也做成一个平台。后来他发现，总有一些地方是巨人庞大的身躯无法抵达的。

正是因为腾讯的选择余地很大，导致家长无从选择。魏纬抓住这点，把“铁皮人”做成了一个幼儿园性质的体验馆——进来之后，会告诉宝宝先玩什么，再看什么故事，逐步引导儿童。“只有这样才能发挥我们的优势，绕开腾讯走。”魏纬说。

与腾讯不一样的还有“铁皮人”的收费模式。腾讯对各款应用基本坚持收费，每月可能会有一款免费，甚至干脆不免。下载铁皮人商城是免费的，但是里面的应用是要收费的，只在一些特殊时期会有免费的应用推出。一本“小鸡叫叫”系列图书售价约 1.99 美元，不过用户可以使用积分兑换。接下来，魏纬也会进行会员制探索。

目前来看，“铁皮人”用户的付费意愿并不是很强，只有 2%左右。推出免费应用，每天至少一万的下载量，马上冲到第一；而收费之后，每天只有几十甚至几个的下载量。

魏纬认为这很正常，未来的用户数量可能也要按照 2%的比例来估算。儿童阅读应用不像 Camera360、Instagram 这样的工具应用，用户不会反复使用。相反，免费一不小心可能会伤害到潜在用户，对此他越来越谨慎。

此外，“铁皮人”也对线下模式进行探索。魏纬对儿童教育市场的线上用户总数持保守态度，全国 9 000 万儿童，城镇儿童有 2 500 万，真正有 iPad 的用户数会更少。而且，考虑到宝宝的发育情况，家长是不会让他们在 iPad 上花很长时间的，走线下渠道是必然的。

魏纬说：“只要线上用户是我的忠实用户，我就会逐渐从中挖掘需求。比如，每个月花多少钱会有两本线下的图书送到用户手里。想得再远一点，儿童生活用品都可以在线下做。”

（资料来源：黄海燕，2017．大学生创业教育［M］．长沙：湖南师范大学出版社．）

延伸阅读

苏勇[①]：五个视角，重新看待互联网带来的商业变化

当今社会，几乎一切都离不开互联网。互联网给我们带来的变化非常深入，也非常巨大和全面。在经济社会尤其是商业领域，呈现以下变化。

1）人与物关系的变化。美国南加州大学教授卡斯特尔指出：“网络的形式，将成为贯穿一切事物的形式，正如工业组织的形式是工业社会里贯穿一切的形式一样。”互联网将一切连接起来，带来一种全新的人际交流与合作方式，它使人们可以无成本、无障碍地进行文字、声音、图像全方位迅捷的交流；原先互不相干的事情，可以借助网络互通互联；原先毫不相干的物品，通过网络也可以有踪迹可寻。而且，在互联网上，每一个人、事、物彼此都是平等且重要的，原先名不见经传的小人物可以在短时间内成为“网红”，原先不被人关注的物品可以瞬时成为“爆品”。

2）数据获取方式和数据规模的变化。因互联网所产生的大数据，正成为新时代巨大的经济资产，它将带来全新的创业机会、商业模式和投资方向。大数据使当代经济、政治、社会、文化等许多门类发生本质的变化和发展，进而影响人类的价值体系、知识体系和生活方式，也使得企业之间的竞争又增加了新的内容。

① 苏勇，复旦大学管理学院教授。

3）工业生产方式的变化。工业 4.0 现在已是不少企业的生产方式。工业 1.0 是蒸汽机带来的动力革命；工业 2.0 是以福特汽车公司流水线作业为代表的规模化工业生产；工业 3.0 是大量采用电子技术的机电一体化；工业 4.0 则是在互联网条件下信息技术和物理技术的高度融合，如智能工厂、智能生产、智能物流等多种方式。互联网与传统行业相结合，使互联网的创新成果深度融合于经济社会各领域之中，有效地提升了实体经济的创新力和生产力。

4）工作方式的巨大变化。今天，可以在自己任意喜欢的地方和时间工作的人们，正描绘出新时代的工作形态。在美国等发达国家，不到特定场所去工作的人们，已经占到工作人口的约三分之一，并且每年以 10%的速度增长着。因为有了互联网，不同工作群体之间可以全方位地随时沟通协同，在许多情况下，团队成员不必路途遥远地赶到同一个地方上班，但这也给组织管理带来新的挑战。

5）社会行为方式的变化。在消费端，消费方式从走街逛店到超市疯狂购物，再到如今的网购快递，正在经历快速变化。在生产端，从大规模批量生产到一对一定制，再发展到 3D 打印，也正在呈现新的不断变化。沟通工具经历了从固定电话、图像传输、无线通信、微博到微信的发展轨迹。支付工具从现金、银行卡到电子钱包。此外，还有自媒体的大量兴起，存储工具的飞速发展，云储存、云计算、云共享等，这些发展和变化不仅使人眼花缭乱、目不暇接，而且给社会行为带来方方面面的连锁反应。

因此，互联网带来的经济、社会和企业管理方式及组织的深刻变革，将给创业者与企业发展提供很多新的思路，是值得考量的重要角度。

（资料来源：苏勇，2018．五个视角，重新看待互联网带来的商业变化［EB/OL］. https://cloud.tencent.com/developer/news/291353．）

思考与训练

1. 商业模式的本质是什么？
2. 成功的商业模式具有什么样的特征？
3. 商业模式设计的方法是什么？
4. 如何创新商业模式？

第七章　项目路演孵化——模拟实战

路演孵化是为创客提供项目选择、孕育、成长、融资、成熟和商业运营的“加速器”，但不是每个创业项目必须经历的过程，根据项目的特点和创客的市场资源整合能力而定。

案例导入

互联网＋大学生生活智能服务项目

为了适应现代大学生的生活理念，更好地服务于他们的需求，使其更好地度过充实的大学生活，胡坤团队提出并实施了一个以互联网为背景的智能化生活服务项目。此项目分为三个发展阶段：①创建商务微信公众号（平台），以满足大学生生活消费为服务对象；②开发智能 App，在成熟的商务微信公众平台的基础上，将平台上的整个资源整合到新的 App 上，整合之后的 App 有助于进一步发展市场和创造效益；③成立综合电子商务智能平台，增加服务项目和拓宽市场领域，更全面地服务于市场，提高用户的注册量和使用次数，提供更多的广告投放机会给投资商，发展相应的业务模块，互利共赢。线上项目主要包括：外卖上门、物流上门、懒人出行、懒人代洗、懒人寄存、私人订制等业务。

此项目经过校园“孵化器”的培育，以及多个商业路演及省级大学生创新创业项目大赛的历练，取得了较好的商业成长。

（资料来源：根据作者指导的创业项目整理.）

第一节　项目路演与创业计划书

1．项目路演的内涵

项目路演就是企业或创业者向投资方讲解项目属性、发展计划和融资计划，一般分为线上项目路演和线下项目路演。线上项目路演主要是通过 QQ 群、微信群或者在线视频等互联网方式对项目进行讲解。线下项目路演主要是通过活动专场对投资人进行面对面的演讲与交流。

项目路演是国内外诸多风险投资机构实现融资的“选择机会”，实现创业项目与投资人的零距离直面对话、平等交流、专业切磋，促进创业项目与投资人的充分沟通和加深了解，最终推动融资进程。项目路演一般由 8～10 个创业项目和 7～11 个投资机构代表组成。确保每个项目进行较为充分的展示，并与投资人进行深入的沟通。

项目路演的好处在于可以同时让多个投资者认真倾听创业者的讲解和说明，同时还可以有一个思考和交流的过程；特别是对于一些技术性强的项目，能减少投资者看不懂和不理解项目的弊端。创业者可以通过精辟讲解及与投资者之间的交流，快速对接自己的项目，从而增加融资成功率，提升项目成熟度，推进市场开发的进程。

案例启发 7-1

为何需要创业计划书

张华毕业于某名牌大学，经过多年的业余研究，他在室内环境污染治理方面取得了一项重要的技术。这项技术如果在实际中得到应用，前景将非常广阔，于是张华辞去原来的工作，准备自己创业。但由于多年的积蓄都用在了室内环境污染治理的研究上，在七拼八凑注册了一家公司后，已经无力再招聘员工了。无奈之下，张华想到了风险投资基金，希望通过引入合作伙伴的方式来解决困境。为此，他多次与一些风险投资机构或个人投资者商谈，虽然张华反复强调他的技术有多么先进，应用前景有多好，并拍着胸脯保证投资他的公司回报绝对低不了，但总是难以令对方相信，而且他对于投资人问到的关键数据也没有办法提供，如市场需求量具体有多少？一年可以有多大的销售量？投资后年回报率有多高？就连招聘一些技术骨干也比较困难，这些人也是对公司的前景缺乏信心。这时，曾经在张华注册公司时帮助过他的一位做管理咨询的朋友的一句话点醒了他："你的那些技术有几个投资者搞得懂？连一份像样的创业计划书都没有，让别人怎么相信你？投资者凭什么相信你？"

于是，在向相关专家请教咨询后，张华又查阅了大量的资料，然后静下心来，从公司的经营宗旨、战略目标出发，对公司的技术、产品、市场销售、资金需求、财务指标、投资收益及投资者的退出等方面进行了分析和论证。当然在这个过程中，他还做了一些市场方面的调查。一个月后，他就拿出了一份创业计划书初稿，经过几位相关专家的指导，又再次进行了修改和完善。凭着这份创业计划书，张华不久就与一家风险投资公司达成了投资协议，有了风险投资的支持，员工招聘问题也就迎刃而解了。

现在张华的公司经营得红红火火，年销售利润已达 500 万元。回想往事，张华感慨地说："创业计划书的编制与我搞的环境污染治理材料要求差不多，绝不是随便写一篇文章的事情。编制创业计划书的过程就是不断理清自己思路的过程。只有自己思路清楚了，才有可能让投资人和员工相信你。"

（资料来源：蒋键，2016．创业管理与实务［M］．上海：上海交通大学出版社．）

2．创业计划书的撰写[①]

创业计划书，又称为商业计划书，是创业者全面描述计划经营业务的书面资料，通过对创业项目内部和外部因素的调研、分析，全面展示公司和项目的目前状况、未来发展潜

① 施让龙，2016．创业实务［M］．北京：北京大学出版社．

力及具体实施计划。创业计划书也是创业者创业比赛、创业融资或开始新事业的基础支撑材料。创业计划是通过创业计划书呈现的，路演时是通过路演 PPT 展示的，根据路演目的（融资、比赛）不同而稍有不同。

创业计划书具有以下作用：①帮助创业者自我评估，理清思路；②帮助创业者凝聚人心，实现有效管理；③帮助创业者有效推广，赢得比赛和融资。一份好的创业计划书不但会增强创业者的信心，而且会增强风险投资者、合作伙伴、员工、供应商、分销商对创业者的信心。而这些信心，正是创业企业走向成功的基础。研究发现，完成创业计划书的创业者在创业中成功的可能性，比那些没有写创业计划书的创业者高出 6 倍。创业计划书的质量会直接影响创业发起人能否找到合作伙伴、获得创业资金及创业政策的支持。创业计划书主要包括以下内容。

（1）项目概要

项目概要主要包括项目概况、项目背景、企业描述、创业团队等。项目概况包括项目名称与企业名称、项目性质（生产型、服务型、销售型、生产销售型等）、经营范围及经营规模、项目投资与注册资本、正常年销售收入、利润总额与税后利润、投资回收期、计划用工等；项目背景主要描述项目的宏观与微观背景；企业描述主要介绍企业简介、企业文化、企业战略等；创业团队主要介绍团队成员的教育和工作背景等。

（2）产品、技术与服务

在进行投资项目的评估时，投资者最关心的问题之一是企业的产品、技术与服务能否解决以及在多大程度上解决现实生活中的问题，或者企业的产品、技术与服务能否帮助顾客节约开支、增加收入。因此，产品、技术与服务是创业计划书中必不可少的内容。产品、技术与服务包括创业产品、技术与服务的描述，产品的工作原理，产品结构，产品性能及技术参数，产品、技术与服务的优势，产品的品牌、专利、创新点等。

在产品、技术与服务部分，创业者要对产品、技术与服务做出详细的说明，说明既要准确又要通俗易懂，使非专业人员的投资者也能明白。一般来说，产品、技术与服务都要附上产品原型、照片或其他介绍。同时，产品、技术与服务还要回答以下问题。

1）顾客希望企业的产品、技术与服务能解决什么问题，顾客能从企业的产品、技术与服务中获得什么好处。

2）企业的产品、技术与服务与竞争对手相比有哪些优点、缺点，顾客为什么会选择本企业的产品、技术与服务。在进行分析前，要能够准确识别竞争对手，竞争对手包括直接的竞争对手、间接的竞争对手和未来的竞争对手 3 种。但不可能找出所有竞争对手来分析，只有找出与企业产品、商业模式、规模等核心要素相对应的竞争对手，分析才有价值①。

3）企业为自己的产品、技术与服务采取了何种保护措施，企业拥有哪些专利、许可证，或与已申请专利的厂家达成了哪些协议。

4）为什么企业的产品、技术与服务定价可以使企业产生足够的利润，为什么用户会大

① 布鲁斯·R. 巴林杰，R. 杜安·爱尔兰，2017. 创业管理：成功创建新企业［M］. 薛红志，张帆，等译. 5 版. 北京：机械工业出版社.

批量地购买企业的产品、技术与服务。

5）企业应采取何种方式去改进产品、技术与服务的品质、性能，企业对发展新的产品、技术与服务有哪些计划等。

（3）市场分析

市场分析可以协助创业团队找出较佳的市场策略，并确定明确的目标市场，找出潜在的客户与商机。创业者应该对创业项目进行调查研究，对竞争者的市场占有率、销售量、优劣势与绩效有所了解，以便确定价格、品质或创新等应对策略。市场的动态性是经营团队所不可忽视的不确定因素。因此，创业团队还要进一步探讨新技术发明、潜在竞争者可能带来的威胁。如果创业计划不做市场分析和调研，只是想象的需求，则市场是毫无价值的[①]。

市场分析首先要对市场需求进行预测，如市场是否存在对这种产品的需求，需求程度是否可以给企业带来所期望的利益，新的市场规模有多大，需求发展的未来趋向及其状态如何，影响需求都有哪些因素等。其次，市场分析还包括对市场竞争情况（企业所面对的竞争格局）的分析，如市场中主要的竞争者有哪些，是否存在有利于本企业产品的市场空白，本企业预计的市场占有率是多少，本企业进入市场会引起竞争者怎样的反应，这些反应对企业会有什么影响等。市场分析的主要内容包括：项目调研、项目 SWOT 矩阵分析（图 7-1）[②]、波特五力模型分析、市场定位与目标客户、商业模式（盈利模式）等。

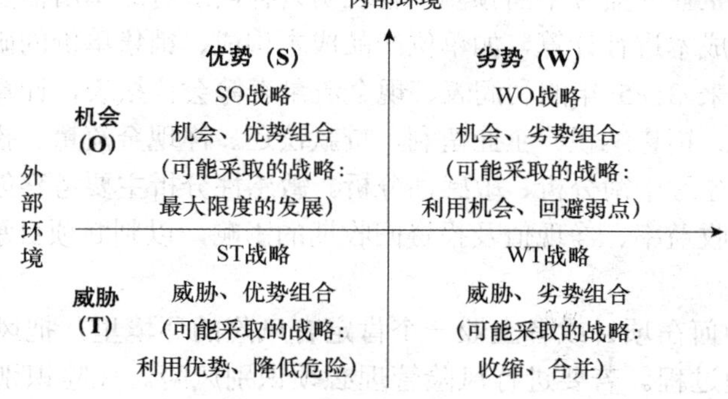

图 7-1 SWOT 矩阵分析

（4）市场营销策略

营销策略是企业以顾客需要为出发点，根据经验获得顾客需求量及购买力的信息、商业界的期望值，有计划地组织各项经营活动，通过相互协调一致的产品策略、价格策略、渠道策略和促销策略，为顾客提供满意的商品和服务而实现企业目标的过程。市场营销策略的主要内容包括产品特征、产品价格、销售渠道、市场推广、销售计划等。

---

① 约翰·马林斯，2017．如何测试商业模式［M］．郭武文，叶颖，译．北京：机械工业出版社．

② SWOT 分析法，即态势分析法，就是将与研究对象密切相关的各种主要因素 S（strengths）优势、W（weaknesses）劣势、O（opportunities）机会、T（threats）威胁等，通过调查列举出来，并依照矩阵形式排列，然后用系统分析的思想，把各种因素相互匹配加以分析，从中得出一系列相应的结论，而结论通常带有一定的决策性。运用这种方法，可以对研究对象所处的情景进行全面、系统、准确的研究，从而根据研究结果制定相应的发展战略、计划及对策等。

（5）组织架构与人力资源管理

在创业计划书中，必须对主要管理人员加以表述，介绍他们所具有的能力、在企业中的职务和责任、他们过去的详细经历及背景。此外，还应对公司结构进行简要介绍，包括组织形式、组织机构图、部门负责人及主要成员、薪酬体系、企业制度体系等。

（6）生产（项目）运营方案

基于新技术、新工艺，用流程图的方式展示，以产品、技术与服务内容为依据，以生产工艺为主线，力求描述准确、合理、新颖。同时，要突出同行的优势与先进性。如果无明显优势或无市场运营流程可言，这部分可以不写，相应内容可以在“产品、技术与服务”部分体现。

（7）投资分析

投资分析主要包括项目投资估算、资金筹措、投资使用计划与退出方式。项目投资估算要根据固定资产投资与折旧、厂房（店铺）租金、开办费与流动资金的需求，计算出创业项目的总投资，说明注册资本及资本构成。同时，还要说明资金筹措的来源，如创业团队成员投入的股本、银行贷款、吸收风险投资资金等，列出资金投资与使用计划、借款偿还计划等。资金退出方式包括管理层回购、股权转让、公开上市、公司解散、公司破产等。

（8）财务评估

财务评估与企业的生产计划、人力资源计划、营销计划与销售预测等是密不可分的。财务评估中最重要的是企业的盈亏平衡预测，它表明为补偿所有成本所需要的销售数量。要对产品或者服务的生产成本进行计算，如单位产品成本构成、销售单价的确定等。在财务效益分析中，通过预测未来 3～5 年的利润表、现金流量表等会计报表，计算出生产期平均销售利润与总投资利润率、销售纳税、企业留利、贷款偿还、净现金流量、投资回收期等。在不确定性分析中，进行盈亏平衡分析、敏感性分析。敏感性分析主要考察创业项目的某些不确定因素变化后对内部收益率、净现值及投资回收期的影响，以判断项目承受风险的能力。

（9）风险管理

风险管理是指如何在项目或者企业一个肯定有风险的环境里，把风险可能造成的不良影响减至最低的管理过程。若要进行风险管理必须识别风险。风险识别是确定何种风险可能会对企业产生影响，最重要的是量化不确定性的程度和每个风险可能造成损失的程度。公司通常采用积极的措施来控制风险。通过降低其损失发生的概率，缩小其损失程度来达到控制的目的。控制风险的最有效方法就是制订切实可行的应急方案，编制多个备选方案，在最大程度上对企业所面临的风险做好充分准备。当风险发生后，按照预先的方案实施，可将损失控制在最低限度，制订风险规避方案。在既定目标不变的情况下，改变方案的实施路径，从根本上消除特定的风险因素。

（10）结论与建议

结论是从一定的前提推论得到的结果，对事物做出总结性判断。创业计划书的结论可以从创业项目实施后产生的经济效益，对社会发展、环境保护、解决就业问题等产生的社会效益，在提高我国先进技术水平、促进科研成果产业化，以及该项目是否可行等方面来概括。建议是指针对一个人或一件事的客观存在，提出自己合理的见解或意见，使其具备一定的改革和改良条件，使其向着更加良好、积极的方面去完善和发展。

（11）附录

附录是指附在正文后面，与正文有关的文章或参考资料。其主要由于篇幅过大或取材于复制品而不便编入正文的材料，如某些重要的原始数据、会计报表、图片等。

（12）参考文献

参考文献是指为撰写或编辑论文和著作而引用的有关文献信息资源。曾引用过的文献在注释中已注明，无须出现在文后参考文献中。

3. 创业计划书的修正与评估

（1）创业计划书的修正

创业计划书的检查和修改，是编制创业计划书的一个重要步骤。检查和修改的过程是对创业计划书进行提升和提炼的过程，是进一步厘清创业思路的过程，也是进一步夯实创业准备工作的过程。创业计划书写完之后，通常可以从以下 3 个方面对创业计划书加以检查和修改。

1）进行格式上的修正。创业计划书的主体格式尽管并不固定，但其主要内容、主要纲目却是不可或缺的。对创业计划书封面的要求也是非常规范和严格的，在封面上除了应该写明项目名称和项目编制人之外，还应该标明版本及保密级别。版本表示创业计划书的修改情况。保密级别反映创业项目的安排、战略策划和整体设想的保密情况，因为部分跨国风险投资商是不希望创业计划书被完全公开的。

2）进行文字上的检查。创业计划书应该是创业者真实的、完整的、准确的意思表示。因此，创业计划书中的用词、用字、标点和相关的数字计算都要十分准确。应尽量用简单且准确的词语来描述每件事、每一个商品及其属性，段落要清晰，阐述问题的逻辑层次要清楚，应该用图表说明的地方尽量用图表说明。

3）进行内容上的检查。内容上的检查是检查的重点，也是修改的基础。内容检查分为两个层次：①通盘检查（又称为整体检查）；②重点检查。正确的做法是：在通盘检查的基础上进行重点检查；在重点检查并进行重点修改以后，再进行通盘检查并定稿。

创业计划书的内容检查要点包括：①是否能准确地阐明你的创业思路，是否能准确表达你对该商业模式的运作想法和开拓市场的方法，如检查你的创业计划书是否显示出你具有管理公司的才能，如果你自己缺乏管理能力，那么你是否聘请了有经验的管理精英或取得了具有相应管理能力的团队骨干的支持；②是否显示了你具有迎接风险、偿还借款的能力，是否能够给预期的投资者提供一份完整的、实在的、恰当的分析；③是否能显示出你已进行了认真的市场分析，要让投资者或加盟者能够感受到你在计划书中阐明的市场需求不仅是真实的，而且是有潜力的；④是否有项目概要，并把它放在了最前面，项目概要是否写得既简明扼要又重点突出，具有说服力和吸引力。

如果你的创业研发工作已经取得了一定的进展，可以准备一件模型或照片，但这种实物资料只是用来进一步说明你的创业计划书中的可行性。应该注意的是，在这些实物资料中不应暴露你的核心商业秘密。

在完成创业计划书之后，创业者要对计划书进行全面检查，并进行换位思考。例如，把自己转换为评委或者投资人的角色，或者站在第三者的视角评审一下该计划书能否准确回答评委或者投资人的疑问，争取得到评委好评，或者是增强投资人对该项目的信心。若要修正创业计划书，可以从创业计划书评估标准的视角来进行。

（2）创业计划书的评估

由于创业者所选择的产品、技术与服务，创业环境，创业人员能力等方面的差异，要对一个创业计划书的优劣进行评估是一件非常困难的事情。目前，创业大赛的评审者和投资人多采用量化打分制来评定创业计划书的优劣。创业计划书的评估标准如下。

1）项目概要评估标准。该评估标准包括：简明扼要、具有鲜明的特色，指出企业新理念的形成过程和企业发展目标的展望，介绍创业团队的特殊性和优势等。

2）产品、技术与服务评估标准。该评估标准包括：说明产品、技术与服务的特点和创新点，如何满足关键用户的需要；指出产品、技术与服务目前的水平是否处于领先地位，是否适应市场的需求，能否实现产业化等。

3）市场分析评估标准。该评估标准包括：市场调查和分析是否严密科学，是否运用理论模型对市场与竞争进行分析等。

4）营销策略评估标准。该评估标准包括：经过市场营销策略的分析，是否制订有效的市场营销计划等。

5）组织架构与人力资源管理评估标准。该评估标准包括：是否明确公司的组织结构、各成员的管理分工和互补情况、建立薪酬体系的情况等。

6）生产运营方案评估标准。该评估标准包括：要求以产品、技术与服务为依据，以生产工艺为主线，力求描述准确、合理，可操作性强等。

7）投资分析评估标准。该评估标准包括：主要投资人的持股情况，指出企业股份比例的划分，融资目标、融资方式、股份比例及退出机制等。

8）财务分析评估标准。财务分析评估标准包括利润表、现金流量表、盈亏平衡点分析、敏感性分析等。

9）风险管理评估标准。该评估标准包括：应对公司运营过程中可能遇到的财务、市场、技术、政策及管理体制等方面的风险进行识别，并简要描述分析的规避和防范措施等。

10）结论与建议评估标准。该评估标准包括：表述应条理清晰，力求简洁，重点突出；专业语言的运用要准确、适度；相关数据应科学、诚信、翔实等。

如果从第一页看到最后一页能够清晰理解你的创业价值逻辑，可以说就是成功的创业计划书[①]。

4. 项目融资路演

（1）项目融资路演的流程

以融资为目的的项目路演具有私密性，除创业项目和投资机构代表之外，项目路演全程原则上禁止无关人员参观。主办方及所有参会人员均须承诺：除非得到本人许可，对项目商业秘

① 王杉，2017．12堂关键创业课［M］．北京：民主与建设出版社．

密和项目路演个人资料必须严格保密，不得将项目路演的任何内容用于商业目的。该类型的项目一般都是比较成熟的创业项目吸引风险投资，进行风险融资，或运营良好的企业（项目）进入天使轮、A 轮、B 轮、C 轮、D 轮、E 轮等轮融资，甚至 IPO 上市融资路演（展示）。融资项目原则上要求：项目团队人数≥2 人；成功运作（运营）1 年以上；必须有内容可供演示；必须有完整的商业计划及其历史财务资料；必须拥有独特商业模式和商业价值的创业型项目；必须有明确的融资需求、融资标的范围等条件。项目融资路演的一般流程如下。

1）项目报名。1 页项目说明及 4～5 页中（英）文项目简介或执行摘要。项目说明包括但不限于商业名称、管理团队成员、联系方式、融资标的、所属行业等项。执行摘要内容不限。

2）资格审核。由主办方审核，即是否符合项目条件和报名条件。

3）项目审核。由项目特邀顾问及项目路演特邀顾问组成的评委审核。

4）项目路演。在具体时间、地点，由通过审核的项目演示人进行项目演示。项目路演现场主要分为 4 个程序：①演示人有 10 分钟时间介绍自己的项目；②由风险投资[①]人提问的时间是 5 分钟；③风险投资人对项目进行点评；④项目方与风险投资人交流。

（2）项目融资路演的内容[②]

一份完整的项目融资路演“演讲稿”可以做成 PPT 形式，主要内容如下。

1）项目概述。简明扼要地介绍创业者的公司在做什么，处于什么样的阶段，打算融资多少钱。在项目概述阶段简要说明公司的业务和现状、产品现状、市场开拓情况及团队情况等，具体如下。

① 项目要解决的问题。创业者往往急于介绍自己的技术，而忽略了创业者要解决的问题。应该告诉投资人创业者将解决一个新问题，还是给老问题提供新的、突破性的解决方法。谈谈消费者面临该问题时怎么办，其特点是什么，创业者在哪些方面做得更好，创业者能为消费者带来哪些好处等。创业者在演讲时可以用短视频、图片等方式吸引投资人注意。

② 项目的解决方案。在介绍完上述两部分内容后，就可以介绍自己的产品，应重点介绍产品的核心能力。如果时间允许，可以现场演示一下产品；如果时间不允许，可以展示几张图片。如果是 App 应用，则可以给一个测试账户，让投资人快速体验一下创业者的软件。如果创业者的产品结构方面值得强调，就加入一个结构图表。创业者也可以把这部分放在备用的幻灯片里，或者讨论技术细节时再展示。创业者应该说明公司产品的优势，它能为消费者带来什么，是能节约时间还是金钱，是否能帮助顾客带来新价值。不要只介绍产品的功能，而应告诉投资者什么样的因素会促使消费者选用该产品。

③ 通过消费者佐证。列举一些证据，说明创业者所抓住的是真正机会，并且该团队能够胜任。给投资人展现一些业务数据（用户量、收入、订单等），并做一些案例展示，引用顾客的评估，解释创业者的服务为消费者创造了什么价值。

2）市场预期。创业者需要论证市场总量够大，或者将来会大幅增长。如果创业者进入的是一个已经存在的市场，就可以找到现成的数据说明市场规模及其发展速度。比如，Uber

---

① 风险投资（venture capital）是指由职业金融家投入到新兴的、迅速发展的、有巨大竞争潜力的企业中的一种权益资本。

② 黄海燕，刘玉，2016．大学生创新创业基础［M］．沈阳：东北大学出版社．

可以用运输业的数据来支持他们对于市场规模的估计。此外，创业者还需要说明会有多少消费者愿意购买你的解决方案，创业者的市场回报情况。

3）竞争态势。每一个充满商业机会的市场竞争都非常激烈，这其中既有传统厂商也有创业公司，消费者有许多选择。创业者可以说说现在有哪些竞争者，谁可能会进入市场，创业者将如何实现差异化。在讲差异化时，要着重于战略层面，不要陷入细枝末节的对比。创业者可以用波特五力模型进行阐述。

4）商业模式。在这一部分，创业者要介绍收入模式、定价策略、盈利模式及如何吸引和转化消费者，应包括以下几部分内容：到现在为止，公司已有多少用户，如何进一步增加用户数；消费者通过哪些渠道了解到公司的产品，每种渠道获取消费者的成本是多少；公司如何转化客户，转化率是多少；公司的市场营销战略是什么，销售计划怎么做。很多创业者对这方面的表达不够重视，但是投资人知道，没有用户是绝大多数创业公司失败的原因。

5）团队优势。在这一部分，创业者要介绍一下团队中有哪些类型的人才，都是什么背景，能力方面如何互补等。创业者在路演开始时可以先介绍一下在场的团队成员，然后再介绍其他成员。

6）融资计划。创业者需要回答为什么融资，公司未来几年将如何发展，创业者计划用本轮融资完成哪些事项，需要招聘哪些人，创业者对于每月或每季度用户增长数量的预期是多少。最后介绍计划融资多少钱，是否已向其他公司做出融资承诺，计划在多长时间内完成本轮融资，是否分阶段进行融资等。

（3）项目融资路演的技巧

1）精心准备路演文档。相比于现场演示，投资人更关心实际业务，但是创业者呈现给投资人的内容必须能够很好地代表公司。如果他们发现最重要的文档都不专业，肯定会怀疑创业者的专业性。

2）要详略得当。创业者不要把过多的文字或内容挤在一张幻灯片里，可以多做几页PPT，要突出要点。创业者可以通过其他方式介绍更多的细节，如可以给投资人留下一份完整版的PPT。

3）不要只介绍产品。例如，不仅要介绍开发的软件或者融资后要怎么开发软件，还要介绍为什么开发这款软件。创业者可以从市场潜力、消费者的需求等方面介绍。

4）重视获取客户的能力。很多创业者都会将注意力更多地放在产品上，而对于如何获取用户的关注度不够。好的投资人会进一步问创业者如何吸引顾客，如何盈利，采取何种销售策略和营销策略等。

5）分析所处的竞争环境。要分析整个竞争环境，不要只分析自己比竞争对手强在哪里。

6）把所处的市场定位成“大势所趋”。创业者对于市场应该充满信心，让投资者相信这个行业值得投资。

7）把公司定位成“顺势而为”。

值得强调的是，除了融资目的的项目路演，还有创新创业比赛的项目路演，或比赛项目路演兼融资目的。这3种路演流程的要求基本一样，所不同的是比赛或比赛兼融资项目的路演是开放的、公开的，对项目要求不太高，可以是创意项目、初创项目和成熟运营项目等。

第二节 众创空间概述

1. 众创空间的内涵与特点[①]

（1）众创空间的内涵

“创客”来源于英文单词“maker”，是指不以营利为目的，致力于把各种创意/创新转变为现实的人。创客空间，我国称为“众创空间”，是一种全新的组织形式和服务平台，通过向创客提供开放的物理空间和原型加工设备，以及组织相关的聚会和工作坊，从而促进知识分享、跨界协作及创意/创新的实现。最早的创客（众创）空间可以追溯到 1981 年在德国柏林创建的混沌电脑俱乐部[②]。从 2000 年开始，国外形成了各种形式的创客空间，对创新创业产生了深远影响。

我国的众创空间是美国创客空间的商业模式在我国市场中“中国化”的结果。2014 年 9 月，李克强总理出席夏季达沃斯论坛开幕式并致辞时提出，要掀起“大众创业”“草根创业”的新浪潮，形成“人人创新”“万众创新”的新局面。2015 年 1 月 4 日，李克强总理探访深圳柴火创客空间，称赞年轻创客们充分对接市场需求，创客创意/创新无限。为实现“大众创业、万众创新”，创客被寄予厚望。2015 年 1 月 28 日，李克强总理主持召开国务院常务会议，研究确定支持发展众创空间推进大众创新创业的政策措施。2 月，科技部发文指出以构建众创空间为载体，有效整合资源，打造新常态下经济发展新引擎。3 月，在政府工作报告中，李克强总理再次提到“大众创业、万众创新”，并且将其提升到中国经济转型和保增长的“双引擎”之一的高度，显示出政府对创业创新的重视，以及创业创新对我国经济发展的重要意义。

众创空间是指顺应创新 2.0 时代用户创新、开放创新、协同创新、大众创新的趋势，把握全球创客浪潮兴起的机遇，依托互联网应用、适应创新 2.0 时代和网络环境创新创业的特点和需求，通过市场化机制、社会化运作、专业化服务和资本化途径构建的低成本、便利化、全要素、开放式的新型创业服务平台的统称。该平台为创客提供工作空间、网络空间、社交空间和资源共享空间[③]。

（2）众创空间的特点

科技部强调，众创空间绝不是“房地产”建设，而是在现有孵化器和创业服务的基础上打造的一个开放式的创业生态系统[④]，众创空间与传统孵化器、新型孵化器的关系模型如

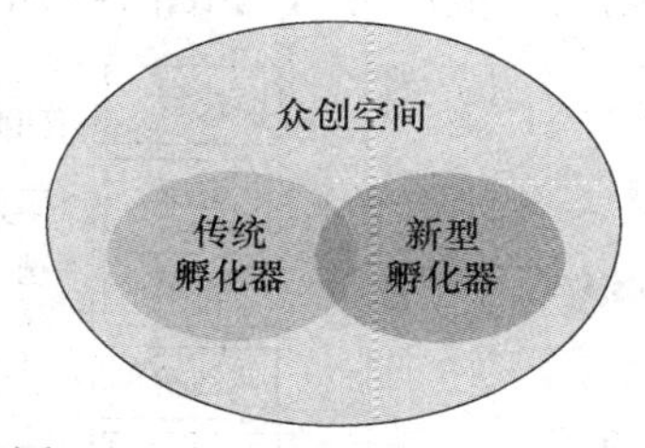

图 7-2 众创空间与传统孵化器、新型孵化器的关系模型

---

① 唐德淼，2017. 众创空间的内涵、功能与作用研究［J］. 合作经济与科技（18）：144-147.

② 同①。

③ 刘志迎，徐毅，洪进，2016. 众创空间：从“奇思妙想”到“极致产品”［M］. 北京：机械工业出版社.

④ 陈中正，2016. 创客：商业革命中的创业与创新［M］. 北京：电子工业出版社.

图 7-2 所示。众创空间的概念外延与孵化器略有重叠，但比后者范围更大。

一方面，众创空间是比传统意义上的孵化器门槛更低、更便捷为草根创业者提供成长和服务的平台；另一方面，众创空间不但是创业者理想的工作空间、网络空间、社交空间和资源共享空间，还是一个能够为他们提供创业培训、投融资对接、商业模式构建、团队融合、政策申请、工商注册、法律财务、媒体资讯等全方位创业服务的生态体系。众创空间适应创新 2.0 时代用户创新、大众创新、开放创新、协同创新的趋势，重点在于众创，而不在于空间。“众”是指大众参与，而非仅精英参与；“创”不仅是指创新创业，还包含创意/创新创投，泛指创业服务的全生态链条。众创空间与传统孵化器的生态系统特征比较，见表 7-1。

表 7-1　众创空间与传统孵化器的生态系统特征比较①

层面	维度	众创空间	传统孵化器
项目	主体	草根团队、大众创业项目	高科技创业团队
	数量	创业企业数量众多	创业企业数量较少
	大小	项目起点低、投入小	项目起点高、投入大
	创新性	技术与商业模式创新	技术创新处于主导、相对成熟
园区或空间	创业场所	分散、占地小	集中、占地大
	文化导向	个性化、差异化	同质程度高
	角色定位	角色多元、丰富	角色相对少
	网络角色	低中心度、高密度	高中心度、低密度
	用户距离	用户全程参与创新	与用户距离远、市场导向低
	资源属性	多样性、丰富	存量丰富、缺乏多样性
	平台主体	市场化	政府主导

众创空间除了能为创新创业者提供平台和工作空间外，更多的是提供一种全要素、专业化多维的创新创业生态服务，呈现出“新服务、新生态、新潮流、新概念、新模式、新文化”等特征，不仅为创新创业者提供创业活动的交流空间，而且可以按需提供个性化的创业增值服务②，如图 7-3 所示。

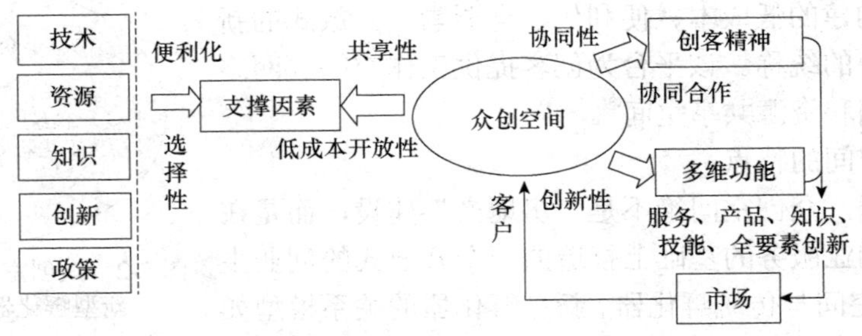

图 7-3　众创空间多维功能模型

众创空间的功能特点如下。

① 陈夙，项丽瑶，俞荣建，2015. 众创空间创业生态系统：特征、结构、机制与策略［J］. 商业经济与管理（10）：35-43.

② 项振海，黄哲，李志刚，2016. 众创空间的内涵、功能搭建与机制［J］. 规划师（9）：18-23.

1）低成本开放性。面向所有公众开放，采取服务部分免费、部分收费，或者会员服务的制度，为创新创业者提供相对较低的成本。

2）互助与协同性。通过沙龙、训练营、培训、大赛等活动促进创新创业者之间的交流和圈子的建立，共同的办公环境能够促进创新创业者之间的互帮互助、相互启发、资源共享，达到协同进步的目的，通过“聚合”产生“聚变”的效应。

3）共享性。团队与人才结合，创新与创业结合，线上与线下结合，孵化与投资结合。

4）便利化。通过提供场地、举办活动，能够方便创新创业者进行产品展示、观点分享和项目路演等。此外，还能向初创企业提供其在萌芽期和成长期的便利，如金融服务、工商注册、法律法务、补贴政策申请等，帮助其健康而快速地成长。

5）全要素创新。提供创新创业活动的材料、设备、设施、创意/创新、创业方案等全要素创新创业服务。

2. 众创空间的作用与生态成长机制

（1）众创空间的作用

1）激发经济增长新动力。众创空间的核心价值不在于办公场地的提供，而在于其提供的辅助创新创业服务。众创空间出现了很多生存型创业，其中包括大量草根创业（如淘宝村），他们都是众创空间的服务对象。众创空间顺应创新 2.0 时代构建面向大众的创新创业服务平台，对于激发亿万群众创造活力，培育各类青年创新人才和创业团队，带动扩大就业，打造经济增长新的动力具有重要作用。

2）促进“双创”生态系统的形成。创新创业生态有 4 个特征：新产业引领、多技术方向创业试错、产业跨界、爆发式增长。众创空间可以促进“双创”生态系统的形成，推动经济出现爆发式增长。以创客为代表的创新 2.0 模式，试图构建以用户为中心的面向应用的融合，从创意/创新、设计到制造的用户创新、开放创新、大众创新和协同创新全要素的“双创”生态系统。

（2）众创空间的生态成长机制

众创空间作为针对早期创业的重要服务载体，为创客提供低成本的工作空间、网络空间、社交空间和资源共享空间，与科技企业孵化器、加速器、产业园区等共同组成创业孵化链条。其运作的重要目标是使产业要素根据创新创业活动的需求完成新一轮的集聚。

众创空间的空间规划和功能搭建力求建立一个创客团队健康代谢、创投资本高度活跃、创业成本大幅降低和创意/创新产业高效转化的创新创业生态系统。众创空间的创建和运营商能凭借产业供应链的优势，迅速搭建嵌入生产网络、孵化区域优势产业初创企业的新型产业载体。其目标是构建丰富的创新创业商业生态，为创业及其成长阶段的公司、企业和个人提供联合办公孵化业态。众创空间不仅提供硬件的联合办公场所，也解决从商业生态构建到企业事务性工作的软性服务。其功能要素包括：空间规划科学合理，具有创业延伸服务；提供“双创”所需的税务、法律等方面的配套服务；考究的选址；提供完善的商业生态配套，能够使入驻企业、创业者拥有与同领域上下游产业链、不同领域横向产业链进行创业灵感交流、商务合作的完整创新创业生态体系[①]。众创空间是由创客团队、企业或投资者、政府、孵化过程、生产系统嵌入和产业价值链嵌入等要素组成的创新创业生态成长机制系统，如图 7-4 所示。

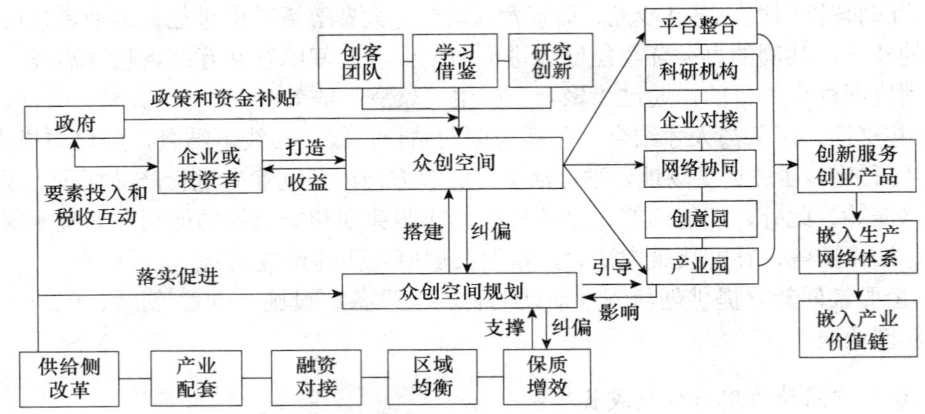

图 7-4　众创空间创新创业生态成长机制系统

3. 众创空间发展的理论支撑

（1）国内文献分析

众创空间是发挥政策集成协同效应，实现创新与创业相结合、线上与线下相结合、孵化与投资相结合的一个开放式的创业生态系统。

类似的开放式创业生态系统国外称为“创客空间”，不称为“众创空间”，其实两者具有相同内涵。创客空间源自国外，在国外通常称为 makerspace、hackerspace、hackspace、hacklab、creative space 等。它是一种全新的组织形式和服务平台，通过向创客提供开放的物理空间和原型加工设备，以及组织相关的聚会和工作坊，从而促进知识分享、跨界协作及创意/创新的实现以至产品化。全球知名的创客空间有 c-base e. V.、MetaLab、TechShop、FabLab 等。经过多年的发展，国外已经把创客空间这个模式推到了一个比较成熟的阶段，并对科技创新产生了深远的影响。此后，“创客”的概念被引入中国，也逐渐诞生了类似的场所。国内第一个创客空间是 2010 年诞生于上海的新车间，类似的还有北京创客空间、深圳柴火空间、杭州洋葱胶囊等。国家的相关文件明确将创客空间和孵化器作为众创空间的两种主要表现形式。

国内学者对众创空间的培育路径和机制方面的研究在 2015 年之前非常少。2015 年之后，相关的研究主要有：《规划管理必须应对众包、众筹、众创的共享理念》（周素红，2015）、《众创空间在江苏的发展现状及典型案例研究》（束云霞，2015）、《服装创意/创新产业园创新网络的构建——以众创空间为例》（喻汇，2015）、《众创模式在中国的发展现状及对策》（盖宁，2015）、《“大众创业、万众创新”的制约因素与对策——基于中小微企业发展状况分析》（沈泽洋，2015）、《苏北地区“众创空间”的发展战略路径研究》（卓晓宁，张一洲，2015）、《基于创业生态系统的众创空间构成与发展路径研究》（戴春，倪良新，2015）、《特

① 唐德淼，2017. 众创空间生态成长机制与路径研究：以江苏发展为例［J］. 科技经济市场（9）：194-196.

色化众创空间的发展模式》（赖晓南，万文博，姜倩倩，2015）、《从创客空间到众创空间：基于创新 2.0 的功能模型与服务路径》（王佑镁，叶爱敏，2015）、《众创空间——“互联网＋”时代本土化的创客空间》（张娜，2015），《众创、众创空间与创业过程》（吕力，李倩，方竹青，乔辉，2015）、《众创空间的专业化服务》（巫钢，2015）、《如何在存量空间中运营众创空间》（李成，2016）、《众创空间未来发展方向初探》（王德禄，2016）、《大众创新：内涵与运行模式》（付群英，刘志迎，2016）、《公众参与创新的社会网络：创客文化与创客空间》（徐广林，林贡钦，2016）、《大众创新创业凝聚江苏发展新动能》（蒋跃建，2016）、《广西发展众创空间推进大众创新创业的现状及对策研究》（董婷梅，陆桂军，唐青青，2016）、《众创空间对创业孵化器功能影响研究》（乔辉，吴绍棠，2017）、《合肥高新区：打造众创空间 推进创新创业》（程媛媛，2016）、《创新生态系统与创新空间研究——以杭州为例》（汤海孺，2015）、《市场化是发展众创空间的必然途径》（邹发伟，2016）、《众创空间盈利模式分析》（韩莹，2016）、《三四线城市发展众创空间的实践与思考——以江苏省盐城市为例》（高文超，2016）、《众创空间：服务实体经济转型升级》（王成，2016）、《关于众创空间的理论研究及思考》（邵永新，倪芝青，2016）、《推进苏州大众创业、万众创新的对策建议》（孙陆诗雨，刘亮，2016）、《基于知识创造的众创空间构建》（孙雪，任树怀，2016）等。

国内关于众创空间的研究主要集中在社区、图书馆、学校等方面。潘丽在《创意/创新好玩——新车间》中形象地描述了创客们的共同点，通过对上海新车间进行探访，介绍了上海新车间“开放、互助”的诸多特点；而谢丹丹对深圳柴火空间创立的起源和内部结构及其平台作用进行了介绍。李双寿等以清华大学的 I. Center 为研究对象，对 I. Center 的建设流程、理念、主要举措和运行机制进行了阐述，构想了一种创客交叉融合空间规划方案。

（2）国外文献分析

国际上，对于创客运动的关注和研究起源于 20 世纪七八十年代开始的黑客文化，其中 1981 创始于德国的混沌计算机俱乐部常常被认为是创客空间的雏形。关于黑客以及创客的早期历史可以参阅 Bre Pettis、Astera Schneeweisz 和 Jens Ohlig 共同编著的《创客空间的起源》。这是一本社群共同协作完成的历史回溯运动，由作者在网络发起，得到了国际各个建立时间较长、声望颇高的创客空间的积极响应。它的工作模式本身带有明显的创客时代的工作特点，即开源、共享、协作。

创客空间与创客、创客运动概念的兴起密切相关。尽管创客是英语语系的原生词，但在 2005 年 *Make* 杂志创刊之前，创客空间一词几乎鲜有耳闻。直到 2011 年，*Make* 杂志开始使用 makerspace. com 作为域名，这一由媒体创造的词汇才开始进入人们的视野。此后，Maker 的概念被引入我国。但是，我国众创空间的理论研究和实际应用，仍处于初级阶段，众创行业的基本理论体系和内容基本上引自国外，需要结合我国国情对众创空间的发展路径与运营机制进行再定位。创客空间和创客运动的出现及其开放式、低成本、协同协作等组织理念及运营方式，成为众创空间的基础理念。创客运动已经在欧美乃至全世界成为一种新的经济和文化现象，伴随着 3D 打印、硬件等技术和“社区”在近几年的迅速成熟，以及相关产业环境的逐渐完善，作为联系创客及创客产业相关的重要物理纽带，创客空间在国外的数量开始呈现相当惊人的增长速度。研究分析这些创客空间的运营状况，回顾它们的发展历程和思想渊源，探究它们呈现出来的不同运营模式，在 Make Media 的持续努力下，开始撰写一些指导如何创办创客空间的手册型书籍，如 *The Makerspace Workbench*、*Makerspace Playbook*、FabLab 的创始人撰写的 *FAB*、3D Robotics 的创始人撰写的 *Maker Movement*、TechShop 创始人撰写的 *The Maker Manifesto* 等；Halverson 等通过对 3 类不同的创客空间进行为时一年的田野调查，借助访谈和网页资料，最后从参与者共同的媒体、创客学科、项目持续时长、学习关键、作品的使用与分享 5 个角度，分析和比较了 3 类创客空间的关键性特征。通过对创客活动的定义、创客活动与教育的关系及其对教育的影响等几部分展开描述，最后得出了创客运动的三要素，即创客运动、创客空间、创客，作为核心进行分析。在 *Makerspaces Playbook-School Edition* 中，对学校在建设创客空间时如何选址，所需工具和材料，学生、教师分别扮演的角色，创客教育开展的实践、项目、空间缩影进行了一个简要的描述，它非常重视创客思维的养成。除了结集成册的书刊外，网络、社区、社交媒体等都成为研究创客空间的重要渠道。一方面，为国内众创空间的发展提供宝贵的文献参考；另一方面，为如何搭建“大众创业、万众创新”的生态环境下的众创空间提供理论和实践层面的学术支撑。

第三节　众创空间项目孵化演进与趋势

1. 众创空间演进与发展现状

（1）我国众创空间的演进[①]

我国第一家众创空间是成立于 2010 年 10 月的上海新车间。据科技部公开的数据显示，2014 年，全国科技企业孵化器数量超过 1 600 家，在孵企业 8 万余家；2015 年，各地众创空间数量已达 2 345 家，其中已有近 100 家众创空间纳入了国家级科技企业孵化器的管理服务体系。北京地区创新创业模式新颖、理念超前的众创空间发展状况良好，除北京以外，在上海、深圳、杭州、南京、苏州、成都等创新创业氛围较为活跃的地区，也都逐渐涌现了一大批各具特色的众创空间。孵化器、创客空间是众创空间的两种主要业态，孵化器和创客空间演进历程，如图 7-5 所示。总体而言，创客空间还处于发育期，北京、上海已出现众创空间联盟组织的形式。

（2）我国众创空间的发展现状[②]

《2016 中国创新创业报告》显示，自 1987 年中国的第一家科技企业孵化器出现，截至 2015 年年底，我国已拥有科技企业孵化器 2 530 家，全国上报众创空间名单 2 345 家，共 4 875 家，成为全球孵化器数量最多的国家。

---

① 唐德淼，2017．众创空间演进、机制与发展对策研究［J］．中国商论（9）：185-187．

② 唐德淼，2017．众创空间发展现状、演进与趋势研究：以江苏发展为例［J］．产业与科技论坛（12）：12-14．

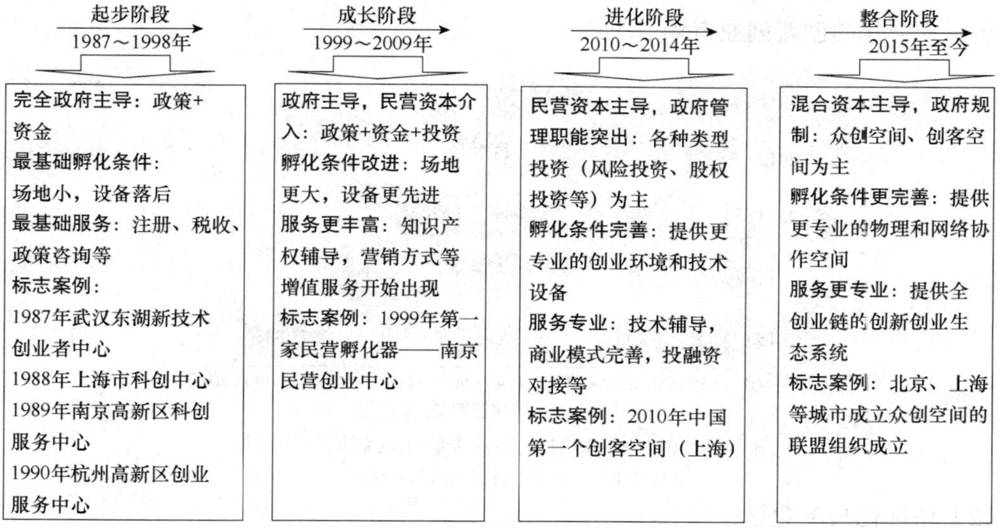

起步阶段 1987～1998年	成长阶段 1999～2009年	进化阶段 2010～2014年	整合阶段 2015年至今
完全政府主导：政策+资金 最基础孵化条件：场地小，设备落后 最基础服务：注册、税收、政策咨询等 标志案例： 1987年武汉东湖新技术创业者中心 1988年上海市科创中心 1989年南京高新区科创服务中心 1990年杭州高新区创业服务中心	政府主导，民营资本介入：政策+资金+投资 孵化条件改进：场地更大，设备更先进 服务更丰富：知识产权辅导，营销方式等增值服务开始出现 标志案例：1999年第一家民营孵化器——南京民营创业中心	民营资本主导，政府管理职能突出：各种类型投资（风险投资、股权投资等）为主 孵化条件完善：提供更专业的创业环境和技术设备 服务专业：技术辅导，商业模式完善，投融资对接等 标志案例：2010年中国第一个创客空间（上海）	混合资本主导，政府规制：众创空间、创客空间为主 孵化条件更完善：提供更专业的物理和网络协作空间 服务更专业：提供全创业链的创新创业生态系统 标志案例：北京、上海等城市成立众创空间的联盟组织成立

图 7-5 孵化器和创客空间演进历程

《2016 创新创业白皮书》指出，仅 2014～2015 年，国内众创空间数量已从 50 余家发展到 2 345 余家，增长 46 倍。2015 年，从业人员 3.89 万人，服务各类创业人员 37.02 万人。众创空间共获得政府经费支持 15.98 亿元，孵化科技类项目 3.85 万个。全国共开展创新创业培训 4.51 万次，共有 278.61 万人参加了培训；举办科技类项目投资路演和宣传推介活动 1.16 万次，共有 156.96 万人参加了路演和宣传推介活动；举办科技类创新创业赛事 3 383 次，共有 183.01 万人参加了赛事[①]。

据悉，腾讯开放平台“开发者”数量增长平稳，累计近 600 万用户注册“开发者”，在腾讯开放平台创业，新增“开发者”中近 80%为移动开发者；2016 年，腾讯开放平台助力的上市企业达 20 家，合作伙伴总估值突破 3 000 亿元，第三方总收益超 100 亿元，30 个腾讯众创空间在全国落地生根。

科技部数据显示，每年累计从各类孵化器毕业企业数量从 2011 年的 39 562 家上升为 2015 年的 74 838 家，如图 7-6 所示，2011 年累计上市毕业企业 187 家，2015 年累计上市毕业企业则跃升至 812 家；企业毕业当年被收购兼并的案例从 2011 年的 93 家增加到 2015 年的 563 家。

2. 众创空间的发展趋势

（1）不断涌现新形态

借助互联网，众创空间的发展将会有更多的新形态和新特征出现。创业者对完整的商业生态环境的需求不断增强，在这个完整的生态系统中，确定自身合适的位置，进而碰撞出智慧的商业思想，创造新的商业合作机会甚至商业模式。政府对众创空间干预更少，具有运营主体更多元化、商业模式更为丰富、孵化周期更短、专业化服务能力更强等特征，

① 吕力，李倩，方竹青，等，2015．众创、众创空间与创业过程［J］．科技创业月刊（10）：14-15.

更能满足多样化的创新创业市场需求。

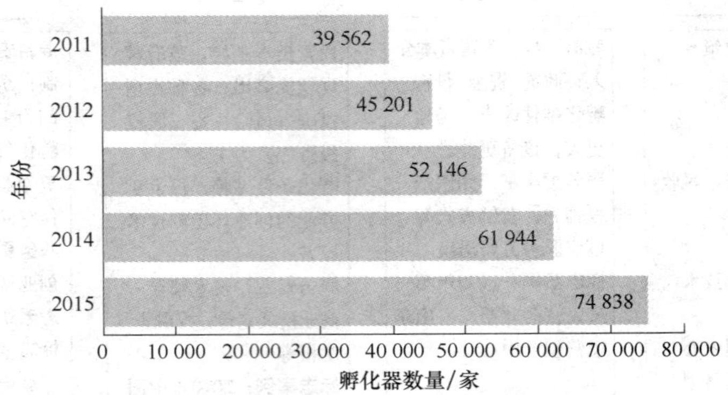

图 7-6 2011～2015 年我国各类孵化器数量变化趋势

（资料来源：根据科技部网站相关统计）

（2）精细化与专业化

随着社会分工的精细化程度不断提高，创业者的创业方向也会随之精细化，所以创业者对众创空间的要求也会随之精细化。同时，众创空间的不断发展也会带来竞争的不断加剧，未来众创空间将会通过服务的垂直化和专业化，为相应的创业者提供更加精细、深入和专业化的服务。众创空间的使用者，更多地需要有第三方的专业机构介入，为自己提供专业、权威、高效的财务、法务、人力资源等方面的工作服务，从而确保自身将主要精力放在产品和运营创新方面，从而提升整体的运行效率。

（3）实现全球高端链接

众创空间作为一个开放式的“社区”生态系统，应该成为全球创新创业网络中的一个重要节点、一个平台化枢纽，需要通过人脉网络、创业服务网络等方式形成国际联动，开展高水平的创业活动，集聚高端创业人才，对接全球天使。全球的创业者、天使投资、前沿资讯及特色服务可以在众创空间之间无障碍流动、互联互通，使创业团队能够及时获取最新的信息和高端要素资源。

（4）创新创业政策高度集成

众创空间成为创新创业政策集成平台，包括科技部门的创新创业政策（孵化器、技术转移、知识产权等），财政部门的财政科技计划、专项基金等，工信部门的中小微企业发展政策，税务部门的创业者、企业的税收政策，教育部门的创新创业教育改革政策，工商部门的商事制度改革政策，人社部门的创业人群社会保障政策，发改委的产业规划、创投机构管理政策等都在平台上得到集成和运用。

（5）众创空间使创业过程更加开放

共享办公的终极目标是做一个创新创业生态系统，更加有效地服务于“众创、众包、众筹、众扶”的创新创业领域。众创空间使创业过程更加开放化，加速创新模式的自由化。众创空间可以有效连接资金、人才、技术等各类创新资源，形成创新创业生态体系，通过开放式社区为创业者提供互动交流平台，使创业者在创业的不同阶段都能通过开放社区、创新平台等渠道及时获取外脑智慧，解决创业难题，激发有效创新[1]。“众创、众包、众筹、众扶”将打破封闭的产业资源配置方式，让智力资源、产业资源、社会资本更加自由地流动和增值。

（6）众创空间是创新生态圈的内核

在全面实施“创新驱动战略”及“十三五”关键时期，各类科技园区创新发展的主线就是建设创新创业生态，打造创新生态圈，激发来自基于大众的、自下而上的“大众创业、万众创新”，这种创新创业的大范围爆发就需要新型的创业孵化机构与孵化模式[2]。众创空间作为低成本、便利化、全要素、开放式的新型创业孵化空间，必将在区域创新创业生态圈中发挥关键内核的作用。

（7）创业服务机构集聚发展

创客可以在众创空间中快速选择和获得各类要素、各种服务、搭建团队、整合资源。涵盖创客支撑、创业孵化、展示交易、科技服务、融资对接、创业培训等功能，形成“创客＋投资＋孵化”新模式。同时，大量的开放式创新创业活动是众创空间的关键，每一个创业服务机构通过频繁开展活动、集聚人气，形成开放的平台生态圈。任何创业者在众创空间都可以参加各种活动，如创业大讲堂、天使俱乐部、创业路演、创业大赛、兴趣小组、投资对接、沙龙论坛、创客活动、头脑风暴会等活动，以表达观点、对接投资人、打磨想法直至实现创新创业理想。

3. 众创空间存在的问题

（1）众创空间政绩指标化

有的地区把建设众创空间数量当作硬指标，或者通过政策优惠强行推出一些成长性较差、功能性较低的众创空间，这只能形成表面的繁荣，难以在实质上促进创新创业的发展。在对众创空间发展状况进行评估检测时，应当不唯孵化面积、在孵企业数量、服务创业者数量等指标，而应更注重其创新创业服务能力和孵化企业存活率。例如，某省提出到2020年要培育1 000家以上众创空间等新型创业服务平台，有些省市提出每年建设培育100家以上众创空间的政策目标。政策舆论误导和道具化倾向严重，为了完成众创空间指标，短期内纷纷建立，将不属于创业的项目放入众创空间，很多众创空间人员参与度、活跃度都很低，缺乏品牌影响力，引发众创空间的结构性过剩和资源浪费。

（2）分布散、基础薄

我国众创空间刚刚起步，具有分布散和基础薄的特点。“散”是指企业相当分散，不成规模，全国化布局的就更少。有的只是租个厂房，摆几十张桌子。有的拿到政府补贴后就解散了。有的资源有限，许多配套服务承诺几乎成了敷衍。例如，创业辅导作用不明显，只有少数众创空间才能提供优惠政策资源；入驻率较低，许多资源依然闲置；众创空间各自为政，除极少数联盟外，基本谈不上共享，点状分布难以形成生态体系。“薄”是指底子

① 安宇宏，2015. 众创空间［J］. 宏观经济管理（4）：1-2.

② 汤海孺，2015. 创新生态系统与众创空间研究：以杭州为例［J］. 城市规划（9）：19-24，63.

薄、力量薄，基本都处于单打独斗的状态。底子薄就是普遍缺乏资金，贷款困难，再融资困难；无法承担大的责任、抵御大的风险；整体业态处于低级阶段，仍然以租房为主，业态依然落后。据行业观察，约80%的众创空间仍然为创业者提供办公场所，只有约20%能提供配套的注册、法务、财税、融资、推广等服务，而在这20%的众创空间中，能提供高质量、全要素服务的平台几乎不到1%。这种落后业态并不利于创新创业的升级发展。

（3）区域发展不平衡

我国众创空间的发展呈现出区域性失衡，这与地区经济的发展水平、政策支持力度有关，比较活跃的城市包括北京、上海、广州、深圳、南京和苏州等经济发达、高科技聚集、投资活跃、创新创业较为活跃的地区，这些地区涌现出一大批各具特色的众创空间；中西部不少地区众创空间还是空白，江苏苏北地区发展也严重不足[①]。产业模式落后、发展创新能力不足、经济效益较低的地区，“双创”的红利更需惠及。然而，人才匮乏、资源短缺、认识不足、扶持难以到位等各种因素限制着这些地区众创空间的发展。

（4）盈利模式不可持续

众创空间多以租金作为重要盈利来源，甚至是唯一的盈利来源。在政策扶持期能勉强维持生存，一旦失去补贴可能就难以为继，众创空间希望获得政府财政扶持的意愿通常比较强烈。大部分众创空间普遍存在商业运作模式不成熟、市场化机制不健全、市场资本未被激活、缺乏持续稳定的盈利模式等问题。一方面，在房价较高的城市，众创空间的租金成本和运营成本较高，高成本与高服务的错位，致使众创空间很难摸索出持续的盈利模式；另一方面，众创空间的大发展，促使地产商争相加入，而由他们主导的众创空间多以租金作为重要盈利来源，不能真正给予创客们场地和服务上的优惠。同时，这些众创空间的服务往往只停留在提供平台的初级层面，甚至为求办公使用率的上升，未对进驻的创客进行严格审核，拉低了众创空间的项目专业度，难以低成本地获得创新创业资金支持，获取信贷机构贷款、政府项目采购的支持。投资项目回报周期长、受不确定因素影响大，一旦缺乏好的投资项目或者投资失败，众创空间就面临亏损的困境。

（5）专业化程度不高

目前，绝大多数众创空间的主体都比较单一，未能建立有效的多主体互动模式，创融互动、创媒互动、创研互动、创政互动机制尚未形成，发展路径狭窄。目前，众创空间本质上应该提供更多创业配套服务，但粗放式发展带来的后果是入驻率低，从而导致众创空间根本没有办法筛选更多优质项目，直接导致资金不足，没法通过入股方式与创业者利益“绑定”。据测算，单个空间入驻率达到60%以上才可以实现盈亏平衡，但大多数众创空间达不到这个比率。大多数新创企业及其创业者是技术出身，不懂或不擅长运营管理，因而运营组织模式简单，动力严重不足。众创空间能提供的针对不同创业项目的专业化服务十分有限，约75%的众创空间都不能对入驻团队的项目给出具有指导、借鉴意义的发展建议或者相应的辅助性设备、资源的帮助。因而，众创空间的运营者要连接创业者、服务、经验、人脉，将孵化器闭环中的资源盘活，提供创业者原本没有办法获取的知识和经验，才是真正的专业运营。

① 蒋天颖，华明浩，2014．长三角区域众创空间联系研究［J］．中国科技论坛（10）：126-131．

（6）入驻门槛高

调研发现，不少众创空间并不是广开门庭、广纳人才，而是人为设定了很多创业门槛，市场准入不畅。一方面，部分地区的众创空间刚刚开始创办设立，当地工商部门尚未具备配套的登记注册实施办法，对其行业类型、企业名称、经营范围等要素的核准缺乏成熟的操作依据，导致众创空间市场准入困难。某些为创业者提供服务的众创空间，其经营范围在法律上尚未有对应的表述，常常被核定为“投资”“信息咨询”“商务服务”等，导致企业定位不清晰。另一方面，部分地区市场监督管理部门对登记为企业住所的房屋类型、用途等审查较为严格，住所登记手续较为复杂，“一址多照”政策尚未完全放开，集中办公区登记制度尚不完善，在一定程度上限制了众创空间的发展。

（7）众创生态圈不健全

对于创业者而言，由于创业过程中面临不可预知的市场风险，创业者需要通过相互之间的学习、交流、反馈形成协同合作的网络。因此，众创空间往往不是单一存在，需要整合创业者、资本、媒体网络、公共服务等多种资源，建立开放、共享的创新创业生态系统。目前，北京的中关村创业大街初步形成了具有国际国内影响力的创业生态街区；深圳湾创业广场是以天使投资人、企业家、企业和创业服务机构等为主体，集办公、投融资、媒体、培训等于一体的创业生态体系；江苏的众创空间仍以“点状”分布，各自发展为主，难以形成合力，众创空间的生态系统尚未建立健全，配套服务不到位，缺乏产业链或产业生态体系的共享支持等。

第四节　众创空间项目孵化方式

1. 国内众创空间的主要运营模式

根据组建方式、创业服务内容和运营模式等方面的不同，我国目前的众创空间从业务模式和形态角度大致可分为投资驱动型、综合创业生态体系型、专业服务型、媒体驱动型、辅导培育型、联合办公型、产业链服务型等 7 种模式，见表 7-2。

表 7-2　国内众创空间的运营模式与典型代表

序号	模式类型	运营模式	典型代表
1	投资驱动型	设立资本平台，聚集各类投资机构及投资服务机构，吸引汇聚优质创业项目，为投资人提供项目支持及融资服务	车库咖啡、天使汇、3W 咖啡、BINGGO 咖啡等
2	综合创业生态体系型	提供包括金融、培训辅导、招聘、政策咨询、运营、法务服务等一系列综合性服务	融创空间、创业公社、国安创客等
3	专业服务型（活动聚合）	以模式、项目发布、展示、路演等创业活动为初创企业提供创业分享网络、专业技术服务平台、产业链资源整合等服务	上海新车间、北京创客空间、深圳柴火空间、极地创新中心、杭州洋葱胶囊等
4	媒体驱动型	利用新媒体优势，为企业提供推广、信息服务、投资等各种资源的线上线下相结合的创业服务，以及延伸的创业辅导	创业家、创业邦、黑马会、36氪等

续表

序号	模式类型	运营模式	典型代表
5	辅导培育型	整合教育智力资源，以创新创业理论体系及与实践要求相结合为依托，进行平台式的分享	清华X-LAB、北大创业孵化营、亚杰汇等
6	联合办公型（地产思维型）	以物流空间为基础，整合上述模式，致力打造生态化协同的联合体系，为空间内及其他客户提供全要素服务	优客工场、无界空间、SOHO 3Q等
7	产业链服务型	以产业链服务为主，包括产品打磨、产业链上下游机构的合作交流、成立基金进行合投等	创客总部、众创联盟（北京、上海）

2. 典型案例分析

（1）办公空间型

1）模式现状。办公空间型孵化器的孵化模式是在孵化器1.0的基础上进行全面包装和完善，注重服务质量和品牌效应，致力于打造创业生态圈。该模式的孵化器为创业者提供基础的办公空间，并以工位收取低廉的租金，同时提供共享办公设备及空间。孵化器会定期邀请创业导师来举办沙龙或讲座为创业者答疑解惑。在资金支持方面，该类孵化器虽不提供创业投资基金，但与各个创投机构保持着非常密切的联系，有的甚至邀请创投机构长期驻场，以便节省创业者的时间，提高融资效率。为了打造独具特色的孵化器品牌，该类孵化器正积极营造创业生态圈，为创业者提供积极交流的氛围，如在创业项目落地时，共同办公的创业者互相成了第一批用户，并给予帮助和意见，实现快速试错。为了避免同行的恶性竞争，该类孵化器也会有意避免将类似的创业项目安排在同一办公空间。目前，如车库咖啡、3W咖啡、科技寺、SOHO 3Q等都已成功孵化了大批的创业项目。

2）模式特点。活动丰富，门槛较低。办公空间型孵化器相对于其他类型孵化器创立门槛较低，无须先进的科技或产业基地抑或配备创业基金，因此吸引了多元化背景的人才参与成立。

咖啡馆型孵化器是当下草根创业孵化器最流行的模式，创始人大都是互联网从业者。例如，车库咖啡创始人苏菂，之前在一家上市公司工作了5年；3W咖啡的创始人许单单曾是华夏基金互联网分析师。创业咖啡馆从诞生之日起，就汇聚了很多互联网行业资源，低门槛、低成本地向创业者开放。在这里，创业者可以以工位注册企业地址，当企业扩张到10人左右或者孵化了半年左右时就会被要求毕业，毕业的依据就是获得天使投资。在这里创业者可能会遇到不同的人，得到不同的资源，学到不一样的知识，而且都是免费开放的。行业活动几乎是所有创业咖啡馆的标配。想来听课或参会的人，只要注册报名，一般就能获得免费资格。例如，3W咖啡平均每周都有三四场活动，演讲者都是创投界知名投资人和知名创业公司创始人。这些活动有一半是由3W咖啡组织策划，还有一半是与合作伙伴共同操办。具体合作模式一般是收取场租费，如果对方有很好的讲师资源，也可以免费提供场地。

3）案例：3W孵化器。3W咖啡旗下的3W孵化器成立于2013年8月，主要为互联网创业者提供全方位孵化服务。一期入驻22个团队，19个获得天使融资，融资总金额超过4 000万元。2014年年初，3W种子基金成立，50万元即可帮助创业者完成从无到有的初建过程，同时全方位提供办公地址注册、投资对接、创业培训、人才招募、媒体宣传、线下活动等方面的服务。孵化对象主要针对 2～10 人的团队，不接受个人申请。行业专注于互联网及互联网周边的领域。创业者最好有在大公司工作与团队管理的经验。

4）案例特色：孵化＋投资＋猎头。空间、人才、资金，三合一孵化，3W 自创始至今已经发展出一套完整的创业生态链，主要由 3 部分构成：3W 咖啡、拉勾网和孵化器 NextBig。3W 咖啡在经历了一段时间的亏损之后现已总体实现收支平衡。而由于创始人在互联网圈常年积累下的经验与人脉，一家互联网圈子垂直的招聘网站拉勾网在上线 1 个月时简历投递量达到了 1 万，而且获得了数百万的天使投资。借助拉勾网这个互联网垂直招聘平台，3W 每天都在为创业者以极快的速度解决着互联网企业找人难的问题。从 2013 年 7 月上线到现在，连续 3 轮、总计 3 400 多万美元的融资额不仅让拉勾网在众多求职网站中脱颖而出，还将整个 3W 创业孵化生态链实现了逆转，在服务创业者的同时，也成长为颇具竞争力的新锐公司。3W 旗下的孵化器 NextBig 则专注于为创业者提供创业空间和一系列解决方案、专业的办公区域、一个 1 500 万元的创业基金、寻找创业导师及一些琐碎的行政支持等。3W 孵化器依靠中关村为扶持创业而出台的政策，允许仅凭一个工位号就可以注册公司，同时为创业者提供免费水电、无线网络、赠送海量云存储空间等各项优惠措施，以降低创业者的开销。3W 孵化器并不像一般的科技孵化器会主动寻找项目和投资人，也不会募集投资基金，但却会最大限度地利用自己的资源（如股东团队和拉勾网）为创业者提供帮助。至今已经有超过 20 家创业公司毕业，总共获得了 2 亿元的投资。在 3W 背后有一支庞大的股东队伍，160 多名重量级企业家和投资人成了 3W 中创业者的导师和“天使”。

（2）媒体驱动型

1）模式现状。媒体驱动型孵化器是指依托自身庞大的媒介平台，以为创业者提供多维度宣传为亮点，同时凭借对创业环境及科技型企业的长期跟踪报道而积累的经验，对创业者提供扶持帮助的孵化器。现阶段较成功的有创业邦旗下的孵化器 Bang Camp、36 氪旗下的孵化器氪空间等。它们通过成熟的媒体平台为创业项目在极短的时间内造势，吸引眼球扩大用户群，同时对接各路投资人。

2）模式特点。扩大知名度、吸引用户依靠自身媒体平台为创业者从多方面扩大知名度，如举办创业大赛，使其通过与其他创业项目之间的对比而突显优势，同时与到场的投资人、评委等产生联系而形成潜在的投资机会。除了创业大赛以外，发布在各类媒介的持续追踪报道或者专题报道也能为创业者快速造势，为项目营造正面形象，达到扩大知名度、吸引用户的效果。

媒体驱动型孵化器筛选项目的特点是通过自身多年跟踪报道创业投资行业和科技企业发展路径的经验，总结出一套自身发现优质项目的项目筛选理论。同时，对各个持续关注的行业积攒下的经验不仅帮助孵化器在前端筛选时提升了发掘优质项目的概率，而且在后续孵化服务时也能传授给创业者，指明初创企业未来的发展路线，提高其创业成功率。其自身经营多年的媒体平台可为孵化器提供持续的经济支持，使孵化器无盈利压力，不必急于从创业者身上获取回报，可专注于发展孵化功能。

3）案例：36 氪。氪空间孵化器是中国领先的科技新媒体 36 氪集团旗下的创业孵化器。

氪空间重新定义了孵化器，是创业团队完成第一轮融资的地方，氪空间为初创阶段的团队提供 3 个月的办公场所和行政服务，不收取任何费用，不占股份，全球顶级资本机构每周都在氪空间寻找投资机会。2015 年 4 月 22 日，氪空间 1 周年之际，已经累计成功孵化 40 多个项目，97%以上的企业拿到融资，第一期的 11 个项目中有多个已经完成了第二轮融资。

4）案例特色：孵化＋媒体＋免费。依托媒体平台，对接投资人和创业者，氪空间的孵化生态别具一格，基于 36 氪的科技媒体平台，氪空间摸索了各种让创业者和投资人对接的路径。氪空间会定期举办 36 氪开放日、创始人酒会、走进顶级投资机构等其他形式各异的活动，或是创业经验交流，或是初创项目 Demo，或是投融资对接等。36 氪未来将主打创投生态链的新战略，旨在帮助创业者站在资金链的最前端。“氪空间×10 计划”是 36 氪的一步新棋，施行以点带面的推进策略，以免费且不占股的模式开启氪空间后，氪空间已经成为孵化行业的标杆，实现孵化企业 97%的成功融资率，成长最快的企业在 1 年内完成 3 轮融资。在经历了 1 年的模式探索与运营后，氪空间决定向全国进行扩张，以服务于更多优秀的创业者。在同一时段汇聚各地最优秀的创业项目、投资资源、媒体资源，更大领域地带动创投生态链的亲密洽谈接触。

氪空间的创新型免费模式、盈利模式透明化。氪空间一直以不收费、不占股的口号进行品牌营销。正因如此，氪空间将盈利模式透明化，可以让初创团队更放心地与氪空间合作。氪空间旨在打造围绕初创公司融资产生的法律咨询、税务规划、股权规划、人力招聘支持、行政支持等方面的投前及投后服务完整的生态链。盈利模式延续了互联网企业的创新模式。预计未来随着专注于互联网和电信及增值业务的天使投资人日渐活跃，氪空间作为一个汇集初创团队的地方，可以向天使投资人或机构收取项目推介佣金。当项目聚集到一定数量时，创投机构则成了氪空间的用户积累，在孵项目则是氪空间与创投机构对接的流量。同时，围绕创业项目产生的数据及咨询服务可以衍生出一大批关联盈利点。例如，氪空间为成熟企业推送优质项目，支持平台型企业并购或裂变等。因此，若将氪空间比作一种互联网模式的创新型孵化器，氪空间拥有的优质项目越多，则表明有更多的盈利模式可待挖掘。

36 氪在融资平台的布局是：做第一期的线上极速融资活动，为创业者和投资人搭建最专业、最高效的投融资平台。这一系列产品和战略布局都是在锁定互联网创业投资的入口和深度做专业服务。

3. 国内众创空间的盈利模式

1）收取租金。在“互联网＋”时代，场地提供可能并不是孵化的必要条件，2015 年 3 月 11 日国务院办公厅发布《关于发展众创空间 推进大众创新创业的指导意见》（以下简称《指导意见》）提倡采取“线下与线上”相结合的方式。但在众创空间发展的初期阶段，孵化平台所能提供的服务内涵很难摆脱对传统孵化机制的路径依赖：出租场地和工位，收取较低租金，共享办公设备、网络及公共空间，仍然是很多众创空间的盈利点。目前，国内不少众创空间以低廉的价格整租写字楼，或者通过盘活闲置用地（政府给予改造装修补贴），将其升级改造为可分割的空间，然后再租给创业团队；政府也提倡充分利用淘汰落后产能、处置“僵尸企业”过程中形成的闲置厂房、空余仓库及生产设施，改造建设众创空间。其中，存在一定的租金差价，这是比较常见的一种盈利方式。

2）服务性收费。调研发现，不少众创空间都存在靠出租场地来维持运营的模式，弱化载体和专业化服务的能力。众创空间绝不是“大兴土木”的房地产建设，而是在各类新型孵化器的基础上，打造一个开放式的创业生态系统，解决创业者面临的资金需求、市场信息、政策扶持、技术支撑、公共服务等“瓶颈”问题。众创空间重在提供多元化的创业服务，要注重专业化、个性化、多样性、差异化的创业服务，通过运营者本身的行业经验、人脉资源及强大的协调能力，全面推动基于项目的沟通合作、投融资对接、技术对接、产品推介、上下游产业联动等服务。通过专业化服务平台收取服务费，如会员费、赞助费、培训课程收入、代售收入、活动和工作坊代运营收费，既可集聚资源、打造品牌，又是平台可持续盈利模式的一个方面。

3）投资或分红收益。投融资对接是众创空间重要的增值服务项目，该服务针对初创企业资金短缺的“痛点”，聚集各类投资机构，在资本与项目之间“牵线搭桥”，为初创企业与创业者提供融资服务。当然，在此过程中，众创空间作为营利机构，其自身也会进行投资。投资分为两种：①对平台内的企业进行投资，即股权投资。股权投资是指孵化机构分享入孵企业一定比例的股权，待企业发展到一定阶段，通过资本运作，出售所占有的股权，实现资产增值。最简单的方式就是直接现金入股，孵化机构提供种子基金支持；还有以“租金入股”“服务入股”等打包方式换股的间接投资方式。项目投资与股权投资的不同之处在于股权投资是对企业进行投资，分享企业未来的发展潜力，而项目投资则专注于对在孵企业的创新性产品进行投资，实质上就是孵化平台参与到一个具体项目的运作中，通过对在研阶段的产品或技术进行投资，分享产品或技术研制成功的市场化利润。②对平台内的项目进行投资，即项目投资。

4）获取政府专项补贴。众创空间的发展得到政府的大力支持，政府对众创空间给予了一系列优惠政策。根据《指导意见》，要求通过众创空间降低创新创业的门槛，鼓励深化商事制度改革，有条件的地方政府可对众创空间等新型孵化机构的房租、宽带接入费用和用于创业服务的公共软件、开发工具给予适当的财政补贴，鼓励众创空间为创业者提供免费高带宽互联网接入服务。

一方面，对于孵化平台运营商除了简化工商注册、税收优惠外，还包括办公用房支持或补贴、考核评级奖励或补贴、创办各类创业活动经费补贴、设立配套种子基金、购置仪器设备和科技成果转化财政补贴等扶助政策；另一方面，针对在孵企业的奖励和补贴，包括高新技术企业奖励、创新创业大赛奖励、人才计划奖励、股权投资奖励、国家和省科技型中小企业创新基金配比奖励、专利补贴等。通过优惠、补贴、奖励、减免等方式弥补运营成本，支持众创空间及在孵企业的发展，推进众创空间的稳健发展。

4. 国外创客空间的主要模式

（1）运营模式和盈利模式

美国是全球创客空间最多的国家。较为典型的有 TechShop、FabLab、Access Space 等。其中，Regus 和 WeWork 是近两年在国内曝光率最高的两种创客空间形式。其主要盈利点有两个方面：①通过写字楼“整批零租”获取差价，以会员费及配套服务形式收费；②通过周边地价的溢价、对种子公司投资等隐形回报获利。国外创客空间主要运营模式与盈利模式见表 7-3。

表 7-3　国外创客空间主要运营模式与盈利模式

创客空间名称	创立时间、地点	运营模式	盈利模式
ChaosCamp	1981 年，德国	以揭露重大技术安全漏洞而闻名于世，从芯片到 PIN，再到智能手机等。作为创客空间，它是一个开放的实验室平台，有激光切割机、3D 打印机等基础设备，创客们聚集在这里，分享思想、技术，最终把好的创意/创新转化为新产品	设计及制造电子回路（从他们原本就感兴趣的程序设计起步），顺应自身兴趣做出实体原型，开设教室，发展活动以募集会费，添购使用的工具
Regus	1989 年，英国	其宗旨是支持客户的任何工作场所需要，主要包括商务办公室、商务会议室、商务贵宾室、虚拟办公室、视频通信、商务环球、灾难恢复等 7 类	面向客户包括新建企业、在家经营企业、中小企业和国际企业等各类企业收取租金或服务费
Access Space	2000 年，英国	通过回收再利用的计算机、免费的开源软件，为艺术、设计、计算机等领域的爱好者提供办公和创造环境，提供项目交流、技术指导、展览等创新服务。半数用户为残疾人、流浪者、有犯罪前科等社会边缘群体	获得英国政府社会福利机构的资助。实行三级会员制，分为赞助者、主持者和资助者 3 类，费用越高，享受的服务越丰富
FabLab	2001 年，美国	调试、分析及文档管理各环节的低成本制造实验环境	组建一个 FabLab 大约需要 2.5 万～5 万美元的硬件设施和 0.5 万～1 万美元的维护及材料费用，大多数由公共部门成立并负责运营
Y Combinator	2005 年，美国	一年有两期为期 3 个月的孵化项目期，通过筛选的创业项目将获得 1.5 万～2 万美元的种子基金，同时利用人脉资源提供天使投资、创业导师、创业交流、市场推广和投资推介等全方位服务	获得入孵项目约 6%左右的股份，在初创企业上市或被其他企业并购时退出并获利
MetaLab	2006 年，奥地利	为 IT、新媒体、数字艺术、摄影等领域的创客提供硬件基础设施（切割机、3D打印机、摄影设备等）和办公空间，并组织小规模研讨会的创新实验室	由一家非营利机构运营，主要通过收取会费维持运营。项目和补充基础设施需要融资时，也接受赞助和公共资助
Plug and Play	2006 年，美国	专注于科技类企业的加速器，除了为孵化项目提供办公空间外，还为创业项目举办交流活动，提供与风险投资和大企业对接、导师培训等服务	通过办公场所出租、数据管理、人力资源和后勤服务收费，以实现盈利
TechShop	2006 年，美国	实行会员制，为会员提供价值超过百万美元的工具设备，包括车床、焊接机、离子切割机等，提供工作场地、人员支持和教学指导等服务	实行会员收费和培训课程收费
TechStars	2006 年，美国	在筛选申报团队时，会特别建议创业者寻找合作伙伴，在团队运营、技术支持等方面保持均衡水准。每个被选中的创业公司最多可以有 3 个人获得启动资金，即 18 000 美元的支持，在 3 个月孵化期内他们还会得到有经验的科技业人士和投资人的帮助，一旦获准加入孵化器项目后，企业创始人平均能吸引到近 100 万美元的投资	TechStars 主要是用 18 000 美元的投资资金以及 3 个月的孵化期换取孵化公司 6%的股权。在初创企业上市或被其他企业并购时退出获利
WeWork	2011 年，美国	为创业者提供廉价的创客空间，并为创业者提供商务社交活动平台、路演推介、寻求外部合作等机会	以较低的价格批量租地，然后设计为可定制且功能齐全的办公空间，以较低的价格出租给创业者

（2）典型案例分析

1）YC 模式。Y Combinator 是一个孵化器公司，类似的还有 500 Startups 等。这种模式是综合性的共享办公空间，它提供办公空间、导师、投融资对接等创业资源，可以理解为创业加速器，它更强调资源整合。从 Y Combinator 毕业的公司总融资额达 30 亿美元，市值累计超过 300 亿美元。以 YC 和 500 Startups 为代表的“空间＋系统＋生态＋投资＋后台”的创新模式的特别之处在于其具备帮助创业者快速成长的能力。加速器在美国的数量也是极少的，硅谷地区只占到孵化空间的 5%左右，这是最成功的一种孵化空间。

2）WeWork 模式。WeWork 模式有三大核心：成本控制、空间设计和社区构建。

① 成本控制。众创空间的位置非常重要，WeWork 的空间全部选址在城市核心地段的核心位置。目前，WeWork 已进入美国的 10 个城市及伦敦、阿姆斯特丹等地，基本上都是科技教育极度发达的地区。但它们获取的房子却形态各异，包括仓库、超市、文化建筑等，主要是为了控制成本。同时，WeWork 做非常高效的设计，出桌率可达 5.5 米^{2}/人。

② 空间设计。WeWork 的空间设计由心理学家完成，而非室内设计师。WeWork 特别看重如何调动创客空间中使用者的心理感受，这是它的特别之处。

③ 社区构建。创业活动是 WeWork 的一个核心，包括线上社区、会员体系等，反而它的创业辅助性服务并不是最主要的。很多时候，共享办公服务的对象并不只是创业公司，还有大量的自由职业者、小微企业、大企业的外挂机构等。它做的是生态和圈子文化，投资孵化并非它的核心。

（3）国外创客空间的特征

1）注重包容与共享的理念。“包容”体现在大部分创客空间的入会门槛较低。一方面，对创业者的学历、背景、技能没有要求，无论是企业家、发明家、学生和军人，或者残疾人、流浪者和难民，只要有创业想法和意愿，都可以进行创业；另一方面，大部分商业化运营的创客空间采取会员制，仅需要少量的会费或租金就可以使用办公空间及价格高昂的实验设备。“共享”体现在这些创客空间注重为创业者提供交流、共享的空间和机会，通过举办创业交流与技能培训等活动，使有着不同经验和技能的创业者可以更好地交流、碰撞与合作，营造从“自己创业”到“社群创业”的氛围。

2）模式多样、领域广泛。国外创客空间运营模式主要包括两类：①以提供工具设备为主；②以提供创新创业孵化服务为主。前者主要为创业者提供用于制造和发明的各种工具设备或者最新的应用软件等，这些设备、软件的个人购置成本较高，在众创空间中“共享”既可以降低使用成本，又可以通过培训课程提高使用技能。后者主要为创意/创新项目提供融资、产业化和商业化等孵化服务，利用众创空间积累的优质人脉资源和资金资源，为创意/创新项目提供从创意/创新转化到商品的机会。特别是对于一些市场尚不明确、小众而有趣的设计和创造，众创空间也为项目的实施提供了平台和条件。

3）政府支持、多方参与。

① 国外大部分众创空间是以营利为目的的商业化组织，但也不乏政府部门和社会组织

筹建和运营的非营利性机构。这些非营利性创客空间具有更多福利性，可以为低收入群体和社会边缘群体提供创业机会。

② 许多国外创客空间的项目及成果是通过众筹网站募集资金的，这离不开政府的允许和支持。例如，美国政府大力推动《就业法案》，允许更多众筹平台的出现，为个人创意/创新和发明提供资金支持。

③ 创客空间的建设和发展需要多部门参与。例如，2014 年 6 月美国白宫举办了第一届创客大会，要求教育部和其他 5 个政府部门、超过 150 所高等院校和 130 家图书馆，联合英特尔等重量级企业共同创建更多创客空间，促进大批学生进入创客空间，成为创客。

（4）国外经验借鉴

1）孵化全程采用导师制。导师制是 TechStars 成功的秘诀之一。与 Y Combinator 不同的是，TechStars 的导师与工作人员会对孵化项目倾注更多的时间和精力，由于拥有在共享空间中面对面工作的机会，创业团队在进入孵化器的第一个月就可与创业导师们接触，加强孵化器本身与项目之间的联系。这也是为什么在为期 3 个月的项目结束后，还能有 4～6 位导师分别与各家公司紧密合作，结成战略伙伴。现在，TechStars 的导师辅导制度已经演变成一种文化习俗，早期参与 TechStars 创业项目的公司创始人现在已经成为导师，为那些新参与项目的创业者及其他创业群体中的公司提供指导。

TechStars 的导师制模式被白宫看好，在此基础上展开了“创业美国”合伙人计划，创立“全球加速器网络”。TechStars 与其他创业孵化器和加速器分享关于自身的“导师制”孵化模式，吸引了更多的成功企业家关注创业，成为创业导师，也帮助一批加速器创办成长，这种“导师制”也成为 TechStars 在加速器行业中脱颖而出的核心竞争力。

2）挑选项目标准严苛。TechStars 对入孵企业的挑选标准十分严苛，只有在全面考量一家初创公司所有团队成员的专业技能、产品及服务的成熟度与发展潜力、商业模式的可行性等诸多因素之后，TechStars 才会决定是否接纳这家公司。只孵化最具潜力的公司、保持尽可能高的初创公司存活率，是创始人 David Cohen 建立 TechStars 的初衷，他认为 TechStars 所有的精力都应该花在质量上。TechStars 要做的事不是眼睁睁地看着哪些公司成功，而是要确保 TechStars 扶植的每家公司都能获得成功[①]。

延伸阅读

“强资源”逻辑创业，孵化器如何做

经历 2015～2016 年的创业高潮后，“资本寒冬”这个词经常被创业圈子里的人挂在嘴边，因为初创企业越来越难找到钱，风险投资者也不那么热情了。事实上，“资本寒冬”只是一个伪命题，反映的本质是创业对资源的进一步依赖。

1. 资本由“单打独斗”转入创业生态

在一些投资人眼里，他们对项目的眼光变得越来越挑剔，越来越不想轻易把自己手里

① 唐德淼，2017. 众创空间中外发展模式比较研究［J］. 合作经济与科技（10）：85-88.

的筹码交出去。精益求精的投资思路导致了两个结局：①资本并没有变少，而是投资的项目变少，这使得投资者手里的热钱反而变得更多，这与“资本寒冬”是完全相反的；②对项目有着更高的眼光，更加积极地借助系统性的创业资源扶持体系，降低项目的投资风险，提高投资的准确率。而这个创业资源扶持体系，可能是以孵化平台为核心的一系列创业支持资源的整合，因为孵化平台很容易形成由创业项目、资本、产业、政府、社会力量共同构建的创业生态。

2. 好的项目绝不仅仅是禀赋好

创业生态其实也反映出好的项目的定义变化。也就是说，除了团队、项目创意的先天优势之外，一个真正算得上好的项目，越来越需要外部资源的支持。过去普遍认为“内因+外因”决定成败，内因占主导，现在外因的重要性也越来越高。其原因在于信息高度发达使创业项目之间的同质化竞争也越来越明显，真要说项目有什么太大的优势已经不大可能，大多数被看好的创业项目，如共享单车、共享充电宝都是一窝蜂上。这时，同质化基础上的外部资源介入往往决定竞争的成败。对于用户来说，既然都是一样的产品，他们当然只选择声音最大、一眼就能看见的那个，而这一切都需要产业、资本、创业操盘经验等一系列外部资源的支持，使得创业更依赖资源了。

创业更依赖资源，表明对于创业项目来说，孵化平台的“强资源”属性更为重要，而解构这个“强资源”就要回到产业逻辑上，来分析一个创业项目的成功究竟需要什么样的资源。招商启航作为国家级的孵化平台，其旗下的厘米空间（CM Space）区别于其他孵化平台的独有优势或许能够给予行业一定的启示作用。

（1）产业资源对接：广度＋深度

对接产业资源能够从产业链整合的角度裨益创业项目，而孵化平台背后的产业资源越强势，这种助力就会越强。背靠产业资源的孵化平台国内有很多，如海尔的海创汇等。

1）广度。广度代表孵化平台所能触及的创业领域的范围，增强的是平台对创业项目的适应性和包容性，能够全方位照顾创业项目的需求。

2）深度。深度代表孵化平台对创业项目在产业资源方面所能支持的力度大小。

（2）全周期金融：供血＋造血

金融是经济的血液，也是产业逻辑中最底层的外部资源。全周期金融不单单是指孵化平台能够给予融资支持，还有背后的一系列金融服务对业务的匹配。也就是说，既能在创业项目需要的时候给予资金，又能通过恰当的资金进入帮助创业项目运转，获得自我的造血功能。由此可见，招商启航的金融服务都是量身定做式的介入，既能够做“及时雨”，又能够帮助项目更好的成功，实现自我造血。

（3）内部生态整合：操盘手更懂创业

如果一个孵化平台不懂创业，那么它的价值就不可能实现。内部生态整合反映的是孵化平台这个创业操盘手在整体创业服务方面的能力。也就是说，创业者需要的各项基础设施、会务、路演等要有整合式的“解决方案”，创业的各项必备活动都有统一的预案。其好处在于，创业者只需要集中精力发挥自己的创造力，其余的普通事务性事项由孵化平台来合理安排。例如，在“训练营”阶段，以与外部产业垂直型机构联办为主，根据行业筛选项目，提供针对性的全方位培训；在孵化器阶段，不同于众创空间，面向社会选拔优秀创业项目进行孵化，为项目投资提供观察室；在“加速器”阶段，招商启航转化成一个更专注、更深入为初具规模且处于成长爆发阶段的创业项目提供深层次且个性化创业服务的创新平台。

（资料来源：曾响铃，2018．创业逻辑走向“强资源”，孵化器们究竟要怎么玩［EB/OL］．https://m.jiemian.com/article/1885147.html.）

思考与训练

1. 分享你的创业项目及所处的发展阶段。
2. 分析融资项目路演和创业大赛的区别。
3. 分析项目进入众创空间孵化可以得到哪些方面的成长。
4. 实践项目：撰写创业计划书和召开创业项目模拟答辩会。

撰写创业计划书

实践目的：通过开展撰写创业计划书活动，使学生掌握创业计划书的基本内容、编写所需信息、编写过程要求与团队合作精神。

实践内容：每个创业小组根据自己选择的创业项目，商讨撰写一份创业计划书。

实践要求：

1）组织创业小组成员开展项目的调研。

2）创业小组各成员分工协作，按章节分别撰写创业计划书。

3）各章节完成后，由项目负责人进行统稿、修改。

4）召开小组成员研讨会，进一步修正创业计划书。

实践成果：各小组上交一份创业计划书。

实践评估：每个创业小组根据创业计划书评审的内容，抽签选择一个创业小组的创业计划书，组织开展交换互评，每个评审小组要提出 3 条以上的修改建议，并对创业计划书进行评估打分。

召开创业项目模拟答辩会

实践目的：通过组织召开创业计划模拟答辩会，使学生了解创业项目竞赛答辩会的各项流程，学会换位思考，掌握答辩时的演讲技巧及回答问题的思考能力。

实践内容：组织召开创业计划书模拟答辩会。

实践要求：

1）由每个创业小组派一名学生参加创业计划书模拟答辩评审小组，选举一人为评审小组组长，负责组织答辩的各项工作。

2）各创业小组参加创业项目的答辩。

3）答辩内容：参照国家级或省级创新创业决赛答辩评估标准。

4）答辩方式：正式陈述、回答问题。

5）答辩时间：10～15 分钟。

实践依据：通过创业计划书答辩。

实践成绩：各组答辩成绩（总评分 100 分）:（学生）评审组评分（70%）＋教师评分（30%）。

第八章　创立企业运营——价值凸显

创立企业是每一位创业者的梦想，这是新的起点，也是创业者与企业专注创新发展的过程，更是凸显人生与企业价值蜕变的创新实践。

案例导入

苹果公司的设立

苹果公司所创造的“硅谷奇迹”是创业成功的典范。苹果公司的设立先后经历了以下过程。

1）一人技术。沃兹尼亚克（以下简称“沃兹”）在 1976 年设计出了一款新型的个人计算机，样品“苹果号”展出后大受欢迎，销售情况非常好。

2）两人起步。受此鼓舞，沃兹决定与中学时期的同学乔布斯一起创业，先进行小批量生产。他们卖掉旧汽车甚至个人计算机，共筹集 1 400 美元，但小小的资本根本不足以应对创业对资金的迫切需求。乔布斯认为苹果计算机要成为一个成功的公司，就需要有资本、专业管理、公共关系和分销渠道。

3）三人合伙。从英特尔公司销售经理职位上提前退休的百万富翁马库拉经别人介绍找到了这两位年轻人，沃兹的成就激起了他的热情，马库拉有足够的工程学知识，这使他一眼看出沃兹为 Apple 设计的一些特性非常独到。他以多年驾驭市场的丰富经验和企业家特有的战略眼光，敏锐地意识到未来个人计算机市场的巨大潜力，决定与两位年轻人进行合作，创办苹果公司。根据仅在美国 10 个零售商店的 Apple I 电路板的销售情况，马库拉大胆地将销售目标设定为 10 年内达到 5 亿美元。马库拉意识到苹果公司将会快速成长，用自己的钱入股 9.1 万美元，后来又游说其他人投入 60 多万美元的风险资金，以其信用帮助苹果公司从银行贷款 25 万美元。这样，沃兹、马库拉和乔布斯各自获得公司 30%的所有权。三人于 1977 年 1 月 7 日签订了这一股份协定，正式成立苹果公司。

4）四人公司。三人共同带着苹果公司的创业计划，随后走访了马库拉认识的创业投资家，结果又筹集了 60 万美元的风险资金。为了加强公司的经营管理，一个月后马库拉又推荐了全美半导体制造商协会主任斯科特担任公司的总经理。于是斯科特成为苹果公司的首位 CEO。马库拉和乔布斯说服了沃兹脱离惠普全身心投入苹果公司。1977 年 6 月，四人组成了公司的领导班子，马库拉任董事长，乔布斯任副董事长，斯科特任总经理，沃兹是负责研究与发展的副经理（管理团队）。技术、资金、管理的结合产生了神奇的效果。斯科特帮助苹果公司建立了早期的基础架构。

因此，沃兹设计、制造了苹果计算机，马库拉有商业上的敏感性，斯科特有丰富的生产管理经验，但最终是乔布斯以传教士式般的执着精神推动了这一切。苹果公司的创业成功是创业团队有效合作的结果。

（资料来源：范耘，罗建华，刘勇，2017. 创新创业实用教程［M］. 北京：机械工业出版社.）

第一节　企业的本质

1937 年，罗纳德·哈里·科斯[①]发表的开创性论著《企业的性质》，创造性地利用交易成本[②]分析了企业与市场的关系，阐述了企业存在的原因。科斯最早建立了新制度经济学的企业理论。他认为，企业是价格机制的替代物。阿尔奇安和德姆塞茨则不同意科斯的看法，他们认为，企业是一种团队生产。

企业的现代概念是指以营利为目的，运用各种生产要素（土地、劳动力、资本、技术和企业家才能等），向市场提供商品或服务，实行自主经营、自负盈亏、独立核算的法人或其他社会经济组织。企业法定分类的基本形态主要是独资企业、合伙企业和公司。

公司是依照《中华人民共和国公司法》（以下简称《公司法》）在中国境内设立的有限责任公司和股份有限公司，是以营利为目的的企业法人。它是适应市场经济社会化大生产的需要而形成的一种企业组织形式。根据《公司法》，公司的主要形式分为无限责任公司、有限责任公司、两合公司、股份有限公司、股份两合公司，其区别于非营利性的社会团体、事业机构等。公司是企业的一种类型。

因此，初创企业一般注册为有限责任公司[③]，含“一人有限责任公司”（承担有限责任）或“个体工商户”、“合伙企业”（承担无限责任，即无限责任公司[④]）；企业发展到一定规模后，可以增加发起人（股东），转设（注册）为股份有限公司（承担有限责任）。对于创业者来说，可以首选注册“有限公司”或“一人有限责任公司”，谨慎注册“个体工商户”和“合伙企业”。如此考量，主要和风险程度有关。

第二节　创立企业的流程[⑤]

1．企业组织形式的选择

企业组织形式是指企业财产及其社会化大生产的组织状态，它表明一个企业的财产构成、

① 罗纳德·哈里·科斯是新制度经济学的鼻祖，美国芝加哥大学教授、芝加哥经济学派代表人物之一，1991 年诺贝尔经济学奖的获得者。科斯对经济学的贡献主要体现在他的两篇代表作《企业的性质》和《社会成本问题》之中，科斯首次创造性地提出“交易费用”来解释企业存在的原因及企业扩展的边界问题。

② 交易成本是指为了交换活动而耗费的成本，即为了达成协议或完成交易所需耗费的经济资源。

③ 有限责任公司是指公司全体股东对公司债务仅以各自的出资额为限承担责任的公司。

④ 无限责任公司是指全体股东对公司债务承担无限连带清偿责任的公司。

⑤ 张汝山，2018. 创新与创业概论［M］. 北京：国家行政学院出版社.

内部分工协作与外部社会经济联系的方式。目前，我国企业的组织形式主要有个人独资企业、合伙制企业、有限责任公司和股份有限公司、股份合作制等。它们的法律规定不同，各自的特点也不同，现介绍适合初始创业者的3种形式，即个人独资企业、合伙企业、公司制企业。

（1）个人独资企业

个人独资企业是指由一个自然人投资，财产为投资者个人所有，并以其个人财产对企业债务承担无限责任的经营实体。这类企业往往规模较小，在小型加工、零售商业、服务业领域较为活跃。

（2）合伙企业

合伙企业是由两个以上合伙人订立合伙协议，共同出资，合伙经营，共享收益，共担风险，并对合伙企业债务承担无限连带责任的经营性组织。合伙人可以采取货币、实物、土地使用权、知识产权或者其他财务权利出资，经全体合伙人协商同意，合伙人也可以用劳务出资，各合伙人对执行合伙企业的事务享有同等的权利。

（3）公司制企业

公司制企业是指以营利为目的，由许多投资者共同出资组建，股东以其投资额为限对公司负责，公司以其全部财产对外承担民事责任的企业法人。现行公司法规定的公司分为有限责任公司和股份有限公司。

因此，理性的创业投资在选择企业组织形式时，要充分考虑投资者责任、投资者权利、投资者资本撤离、企业设立条件与程序、企业管理体制、企业税收负担等因素的影响，做出理性权衡和相宜抉择。如果企业资本实力较强，经营规模较大，注重风险承担，则投资者可选择公司制企业；如果企业资本实力不够，经营规模较小，又考虑税收负担和节约管理成本，则投资者可首选个人独资企业。

2. 企业注册流程

企业注册是指创业者根据国家法律法规相关规定获得合法经营手续的行为。为规范企业行为，保护企业及股东合法权益，维护社会经济秩序，促进社会主义市场经济的发展，新企业必须经国家登记机关依法登记，领取营业执照；未经国家登记机关登记的，不得以公司或企业的名义从事经营活动①。

（1）注册企业的基本条件

如果是注册有限责任公司，注册前应当具备注册企业的如下一些基本条件。

1）确定法定股东人数。股东符合法定人数及法人、股东身份等资料。

2）注册资本认缴数额的确定。依据国务院印发的《注册资本登记制度改革方案》，自2014年3月1日起，除法律、法规另有规定外，不再限制企业设立时股东（发起人）的首次出资比例和缴足出资的期限。企业实收资本不再作为登记事项，即取消有限责任公司最低注册资本3万元、一人有限责任公司最低注册资本10万元、股份有限公司最低注册资本500万元的限制；企业登记时，不需要提交验资报告。

---

① 周秀芳，林秀芬，2017．大学生职业生涯规划与创业就业指导教程［M］．北京：中央广播电视大学出版社．

3）股东共同制定的公司章程。公司章程是指公司依法制定的，规定公司名称、住所、经营范围、经营管理制度等重大事项的基本文件，也是公司必备的规定公司组织及活动基本规则的书面文件。公司章程与《公司法》一样，共同肩负调整公司活动的责任。公司的股东和发起人在制定公司章程时，必须遵守法定性[①]、真实性[②]、自治性[③]和公开性[④]原则。

4）企业名称初步确立，并建立符合有限责任公司要求的组织架构。企业名称通常是生产某类产品或提供某类服务的企业的专有名称，是用文字形式表示的一个企业区别于其他企业或组织的特定标志。企业名称一般由字号（商号）、所属行业（经营特点）、组织形式3部分组成，前面原则上可以加上所在地区行政区划名称（外资企业“行政区划”可以加字号后面）。企业名称中的字号应当由两个以上汉字组成，行政区划名称不得用作字号，但是县以上行政区划地名具有其他含义的除外，可以使用自然人投资人的姓名作为字号。字号作为企业标志，储存着企业资信及其产品的市场竞争力等信息，这就使其成为商誉的载体而具有财产价值；企业名称中的行业表述应当是反映企业经济活动性质所属国民经济行业或者企业的经营范围。

5）确定企业住所。要有固定的生产经营场所和必要的生产经营条件（含相应证明资料）。

（2）注册企业的步骤

1）企业名称查询。到当地市场监督管理局查询，通过当地市场监督管理局进行公司名称注册申请，由市场监督管理局进行综合审定，给予注册核准，并发放盖有当地市场监督管理局名称登记专用章的“企业名称预先核准通知书”。

企业名称核准后，要遵照《企业名称登记管理规定》和《企业名称登记管理实施办法》，到市场监督管理部门申请注册，非经市场监督管理机关核准的企业名称不受法律保护。国家市场监督管理总局和地方各级市场监督管理局是企业名称的登记主管机关，登记主管机关依照《中华人民共和国企业法人登记管理条例》，对企业名称实行分级登记管理[⑤]。

2）提供办理营业执照材料。经营范围中如果有需要前置审批的项目，则应报送相关部门盖章审批；如果有特殊经营许可项目，则需办理特种行业许可证，根据行业情况及相应部门规定不同，分别分为前置审批和后置审批（特种许可项目涉及卫防、消防、治安、环保、科委等）。

3）申领营业执照提交资料准备。主要包括：公司法定代表人签署的公司设立登记申请书；董事会签署的指定代表或者共同委托代理人的证明；由发起人签署或由会议主持人和

---

① 法定性主要强调公司章程的法律地位、主要内容及修改程序、效力都由法律强制规定，任何公司都不得违反。公司章程是公司设立的必备条件之一，无论是设立有限责任公司还是设立股份有限公司，都必须由全体股东或发起人订立公司章程，并且必须在公司设立登记时提交公司登记机关进行登记。

② 真实性主要强调公司章程记载的内容必须是客观存在的、与实际相符的事实。

③ 自治性主要体现在公司章程作为一种行为规范，不是由国家而是由公司依法自行制定的，是公司股东意思表示一致的结果；是一种法律以外的行为规范，由公司自己来执行，无须国家强制力来保证实施；作为公司内部规章，其效力仅约束于公司和相关当事人，而不具有普遍的约束力。

④ 公开性主要是对股份有限公司而言。公司章程的内容不仅要对投资人公开，还要对包括债权人在内的一般社会公众公开。

⑤ 周秀芳，林秀芬，2017．大学生职业生涯规划与创业就业指导教程［M］．北京：中央广播电视大学出版社．

出席会议的董事签字的股东大会或者创立大会会议记录（募集设立的提交）及股东会（设立）决议；全体发起人签署或者全体董事签字的公司章程；自然人身份证件复印件；董事、监事和经理的任职文件及身份证复印件；法定代表人任职文件及身份证复印件；住所使用证明；企业名称预先核准通知书等。

4）公章刻制。企业在办理注册登记过程中，需要使用图章。因此，应由公安部门指定的机构刻制公章、财务章、法人章、股东章、公司账户章等。

5）代码登记。组织机构代码是指根据代码编制规则编制，赋予每一个组织机构在全国范围内唯一的、始终不变的识别标识码。我国实行组织机构代码登记制度，根据《全国组织机构代码编制规则》强制性国家标准，对境内每一个机关、团体和企事业单位颁发一个唯一的、始终不变的法定代码标识。组织机构代码登记，核准后颁发组织机构代码证。

6）在银行开设企业基本账户。在开设银行基本账户时，可根据自己的具体情况选择银行。企业设立基本账户应提供给银行的材料有：营业执照正本原件、公司公章、法人章、财务专用章、法人身份证原件；同时，还可以根据需要开设若干银行一般账户，银行一般账户一般不可以办理现金业务。

7）申领发票。企业营业执照申领成功后，应向所在税务局申请，领取由当地国家税务总局和当地地方税务局共同监制的发票购用印制簿，企业申领发票时，必须向税务机关出具发票购用印制簿。

8）企业开设纳税专户。税务登记证办好后需要办理纳税专户，以后纳税及税务局扣税均通过此纳税专户。办理所需的资料有：公章、法人章、财务专用章、法人身份证复印件、基本账户管理卡、纳税专户材料。

9）办理社会保险。根据《中华人民共和国社会保险法》，创业企业注册后还必须办理社会保险。用人单位应当自成立之日起30日内凭营业执照、登记证书或者单位公章，向当地社会保险经办机构申请办理社会保险登记。

至此，注册公司事宜全部结束，企业进入正常经营阶段。有的行业可以边试“营业”，边把公司注册手续办齐。有的行业，有前置许可方可办理营业执照，如药品经营、危险化学品的生产，必须分别取得药品经营许可证、危险化学品生产许可证。

作为创业者，要知道所选择的项目有没有法定的审批前置要求，如果有，则必须先行办理，不然属于违法（违规）经营。另外，上述的公司注册流程，随着国家“放管服”的行政审批改革，在审批周期缩短、公司名称核准、资本到位方式等方面都有变化。在注册公司时，要以当地市场监督管理部门的最新要求为准。

3. 企业选址策略

（1）选址的步骤

企业选址是创业过程中非常重要的环节。选址的主要步骤如下。

1）明确目标。要明确办什么样的企业，采取怎样的经营方式，经营何种商品，企业的规模有多大。只有在此前提下，才能开始选址工作。目标一旦明确，就应该指定相应的负责人或工作团队。

2）收集数据。数据包括政策部门有关规定，地区规划信息，市场监督管理部门有关规定，土地、电力、水资源等有关情况及与企业经营相关的该地区物料资源、劳动力资源、交通运输条件等信息。在有些情况下，还须征询专家的意见。在收集数据的基础上，列出各种影响因素并加以分析，分清主次，进行必要的权衡取舍，拟出初步的候选方案，数量一般为3～5个。

3）分析决策。对初步拟订的候选方案进行详细的分析。采用的分析方法取决于要考虑的因素是定性的还是定量的。例如，运输成本、建筑成本、劳动力成本、水电供应等因素，通过计算可以进行定量分析比较。另外，如生活环境、当地的文化氛围、扩展潜力等因素，难以用明确的数值来表示，可以进行定性分析比较。综合分析，确定候选方案的优先顺序。按候选方案的优先顺序进行商务谈判，或租或买，确定意向性的成交价格。根据谈判结果，对候选方案进行重新排序，从中选择最优方案，最终确定选址。

（2）选址要考虑的要素

下面以制造业和服务业（综合商业）的选址为例，介绍选址要考虑的要素。

1）制造业选址要求。

制造业选址要求主要包括物流、原材料供应等通常因素，以及土地成本、产业配套等其他因素。创业者应该抓住主要的、影响大的关键因素，科学确定公司地址。

① 靠近目标市场。靠近目标市场有利于接近客户且便于产品迅速投放市场，降低运输成本，减少分销费用，提供便捷服务。由于交货期的提前及运输费用等压力，制造厂可以通过靠近目标市场降低成本、降低物流费用；同时，将产品尽快送达顾客手中，可以增加客户服务的便捷性。

② 原材料供应。制造厂商分布在原材料基地附近，以降低运费得到较低的采购价格。虽然随着科技的进步导致单位产品原材料消耗下降，原材料的精选也将导致单位产品原材料用量、运费的减少，但对原材料依赖性较强的企业，还应当尽可能靠近原材料基地。

③ 物流便捷程度。根据产品、原材料和零部件的运量大小及运输条件，应该尽量选择靠近铁路、高速公路、海港或其他交通运输条件较好的地区。对于绝大多数制造业来说，运输和物流成本在总成本中所占比重很大。

④ 能源供应。对于任何一个工厂来说，选址必须保证水、电、气、冷的供应。对于那些能源消耗较大的厂商，对动力能源的获得有着举足轻重的影响。选址关系到能否获得价格相对低廉的能源，从而降低生产成本。

⑤ 环境生态友好。企业在选址时，要考虑所选区域的地理、气候等自然条件。企业在气候适宜的地方建厂，可以降低通风、采暖、除湿、降温的费用，同时还要考虑对环境的影响要最小。

2）服务业（综合商业）的选址要求。

服务业（综合商业）的选址要求主要包括消费客群、区域规划与特征、交通状况、竞争程度、商业成本等因素。

① 消费客群。大型服务业选址首先考虑的就是辐射人口的数量、人均收入、消费水平等因素，并由此来确定商业的经营形式和经营规模。消费习惯、流行时尚和风俗习惯等在

很大程度上影响着消费者对众多服务业的选择。

② 区域规划与特征。在确定大型服务业选址之前必须充分了解潜在地址的建筑布局规划、区域发展规划。区域规划往往涉及建筑物的拆迁和重建，如果未经了解而盲目选址，可能会在成本收回之前遇到拆迁等问题，使企业蒙受巨大的经济损失，以致失去原有的地理优势。同时，掌握区域规划便于我们根据不同的区域类型，确定不同的经营形式和经营规模。同时，所在区域适宜选择在城市核心商业区、旅游中心及住宅聚集地，或者至少在其10～15分钟步行距离或便捷交通辐射范围之内。

③ 交通状况。交通状况往往意味着客源，获得本地区车辆流动的数据及行人的分析资料等，以保证服务业建成以后有充足的客源。同时，要让消费者便利地找到目标的商业选址。

④ 竞争程度。一个地区服务业的竞争状况可以分成两个部分来考虑：一方面，直接竞争的评估，即提供同种经营项目、同样规格档次的服务可能会导致的竞争；另一方面，非直接竞争的评估，包括不同的经营内容和种类，或同样品种但不同规格或档次的服务企业，这类竞争有时起到相互补充的作用，对服务企业是有利的。在选择零售商业经营区时，如果无任何一种形式的竞争，则企业将具有垄断地位；如果存在任何一种形式的竞争，则值得在选址前认真研究和考虑。

⑤ 商业成本。地价或租金的费用是逐渐上涨的，企业在投资时的土地费用或建筑物租金所占的比重也较大。城市的不同区域、不同街道、不同地段，其地价或租金相差也较大。因此，企业在选址时，应选择地价或租金合理、有较大潜在成长优势的位置。

第三节　创立企业的相关法律问题

1. 登记条件

创业者设立企业从事经营活动，必须到市场监督管理部门办理登记手续，领取营业执照，如果从事特定行业的经营活动，还须事先取得相关主管部门的批准文件。根据《中华人民共和国民法通则》《公司法》《中华人民共和国合伙企业法》《中华人民共和国外商独资企业法》《中华人民共和国中外合资企业法》等法律的规定，企业的组织形式可以是股份有限公司、有限责任公司、合伙企业、个人独资企业，其中以有限责任公司最为常见。设立企业还需要了解《企业登记管理条例》《公司登记管理条例》等管理法规、规章。设立特定行业的企业，还有必要了解有关开发区、高科技园区、软件园区等方面的法律、规章及有关地方的规定，这样有助于选择创业地点，以享受税收等优惠政策。

2. 出资新规

我国实行注册资本认缴登记制度。如果不是以货币资金出资，而是以实物、产权等无形资产或股权、债权等出资的，还需要了解有关出资、资产评估等法规的规定。

3. 会计与税务规定

企业设立后，需要进行税务登记，需要会计人员处理财务，其中涉及税法和财务制度的，需要了解企业应缴纳哪些税，哪些支出可以计入成本，开办费、固定资产怎样摊销等。同时，要了解和遵守《中华人民共和国合同法》《中华人民共和国担保法》《中华人民共和国票据法》等法律法规。

4. 产权与品牌保护

创立企业不能侵犯别人的知识产权，要建立自己的知识产权和品牌保护体系，需要了解著作权、商标、域名、商号、专利、技术秘密等各自的保护方法。

5. 人力资源与保险法定要求

开办企业要招聘员工，其中涉及劳动法和社会保险问题，需要了解劳动合同、试用期、服务期、商业秘密、同业禁止、工伤、养老金、住房公积金、医疗保险、失业保险等诸多规定。

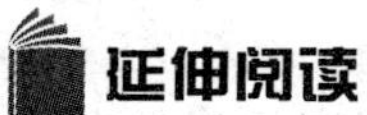

宜家家居：逆向战略定位

宜家家居逆向战略定位的核心是“低价”和“有限服务”。宜家家居的目标对象是年轻的家居客户，他们在乎的是价格低廉的时尚家具。要充分理解这种战略定位，就要回到宜家家居的创立之初。从 20 世纪 50 ~ 70 年代初，瑞典的国民生产总值年均增长 4%，这一持续增长所带来的现代化浪潮使得城市不断扩张，并向郊区辐射拓展。年轻人迫切需要找地方住下来，并尽可能便宜地装修房子，购买家具。

宜家家居“反其道而行”的策略体现在它“从价格标签开始设计”的独特定价方法上。宜家家居出售的热狗，1 个才 3 元人民币，而在其他地方类似的产品差不多要 10 多元。这个小小的热狗完美地体现出宜家家居的“热狗原理”：不仅价格比别家低，而且要比别家低很多。为了达到这一点，宜家家居的研发体系采取了一种独特的做法：首先确定价格，即设计师在设计产品之前，就为该产品设定了比较低的销售价格，然后再反过来寻求能够以该售价以下的成本价提供产品的供应商，从而把低成本与高效率结合起来。

从一个独特的营销概念转化为一个战略定位，宜家家居花了几十年的时间使其高效运转，而围绕战略定位，宜家家居又进行了一系列环环相扣的整合。这看起来就像一台精密运转的机器，但宜家家居的战略定位由一些具有优先顺序的战略主题构成。

1）有限的顾客服务。为了抓住那些愿意节省成本而牺牲服务的顾客，宜家家居放弃了竞争者惯用的招数。宜家家居放弃了传统的销售方式，而是采取销售员咨询、店内展示的自助服务。宜家家居没有太多的服务人员，却总是提醒顾客“多看一眼标签：标签上你会看到购买指南、保养方法、价格”。

2）顾客自助购物。宜家家居擅长设立这样的样板间，以陈列相关的产品，顾客不需要设计师的协助，就可以想象各种家具摆放在一起的样子。宜家家居也鼓励顾客在卖场“拉开柜子，打开柜门，在地毯上走走，或者试一试床和沙发是否坚固。这样，你会发现在宜家家居沙发上休息有多么舒服”。

3）模块化的家具设计。和其他厂商依赖制造商的做法不同，宜家家居觉得自己设计专有的低成本、组合式、可自行组装的家具，更符合公司的定位。

4）更低的制造成本。宜家家居除了与 OEM 供应商合作外，也鼓励各供应商之间进行竞争。根据各地不同产品的销量不断变化，宜家家居在全球范围内调整其供应链布局，也就是不断调整其生产订单在全球的分布。

这种低成本的定位是以牺牲顾客部分服务为代价的，这也招致顾客的抱怨。在中国，宜家家居会受到顾客的强烈质疑：为什么送货要收费？为什么要自己组装家具？宜家家居没有放弃自己的“低成本”原则，而且增加了许多竞争者没有的额外服务作为补偿：在店内提供孩童照顾服务；延长营业时间，国庆节期间甚至延长到 22:00；提供低价美味的餐饮服务，一份咖喱鸡套餐才 9 元。

这些“逆向”策略让年轻顾客兴奋不已，因为他们可能有小孩却没有保姆，有钱但是只能在下班的时间逛街购物，他们也更喜欢快餐。

逆向思维和独特定位在宜家家居的生产和销售过程中无处不在，用宜家家居创始人坎普拉德的话说就是把缺点转化为利润，具体的做法表现在宜家家居让衬衫厂制造椅子靠垫，让门窗厂打造桌子框架，晴天时把雨伞价格抬高，下雨时再打折出售。一个典型的例子是“斯格帕椅子”，宜家家居花了几个月的时间寻找合适的生产商未果，后来宜家家居的设计师突发奇想，决定让生产塑料胶碗和塑料桶的厂商来生产这种椅子，结果制造出的线条比最初的设计还要简洁、明快。

（资料来源：张汝山，2018．创新与创业概论［M］．北京：国家行政学院出版社．）

思考与训练

1. 分享你选择的行业及注册企业的类型。
2. 简述注册企业的流程及注意事项。
3. 简述注册企业选址的依据。

第九章　企业成长战略——推进发展

企业成长需要产品精致、战略支撑、组织创新。企业传承是企业成长的更高层次，需要根植企业文化、商业伦理、社会担当与价值持久定位。

案例导入

伯特克雷兹公司：寻找萎缩行业中的金矿

伯特克雷兹是一家经营电影院的比利时公司。20 世纪 60～80 年代，比利时的电影放映业逐步衰退。在卫星、有线电视的冲击下，比利时人均去电影院的次数从每年 8 次下降到每年两次。到 80 年代，许多电影院被迫关闭。他们在一个不断缩小的市场上互相竞争。所有竞争者都采取相同的行动，把电影院隔成拥有多达 10 个屏幕的多个小放映厅，放宽了电影放映的限制以吸引各层次的观众，扩大食物和饮料的服务，同时增加电影放映的次数。

当伯特克雷兹公司在 1988 年创建了金宝利斯影院后，那些试图发掘现有资产潜力的方法就不再有用了。金宝利斯不是普通的电影院，也不是多幕电影院，而是世界上第一个拥有 25 个屏幕和 7 600 个座位的超级影院。通过提供给观众一种非同寻常的经历，金宝利斯在布鲁塞尔第一年就赢得了市场份额的 50%，并且扩大了大约 40%的市场份额。

让我们考察一下金宝利斯和其他比利时影院的区别。典型的比利时多幕影院只有很小的空间，仅 100 个座位，屏幕大小为 7 米×5 米，而金宝利斯却拥有将近 700 个座位，座位之间的空间很大，当有人出入时观众无须移动。伯特克雷兹安装了特大的、拥有独立扶手的座椅，并将地面设计成一个大斜坡以保证每个人都不会被挡住视线。在金宝利斯，屏幕大小 29 米×10 米，并且都安放在各自的基座上，避免声波从一个屏幕传到另一个屏幕。伯特克雷兹还向这个行业的传统观念（强调最佳的、市中心房地产对电影院的重要性）提出了挑战，他们将金宝利斯建在离市中心有 15 分钟车程的环布鲁塞尔的公路上。顾客可以将车免费停在宽大而照明良好的停车场里。为了解决布鲁塞尔大多数观众的一个主要问题——匮乏而又昂贵的停车位，公司准备放弃步行的观众。

因为超级影院的概念给它们带来了该行业中最低的成本结构，伯特克雷兹得以在不增加票价的情况下提供这样非同寻常的影院服务。在金宝利斯，平均装一个座位的成本大约是 7 万比利时法郎，比一般的布鲁塞尔影院少一半多。这是因为超级影院地处郊区，地价很便宜，它的规模给它带来采购方面的经济性、与电影发行公司讨价还价的余地及更高的总利润，一个中央售票大厅服务于 25 个放映厅，金宝利斯实现了在人力和费用上的经济效益。另外，公司几乎不花广告费，因为它的价值创新产生了良好的口碑。

在这个一般认为没有吸引力的行业中，金宝利斯实现了令人惊奇的利润增长。由于金宝利斯的存在，现在比利时的电影观众经常去影院，就连从未去过电影院的人也被吸引来了。与打败竞争者争夺目标市场份额的做法不同，伯特克雷兹摆脱了竞争。

伯特克雷兹公司尊崇的是不同的战略逻辑。公司的出发点不仅仅是使顾客在影院的感受胜过竞争者，而且使顾客得到完全不同和不可抗拒的感受。公司将自己看成是一个刚进入市场的新手，期望通过关注大众的共同需要来尽力满足电影观众的要求。公司在做这些的同时也降低了成本，这就是价值创新背后的逻辑。

（资料来源：佚名，2005．名校案例：企业成长战略［EB/OL］．http://www.emkt.com.cn/article/193/19370.html，节选，有改动.）

第一节　企业成长与企业生命周期理论

1．企业成长的内涵

企业成长如同人的成长一样，是一个从量变到质变的过程，是一种成长"基因"推动企业系统内部的组织与功能不断分化，从而促进企业系统不断扩张、新陈代谢，不断适应环境，并与环境形成良性互动的过程，具体表现为企业规模的扩大、企业内部结构的不断完善和成熟、企业功能的优化等。企业成长具有阶段性，即创业期、扩张期、成熟期、老化期等。

企业成长主要就是企业结构和功能的不断完善，即企业"质"的变化，不能仅仅盯住企业的规模。尽管不存在单纯的量的增长，但在短期内快速扩张的企业不应该称为"成长"。企业成长需要创新精神，它是一种团队协作活动。

企业的规模是企业结构和功能的载体。如果企业规模太小，就不可能有完善的结构和功能。一方面，企业规模和企业的结构和功能只存在一定的相关性，而不是一种线性关系，不可能绝对地进行对应；另一方面，企业的结构和功能是相对于企业一定的规模而存在的，它不存在绝对的好与不好，主要在于它是否适应环境及企业自身的要求和变化。

企业的结构和功能是什么？企业的结构是指企业的组织、制度、文化等构成及其相互关系。企业的功能是指企业的组织、制度、文化等发挥的作用及其对环境的反应与适应能力。

企业产生以后，经过一定时期的成长过程，最主要的就是企业的组织结构与企业的规模能够相适应，企业的制度框架与企业的组织结构相适应，企业文化与企业的组织结构、制度框架相融合。也就是说，企业的组织结构、制度框架、企业文化等能够融为一体，且经得起比较大的环境波动和企业高层管理者的变动，成长到这个程度的企业可称为成熟企业。在世界 500 强企业中，有的企业是上百年历史的老字号，多数都是经历过大风大浪和市场经济几番沉浮而具有顽强生存与适应能力及抵御各种风险的能力。即使不是世界 500 强的企业，如果在全球范围内的某个领域（行业）占有相当高的份额而具有强势地位，则也是成熟企业的主要表现。因此，企业成长的关键是企业结构和功能的完善以及对环境的适应。企业成长系统具有开放性、自组织性、自控性、适应性和灵敏性。一个企业的成长必然受到周围企业的影响，如竞争与合作关系的处理，业务关系中有竞争、替代、互补等，所有这些都会在企业结构和功能上有所反映，而且在企业规模上也会有所反映。财经作家吴晓波在《大败局》中指出，如果要判断一家企业是否是一个稳定而成熟的企业，首先要观察的是它在过去的两到三次经济危机、行业危机中的表现如何，它是怎样度过成长期中必定会遭遇的陷阱和危机的。

2. 企业生命周期理论

（1）内涵与波动原因

1）内涵。伊查克·爱迪思是美国最有影响力的管理学家之一，是企业生命周期理论的创立者，组织变革和组织治疗专家，他曾用 20 多年的时间研究企业如何发展、老化和衰亡。他写了《企业生命周期》一书，把企业生命周期分为 10 个阶段，即孕育期、婴儿期、学步期、青春期、壮年期、稳定期、贵族期、官僚早期、官僚期、死亡期。爱迪思准确生动地概括了企业生命周期不同阶段的特征，并提出了相应的对策，指出了企业生命周期的基本规律，揭示了企业生存过程中基本发展与制约的关系。经现代研究演进后，企业生命周期理论是指企业的发展与成长的动态轨迹，包括创立阶段、成长（扩张）阶段、成熟阶段、整合阶段、蜕变（衰退或复苏）阶段 5 个阶段，如图 9-1 所示。

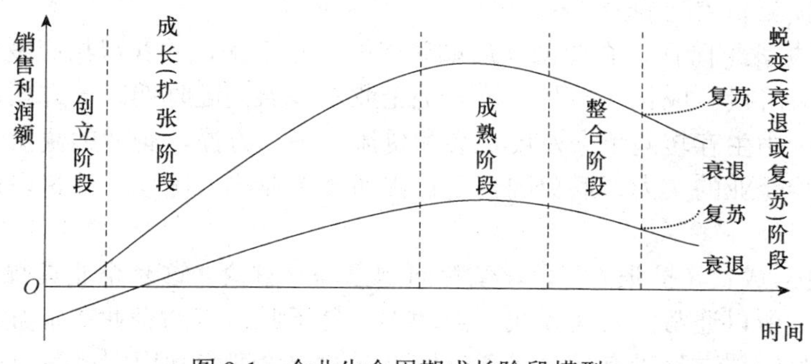

图 9-1 企业生命周期成长阶段模型

2）波动原因。企业生命周期波动的原因包括外因和内因。外因决定理论认为，其隐含的理论前提假设是企业生命周期应该是稳定的，只有在受到外力冲击时才会发生波动。内因决定理论认为，企业的劳动生产率会极大地影响企业经营周期，而经营周期的变化方向基本上与企业生命周期的变化方向一致。所不同的是，企业经营周期反映的是企业的经济行为在扩张与收缩、繁荣与萧条之间的循环或替代选择，当循环圈越大或增长繁荣期越长时，企业生命周期也就越长。

（2）企业成长阶段划分

企业生命周期研究企业诞生（初创）、成长、成熟、整合、衰退直至死亡的过程。探究的目的在于试图为处于不同生命周期阶段的企业找到能够与其特点相适应，并能不断促其发展延续的特定组织结构形式，使企业可以从内部管理方面找到一个相对较优的模式来保持企业的发展能力，在每个生命周期阶段内充分发挥特色优势，进而延长企业的生命周期，帮助企业实现自身的可持续发展。根据对企业成长过程的考察，也可将企业的生命周期划分为孕育期、生存期、高速成长期、成熟期、整合期、衰退期和蜕变期等。其中，孕育期是指企业正式运营前的筹建阶段，一般持续时间较短，而且不具备正式运营条件，通常只有投入，没有产出，考虑到企业绩效评价的特点和实际应用性，认为孕育期不具有评估意义，可在划分企业成长阶段时将其省略。因此，结合现代企业的发展特点，将企业生命周期划分为5个阶段，其各个阶段的表现如下。

1）创立阶段。企业登记注册开始运营，即进入创立阶段。在创立阶段，企业面临生存的挑战，该阶段的企业具有以下特征。

① 实力较弱，依赖性强。企业在创立阶段，资源匮乏，在市场上尚未站稳脚跟，需要各方面的扶持。

② 产品方向不稳定，转业率高，破产率高。有关资料表明，美国平均每年倒闭的20万家小企业中，55%是开业不到5年的新企业。

③ 创新精神强。企业不仅能提供满足市场缝隙的创新产品和服务，而且还拥有灵活多变的经营策略。

④ 管理不规范，管理水平较低，经常是无章可循和有章不循的现象同时存在。

⑤ 财务方面通常表现为净现金流量为负值，投入大，收益少，现金入不敷出，而且企业对现金收支预测和控制能力往往较低。

2）成长（扩张）阶段。企业创立后如果能够生存下来，并获得相应发展，一般就会进入成长（扩张）阶段。成长（扩张）阶段是企业发展的关键时期：一方面，企业的战略重点发生了转移，由生存转向争夺发展机会和资源；另一方面，企业的决策者要保持清醒的头脑，客观评价企业的实力，避免因盲目扩张而使企业陷入困境。该阶段的企业具有以下特征。

① 企业进入成长（扩张）阶段，生存问题已基本解决，这时企业具有较强的活力及相应的发展实力，所以通常发展速度快、波动小。处于此阶段的企业在资金、人员数量、技术水平等方面都较创立阶段有显著提高，但对资源的管理和利用则成为企业中的新问题。

② 企业形成自己的主导产品，其销售额往往占总销售收入的70%以上，企业转业率降低。据日本专家分析，处于成长（扩张）阶段的企业，其转业率要比创立阶段低60%以上。

③ 企业专业化水平提高了，并且企业开始注重发展与其他企业的联合关系，使企业之间的协作能力有所加强。

④ 在创立阶段形成的企业经营系统，往往不适应成长（扩张）阶段规模放大后的压力，甚至面临崩溃的危险。

⑤ 在财务方面，企业表现为投入较大，收入也颇丰，现金流可正可负。此时，企业为了扩大经营，往往选择举债发展。因此，保证偿债能力是企业借款、发展的关键。

3）成熟阶段。企业经过成长（扩张）阶段的发展后，步入成熟阶段，该阶段的企业具有以下特征。

① 随着企业规模的扩大，其发展逐步由外延式转向内涵式，由粗放经营转为集约经营。这使得企业的发展速度减慢，甚至出现停止发展的现象，但是企业效益没有下降，往往有

所上升。

② 在企业规模扩大的同时，管理变得越来越复杂，对企业管理正规化、科学化的呼声日益提高。

③ 企业在多年经营中提高了产品知名度，形成了自己的特色产品甚至名牌产品。为了进一步发展和规避经营风险，企业通常会选择向多元化的方向发展，即产品由单一化转为多样化。这样，对企业筹资和投资能力的要求进一步提高了。

④ 经过多年的经营，企业已逐渐形成自己的经营理念，培养出具有本企业特点的企业精神，创出了企业名牌，在公众中树立起良好的形象。

4）整合阶段。企业的经营业务逐步向多元化方向发展，可能会同时存在以下 3 个层面的业务。

① 企业的核心业务。企业的核心业务是第一层面的业务，它是指能够让客户直接将其与企业的名字相联系的业务。核心业务通常能为企业带来大部分利润和流动资金，它们与企业近期业绩关系重大，虽然可能还有增长潜能，但终将耗尽余力，衰落下去。

② 正在崛起的业务。正在崛起的业务是第二层面的业务，它带有快速发展和创业性的特征，具有高成长性。企业往往对正在崛起的业务发展投入巨资，保持其快速增长，以使其在不久的将来发展为企业的核心业务。

③ 未来更长远的业务。未来更长远的业务是第三层面的业务。企业开展第三层面业务的目的是确保将来有足够的优秀业务发展到第二层面，直至第一层面。

这 3 个层面的业务互相协调，共存于企业当中。随着企业逐渐向集团化方向发展，经营单位日益增多，企业原有的集权式管理方式越来越不适用于集团公司的管理。因此，分权分配的程度成为企业管理的焦点。股东和利益相关者越来越关注企业能为他们带来的收益，而不是企业规模的再度扩大。因此，最大限度地创造企业价值将成为他们对企业的要求。

5）蜕变阶段。企业进入蜕变阶段，存在以下两种命运。

① 衰亡。企业在成长的各个阶段都会因为各种原因而破产，使企业消亡，但这种破产只能算“夭折”；而进入蜕变阶段之后的破产是企业机体老化而引起的，所以称为衰亡。规模较小的企业，容易受到外界影响而遭受破产的危机，进入蜕变期后衰亡的可能性较大。

② 复苏。如同某些昆虫的蜕变一样，企业的复苏是改变了形体而继续存活下去。规模较大的企业，外界环境对它们的影响不那么明显，绝大多数进入衰亡前期开始会进行整合，在蜕变阶段会完成复苏，进入新一轮的成长期。

第二节 企业成长战略

1. 创业营销战略

（1）创业营销战略的内涵

“现代营销学之父”菲利普·科特勒指出，市场营销战略是企业欲在目标市场上用以达成它的各种营销目标的广泛原则，主要由目标市场战略、营销组合和营销费用预算 3 部分构成。市场营销战略是指企业在现代市场营销观念下，为实现其经营目标，对一定时期内市场营销发展的总体设想和规划。市场营销战略作为一种重要战略，其主旨是提高企业营销资源的利用效率，使企业资源的利用效率最大化。营销在企业经营中的突出战略地位，使其连同产品战略组合在一起，被称为企业的基本经营战略，对保证企业总体战略的实施起着关键作用。创业营销战略是指创业企业定位创业核心项目营销的总体规划，制定和推行创立期和创业成长期的产品、价格、渠道和促销的具体营销及营销组合策略体系。创业营销战略有两个主要内容：①选定目标市场；②制定市场营销组合策略，以满足目标市场的需要，实现市场价值的创造与增值。市场营销战略的制定和实施程序，即市场细分分析、选择目标市场、市场营销组合、实施计划、组织实施、检测评估、营销管理等环节。

（2）创业目标市场与推进

1）创业目标市场选择。在竞争激烈的买方市场，有利可图的营销机会并不多，企业必须对市场结构、消费者、竞争者行为进行调查研究，识别、评价和选择市场机会。企业要考虑以下 3 个要素：①细分市场的规模和增长潜力；②细分市场结构的吸引力；③创业目标和资源的匹配性。创业企业应通过发现消费者现实的和潜在的需求，寻找各种环境机会。识别环境的发展趋势可能给企业带来新的机会，也可能带来新的难题，如新的法律、新的政策的实施，对创业企业营销可能产生有利或不利的影响。对企业市场机会进行分析、评估，还需要对企业自身能力、市场竞争地位、企业优势与弱点等进行全面、客观的评价，评估市场机会与创业企业的定位、目标与任务的一致性，才能准确把握最适当的市场机会。

2）创业目标市场细分。市场细分是指企业根据顾客的需求特点、购买心理、购买行为等方面的差异，把整个市场划分为若干有相似需要和欲望的消费者群的市场分类过程。其步骤是：①列举潜在顾客的需求，分析潜在顾客的不同需求；②移去潜在顾客的共同需求；③进行市场细分，进一步认识各细分市场的特点；④测量各细分市场规模的容量。市场细分就是用有限的创业资源，挖掘与创业企业匹配的目标市场。

3）创业目标市场策略定位与推进。首先要对创业市场进行定位，其原则是填补市场空位的定位策略、并存的市场定位策略、取代竞争者的市场定位策略。推进策略包括无差异性市场策略、差异性市场策略和集中性市场策略，供创业者根据创业项目的具体情况选择运用。避免与声誉较高的名牌产品展开正面竞争，因为名牌产品都处于高度的商品保护地位，如果创业产品只是一味地模仿而无什么改进，则很难取得成功。创业企业不但要有具体的营销策略目标，还要有完善的规划，规划是创业营销推进的保障。同时，还应该考虑产品策略、价格策略、渠道策略和促销策略，即“4Ps”营销组合，以及“6Ps”“4Cs”等新市场营销组合理论，定位和推进创业产品、价格、渠道、品牌及营销管理等策略。

4）创业营销误区规避。创业企业和创始人多数是“新手上路”，产业判断经验不足、过于乐观或谨慎，以及市场风险重重，易使创业企业“误入歧途”。因此，要对创业营销误区进行识别与规避。

① 不要跟风。不少创业企业以“产品或服务更好”说服潜在顾客，如果创业企业产品进入市场“迟了一步”，采取跟风的办法不是可取的营销策略。例如，中国凉茶市场已有王

老吉，随后出现的一些凉茶品牌纷纷跟风做市场，并立志成为行业第一。市场证明，几乎没有哪个品牌取得成功。跟风创意和跟风产品一样低效。

② 不能无视客户体验。创业企业经过认真的市场分析后，信心十足地把产品推向市场，自以为有最好的产品，结果却出乎意料。这种缺乏客户体验的市场营销是徒劳的。

③ 忽视专业化。专注的专业化产品做得不够，做无谓的延伸产品产业链，稀释了创业企业市场整合资源。随着竞争的加剧，行业必将走向细分市场的局面，创业企业集中优势资源做专业化的产品，做透市场细分的“痛点”是明智的。

④ 战略定力不够。战略属于较高范围，全局的方向性指导，而策略则是每一步的推进措施。创业企业的创始人和高级管理层如果不对战略负责，战略和策略混淆，授权和治理思路不清，容易导致战略性失误。

2. 创业扩张战略

（1）创业扩张战略的内涵与动因

1）创业扩张战略的内涵。企业扩张是指企业在成长过程中规模由小到大、竞争能力由弱到强、经营管理制度和企业组织结构由低级到高级的动态发展过程。扩张战略是指企业扩大经营规模，或在原有的企业范围内增加生产能力与产品供应量，投资新的领域，或是通过竞争推动企业之间的联合与兼并，以促进企业不断发展的一种战略。与其他类型的战略态势相比，扩张战略具有以下特征。

① 实施扩张战略的企业往往比其产品所在的市场增长得快。市场占有率的增长可以说是衡量增长的一个重要指标，扩张战略的体现不仅应当有绝对市场份额的增加，而且更应有在市场总容量增长的基础上相对份额的增加。

② 实施扩张战略的企业往往取得大大超过社会平均利润率的利润水平。由于发展速度较快，这些企业更容易获得较好的规模经济效益，从而降低生产成本，获得超额利润率。

③ 采用扩张战略态势的企业倾向于采用非价格的手段与竞争对手抗衡。由于采用了扩张战略的企业不仅在开发市场上下功夫，而且在新产品开发、管理模式上都力求具有竞争优势，因此其赖以作为竞争优势的并不会是损伤自己的价格战，而是以相对更为创新的产品和劳务及管理上的高效率作为竞争手段。

④ 扩张战略鼓励企业的发展立足于创新。这些企业常常开发新产品、新市场、新工艺和新产品的新用途，以把握更多的发展机会，谋求更大的风险回报。

⑤ 与简单的适应外部条件不同，采用扩张战略的企业倾向于通过创造以前本身并不存在的某物或对某物的需求来改变外部环境并使之适合自身。这种去引导或创造合适的环境是由其发展的特性决定的，要真正实现既定的发展目标，势必要有特定的合适的外部环境，被动适应环境不一定有益。

创业企业本是一个需要成长壮大的企业，扩张是其“天然属性”；创业企业扩张应该遵循扩张战略的基本逻辑，唯一不同的是创业企业处在成长期，扩张需要和创业企业的资源高度匹配。

2）企业扩张战略的动因。古典经济学和新古典经济学的观点认为，企业扩张是分工的必然结果。亚当·斯密、巴比奇、马歇尔等把分工过程看作是出现规模经济的主要原因。按照亚当·斯密的观点，分工受到市场范围的限制，市场规模的扩大增加了纵向分解和生产迂回性，利用规模经济是可取的。企业扩张的动因是企业实现长期利润最大化，企业扩张是企业普遍追求的发展目标。企业的本质决定着任何国家的任何企业都会追求扩张。

20 世纪 80 年代的一些经济学家研究力图体现新科技、信息时代的企业生存与发展特点，最具代表性的观点是将企业的扩张与发展视为企业能力的建立。他们认为，信息时代的市场变化和技术进步迅速改变着整个经济结构，环境迫使企业对能力存量不断进行质的改变，能力更新构成了产业动态性的驱动力，使企业在面对变化的市场环境时，能够快速整合、建立和重构其内外部资源、技能和能力，迅速形成新的竞争优势。新的市场需求、新技术的出现和企业管理能力的提升成为推动企业增长的诱因。

对于企业扩张到底是由哪些因素决定的理论解释，现有的理论往往是从企业的一个侧面研究企业扩张，纵观这些不同角度的解释，企业扩张的决定因素可以归纳为两个方面：外生观和内生观，即外生决定论和内生决定论。企业扩张是由外生因素和内生因素综合作用的结果。

另外，企业规模扩张到什么程度为最优？古典经济学理论认为，企业被抽象为在市场和技术的约束下追求利润最大化的“投入—产出的转换器”，企业的边界主要由生产中的技术因素决定。新古典经济学以成本最小化的原则对投入和产出水平做出选择，以此为基础确定企业的最佳生产规模，从而也决定了企业是否需要进一步扩张。

企业扩张的现实动因是，在动态的商业竞争环境中，增长是一种求生的手段，是企业有机组织体的本性；企业家精神及最高管理者或最高管理集体的价值观决定着企业扩张成长；不断的变革能够不断地创造更高的生产经营效率和效益，从而能够在不同的环境重生并生存；根据经验曲线或规模经济效益，扩大规模和销售可以使企业降低生产成本，使企业增长得更快。

（2）企业扩张方式

企业扩张在战略上可分为一体化扩张和多元化扩张。一体化扩张又可分为横向一体化（水平一体化）和纵向一体化（垂直一体化）。实现这些扩张的方法包括内部发展①和外部发展（即合并等）②。

1）横向一体化。横向一体化是指对企业现有生产活动的扩展并由此导致现有产品市场份额的扩大。该类扩张可从以下 3 个方向来进行。

① 扩大原有产品的生产和销售。

② 向与原有产品有关的功能或技术方向扩展。

③ 与上述两个方向有关的向国际市场扩展或向新的客户类别扩展。

通过横向一体化，可以带来企业同类生产规模的扩大，实现规模经济。由于该类扩张

① 内部发展是指现有企业通过新股票发放或自身资金积累来扩大现有生产规模，或建立新厂、新的部门、新的子公司等。

② 外部发展是指一企业获取另一企业的资源且无人抗争的过程。如果被合并的企业进行抗争，则称此过程为兼并。

与原有生产活动有关，比其他类型的增长更易于实现。创业企业的初期扩张要以此方式为主，且实现的方式以内部增长为主。

2）纵向一体化。纵向一体化是指企业向原生产活动的上游和下游生产阶段扩展。现实中，多数大型企业均有一定程度的纵向一体化。该类扩张使企业通过内部组织和交易的方式将不同生产阶段联结起来，以实现交易内部化。纵向一体化包括后向一体化[①]和前向一体化[②]。例如，小米公司向手机配件制造延伸扩展，以实现后向一体化；构建小米客户社群增资服务的新业务生态单元，以实现其前向一体化。纵向一体化是公司增长到一定阶段的主要扩张战略。企业通过横向一体化打败竞争对手，达到市场多头垄断地位后，就会进入纵向一体化扩张，以占领其供应和市场领域。一旦企业在产业中占领重要地位之后，向多种相关产业延伸扩张就成为其唯一的增长战略。

3）多元化战略。多元化战略是指企业为了更多地占领市场和开拓新市场，或避免经营单一事业的风险而选择性地进入新的事业领域的战略。多元化经营战略，又称为多角化经营战略，亦称多角化增长战略、多样化战略或多产品战略，属于开拓发展型战略，是企业发展多品种或多种经营的长期谋划。多元化战略的类型如下。

① 相关多元化。相关多元化与企业的现有业务具有战略上的适应性，在技术、工艺、销售渠道、市场营销、产品等方面具有相同或相近的特点。根据现有业务与新业务之间关联内容的不同，相关多元化又可以分为同心多元化[③]与水平多元化[④]两种类型。同心多元化的特点是原有产品与新产品的基本用途不同，但有着较强的技术关联性。水平多元化的特点是原有产品与新产品的基本用途不同，但存在较强的市场关联性，可以利用原来的分销渠道销售新产品。

② 不相关多元化。不相关多元化，又称为集团多元化，即通过收购、兼并其他产业的业务，或者在其他行业投资，把业务领域拓展到其他产业中去，新产品、新业务与企业的现有业务、技术、市场毫无关系，既不以原有技术为依托，也不以现有市场为依托，而是向技术和市场完全不同的产品、技术或服务项目发展。这种战略是实力雄厚的大企业集团采用的一种战略。

多元化战略的优点是：①分散经营风险。多元化发展，企业的经营范围较宽、产品多样，抗击市场风险的能力也将大大增强。②产生协同效应。多元化发展能帮助企业获得管理、广告、商誉、销售等各方面的协同效应，使企业的人员、设备、资源的生产效率得到提高，还可以让企业获得批量采购原材料、设备等的规模经济，使企业获得成本优势。③可以利用富余资源。企业（特别是大型企业）在发展过程中，因科技水平的提高、人员素质的提升、管理理念和方法的改进、企业发展方向的变化等，一般会产生大量的富余资源，包括设施设备等有形资源、信誉等无形资源及人力资源等，如果企业采取多元化战略，则这些富余资源就能得到充分利用，可为企业创造更多的效益。

---

① 后向一体化是指企业介入原供应商的生产活动。

② 前向一体化是指企业控制其原属客户公司的生产经营活动。

③ 同心多元化是指利用原有的技术、特长、经验等发展新产品，增加产品的种类，从同一圆心向外扩大业务经营范围。

④ 水平多元化是指利用现有市场，采用不同的技术来发展新产品，增加产品的种类。

因此，对于创业企业来说，采用多元化战略要谨慎，多元化战略虽然有很多好处，但这些好处的取得是有前提条件的，要弄清楚其适用条件，方可果断践行。因为创业企业的资源是非常有限的，即使过了成长期，其综合资源的积累也会显得不足。

（3）创业扩张的误区与规避

扩张发展的企业可以获得很多的市场发展机会，保持企业的竞争实力，实现特定的竞争优势。创业企业要认识到扩张战略的不足之处：①在采用扩张战略获得初期的效果后，可能会导致盲目的发展和为了发展而发展，从而破坏企业的资源平衡；②企业管理者更多地注重投资结构、收益率、市场占有率、企业的组织结构等问题，而忽视产品的服务或质量，重视宏观规模而忽视微观问题，因而不能使企业达到最佳运营状态；③过快的扩张发展可能降低企业的综合素质，使企业的应变能力下降，出现内部危机和混乱。

创业在扩张过程中需要注意规避以下问题。

1）决策偏离，规模低效。企业在做每一个战略决策之前都必须重新审视和分析企业的内部环境和外部环境，判断企业的资源状况和外部机会。扩张要从企业的战略出发，实行专业化发展，到一定时期可以采取多元化战略。规模增长过快有时会使效率和效益下降，因此不能只顾追求规模而忽视效率与质量，导致增加创业风险。

2）盲目扩张，忽视供求。有的创业企业一味贪多求大，忽视内部整合，扩张不但没有成就，反而成为某些企业的羁绊。有的创业企业没有实现扩张的预期，败在忽视整合或整合不力，特别是人事发展的失误。另外，盲目跟风模仿，看到某种产品比较有利可图，就一哄而上，不做市场分析，造成信息不对称，盲目增加投资、上项目，结果在产品面市之时，市场风向已经逆转，产品由畅销转向积压，使创业项目陷入困局。

3）有进无退，志在必得。扩张热情来得快、降温难，一旦决策，就全然不顾外界的市场变化，即使遇到很大的风险和障碍，也“志在必得，决不回头”。因此，扩张要统筹规划，理性扩张。一味求成，势必导致企业扩张的收益性降低、不确定性加大，乃至影响企业的良性发展。企业扩张要量力而行，注意控制发展阶段、发展规模、发展速度与管理能力的协调与匹配。

因此，在策略上要重新定位战略空间，如图 9-2 所示[①]，从竞争战略思维逻辑转变为共生战略思维逻辑。北京大学路江涌（2018）指出，在混沌的商业时代，企业从创业到卓越是多方资源和主体共生共演、价值共创的成长之路。

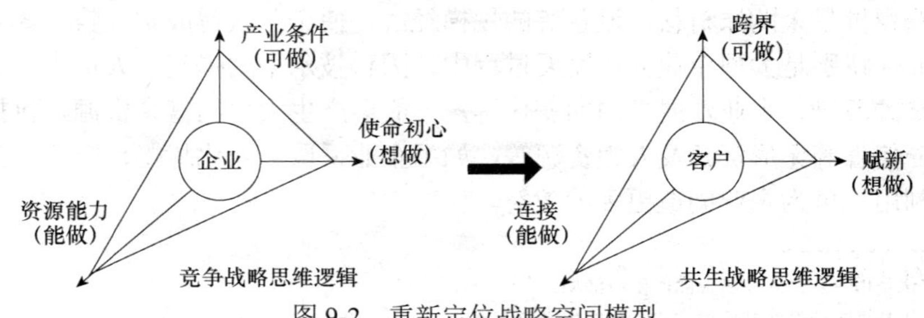

图 9-2　重新定位战略空间模型

① 陈春花，廖建文，2018．打造数字战略的认知框架［J］．哈佛商业评论（7）：8-10．

3. 创业融资战略[①]

从企业的产生来看，企业和资本是天然联系在一起的，企业的本质是在与资本的联系中体现出来的，企业的本质又反映了资本的本质。进一步讲，资本是企业存在的前提和基础，没有资本就没有企业；企业是资本存在的形式和载体，没有资本，企业也就成了“无源之水，无本之木”。企业因资本的建立而存在，资本则以企业作为其增值的手段和途径。融资是资本扩张的一个路径。

融资就是企业根据自身的生产经营状况、资金拥有状况及未来经营发展的需要，通过一定的渠道筹集资金，以保证企业的正常生产与经营管理活动的有效进行的经济行为。简而言之，融资是企业筹措生产经营活动中所需资金的行为。资金紧张是创业企业的共同问题，为了生存和发展，创业企业必须高效率使用资金资源。因此，创业者要明白：如何借钱——合理筹集资金；如何花钱——有效分配和使用资金；如何分钱——分配企业收益；如何管钱——实行财务监督。根据资金来源的性质不同，融资方式分为股权融资（风险投资，含天使投资）、债权融资（创业基金、创业贷款、银行贷款、发行债券、发行股票）等方面。

（1）融资的作用

融资是为了发展，不是为了生存。下面以天使投资人为例，说明融资的作用。

1）专业指导。投资方，尤其是天使投资人，常常是行业中成功的创业者。他们具备挑选项目的眼光，自然也有培植项目的能力。他们提供的关于产品、技术或服务方面的专业意见，或者关于公司管理、商业模式、战略方向的经验及思考对创业公司是无价之宝。

2）资源配置。仍然以天使投资人为例。他们持有资金以外的资源，包括但不限于政府、媒体、人才、市场渠道及下一轮融资渠道等。为了扶持早期项目，天使投资人往往愿意向创业者提供这些资源，事实上很多创业者在选择投资方时就是以这些资源为依据的。创业企业使用的资金是从各种渠道借来的资金，都具有一定的资金成本，合理选择融资渠道和融资方式，有利于降低资金成本，有利于降低创业风险。

3）背书支持。天使投资人即使不向创业者提供指导和资源仍然有其价值，那就是背书。一个有名的投资人投了你的项目，说明你的项目获得了一个名人的认可。只要投资人愿意透露这起融资消息，你就获得了一个闪亮的宣传点。

4）成长加速。如果资金足够支持项目的稳健发展，那么风险投资的资金有可能使项目疯狂成长。当你还在犹疑时，创业竞争对手可能已经采用了这种策略，赶超对手。科学的融资决策有利于企业的可持续发展，为创业企业植入健康的基因，保证创业企业可持续发展。

案例启发 9-1

敢于融资负债经营

香港的景泰蓝大王——陈玉书，1964 年毕业于北京师范大学历史系，1972 年只身到香港谋生，当时身上只有 50 美元。他起初跟大多数人一样，虽然有好的经营头脑和周密的计

① 张志，乔辉，2016. 创新创业入门教程［M］. 北京：人民邮电出版社.

划，但难逢好的时机，还缺乏资金。如果自身积累，则速度太慢，于是陈玉书选择了向银行贷款的方式，以钱生钱。他用尽心力贷了 700 万元人民币，偿还期限是 180 天，用于购买景泰蓝。而这时景泰蓝的销售货款也逐步到账，但他并没有急于还贷款，只是付了利息却未还本。为了充分利用手中的现金，他把借到的钱投资于房地产，开始新一轮的钱生钱的投资。陈玉书在房地产价格上涨之中又获利不薄。这样，使其自身的资本迅速扩张。善于投资、敢于融资负债经营造就了陈玉书这样一位商业巨子。

（资料来源：陈永奎，2015. 大学生创新创业基础教程［M］. 北京：经济管理出版社.）

（2）融资时机和估值

1）融资时机。项目需不需要融资？何时需要融资？需要融多少资？找谁融资？融资之后干什么？这些问题是每一个创业者都会面对的。没钱的时候当然要融资，有钱的时候为了分担风险也要融资，融资的正确时机在“需要钱的时候”。也就是说，当我们产生了一个用钱的计划（半年或一年），如房租、工资、耗材、推广等，可以优先考虑为这个计划去融资。如果创业者发现自己的项目缺乏启动资金，但是项目有足够的利润回报，是可以考虑进行融资的。

在项目初期，大部分项目的启动资金并不需要太多，少则 3 万～5 万元，多则 10 万～20 万元。获得启动资金最主要的途径就是依托自己的积累，或者找合伙人凑钱，或者找亲朋好友借钱，而不是把希望寄托在投资人身上，特别是风险投资者。

在创业初期，创业者把精力主要放在快速做出市场业绩上，当创业者做出一定的市场业绩，并随着项目口碑的逐步传播和企业前景的明确，创业者可能会得到投资人主动青睐的机会，这个阶段创业者的融资谈判能力也就大大增强。

2）融资估值。融资需求量的估算不是一个简单的财务问题，而是一个将现实与未来综合考虑的决策过程，需要在财务数据的基础上，全面考察企业经营环境、市场状况、企业战略等内外部资源条件。因此，融资估值需要考虑以下几个方面的问题。

① 想做成什么事？（目标要清晰具体、有时间轴及节点；要有具体的数据支持。一般来说，融资的底线就是半年到一年需要花的钱。）

② 做这件事需要花多少钱？（为了达到新目标，要有财务预算，如营销费用、人才储备、市场推广、商业成本、办公支出、工资等总费用；创业（商业）计划书是融资的重要文件，除了讲清楚项目的前景和运营模式外，还要在融资方案里对上面的问题进行详细测算，而且应该分析项目的盈亏平衡点。）

③ 做这件事已经花了多少钱？（需要提供前期财务报表，同时要提供明细。）

④ 行业平均运营和估值水平如何？（对比分析，进行估值定位，从融资的角度，创业者最难拿到的是同行真实运营水平和融资数据，而投资人不会把钱交给一个没有盈利计划和目标的创业者；投资人想知道公司什么时候能够达到收支平衡，其对快速增长持久性更感兴趣。）

⑤ 出让股份比例是多少？（根据创业公司具体目标诉求，确定出让比例。）

对融资项目进行估值时，还要考虑以下几个方面。

① 不要低估项目潜伏期。任何创业项目从启动到盈利，都需要一个潜伏期，这个潜伏期的长短与行业和企业规模有关。产业在不同的阶段有不同的特征，所以，在创业初期启

动资金就是创业最初投资的主要资金来源。作为创业者你必须做好思想准备，有可能好几个月没有收入，而开销却很大，因而必须提前做出预算。

② 不要把眼光只瞄准在创业基金和银行贷款上。很多年轻的创业者在确定了创业项目以后，不去寻找其他的融资方式，不去研究市场需求，不去考虑如何从小做起，而是一开始就把创业基金和银行贷款作为第一融资目标。

③ 合理的资金组合有利于降低经营风险。在创业启动资金的组合上，最好有一个合理的资金组合比例。例如，你可用的最高资金金额中有1/3是你的自有资金，外来资金最好不要超过 2/3 的份额。

④ 考虑储备金空间。创业者必须对从开业到盈利阶段的资金储备做足够的预算。首先把个人和外来资金各占 1/2 进行估算比较稳妥。因为，这个时期的储备金到底需要多少，实在是一个难以确定的数字，但无可置疑的是，资金断流会引发经营困难而导致创业失败。

⑤ 阶段性资金需求规模。创业项目的融资因发展阶段、融资性质、融资规模、融资目的、投资人关注点的不同，其融资估值也会随之变化。融资估值考量的另外一个角度是，每次融资出让比例应在 10%～20%。

对于初始创业者来说，选择股权融资比较合适，这是因为股权融资无须支付融资利息，能够降低融资成本和经营风险，对创业者和投资人都有利。同时，股权融资使投资人在立场上与创业者更相近，有利于公司的长远发展。由于企业创建初期风险较高、不确定性较大，很难获得金融机构的关注及青睐。风险融资、私人融资是创业初期的主要融资渠道①。因此，创业企业要合理选择融资渠道，了解融资渠道的种类、特点和适用性，充分利用和开拓融资渠道，切实节省融资成本，促进企业良性快速地发展。

（3）风险投资的内涵与特征②

1）风险投资的内涵。

风险投资，简称风投，又译为创业投资和创业资本，是指向初创企业提供资金支持并取得该公司股份的一种融资方式。风险投资是私人股权投资的一种形式。风险投资公司为专业的投资公司，由一群具有科技及财务相关知识与经验的人组合而成，经由直接投资被投资公司股权的方式，提供资金给需要资金者（被投资公司）。风险投资公司的资金大多用于投资新创事业，通常不以经营性为投资目的。

风险投资的本质是向创业项目或新创企业提供资金支持，并通过资本运作等一系列服务帮助创业者完成创业过程后退出投资，在退出之后希望获得高额回报，但同时也在这一过程中承担巨大风险。

2）风险投资的特征。

风险投资的投资额一般较大，在投入资金的同时也会占据一定的管理权限，并且会随所投资企业的发展而逐步增加投入。风险投资一般具有以下特征。

---

① 融资渠道是指协助企业获取资金来源的方向与通道。按照融资对象，可以分为私人资本融资、机构融资和政府背景融资。

② 刘云兵，王艳林，2016．大学生创新创业教程［M］．北京：人民邮电出版社．

① 高风险性。由于风险投资的主要投资对象是刚刚起步或尚未起步的高科技创业企业，这些企业往往各方面的资源都比较匮乏，市场上的客户认可程度较低，管理团队的企业经营经验也较少，因此投资的风险性和失败率都非常高。

② 超额回报率。与高风险相伴的是超额回报。例如，梅菲尔德基金为科学数据系统公司投资 350 万美元，最终获得了近 10 亿美元的收益。风险投资在注入资金之后，往往与创业者签订一系列的投资条款，以方便其在企业成长之后回收投资。从国外的经验来看，上市是实现投资成功的一个标志，此时风险投资者可以在金融市场上出售自己的股份，实现风险投资的高额回报。

③ 权益性投资。权益性投资是风险投资的首要特征。风险投资更看重投资对象的发展前景和投资增值状况，以便在未来通过上市或出售取得高额回报。权益性投资的特点决定了风险投资其他方面的特征。

④ 投资的长期性。风险投资的流动性较小，具有长期性的特点，在实际投资时，一种常见的投资方式是分期投资。

⑤ 投资者积极参与。风险投资往往拥有企业的部分控制权，部分风险投资者在投资时还会要求在董事会中的席位及一些特定的否决权。为了降低投资风险，风险投资者在向企业注入资金的同时，必然会介入该企业的经营管理，参与该企业的战略决策。

⑥ 投资专业化。由于风险投资的高风险性和长期性，为了降低投资失败率，风险投资者往往更愿意向自身熟悉的产业投资，即风险投资者一般对所投资的产业具备很高的专业水准。在投资之后介入企业运作时，风险投资者也可以提供专业化的增值服务，对于企业的战略支持也具备针对性。

案例启发 9-2

风险投资成就“搜狐”

搜狐是互联网行业较有影响的中文搜索站点之一。在国内综合门户网站的排名中，搜狐名列前茅。搜狐之所以能够迅速发展壮大，是与搜狐的母公司爱特信公司引入大量海外风险投资密切相关的。可以说，没有风险投资，就没有今日的搜狐。

爱特信公司的创办者张朝阳在麻省理工学院学习、工作的几年深受硅谷创业文化的熏陶。1995 年 7 月，张朝阳突然有了回国创业的强烈念头。他清楚地认识到互联网经济极为惊人的商业和社会价值，于是下定了创业的决心。当他看到 Internet 的机遇时，感觉应该是创业的时候了。张朝阳联系到了 ISI 公司，想做 ChinaOnline（中国在线），用 Internet 搜集和发布中国经济信息，为在美国的中国人或者对中国感兴趣的人服务。ISI 总裁当时和张朝阳的想法相近，两人一拍即合，于是融资 100 万美元，张朝阳于 1995 年年底以 ISI 公司驻中国首席代表身份，开始用 Internet 在中国搜集和发布经济信息，为华尔街服务。在 ISI 的经历，张朝阳觉得中国 Internet 的市场潜力巨大。1997 年 1 月初，ITC 网站正式开通，可是到了年底，第一次融资得来的 18.5 万美元所剩无几，快到了连工资都开不出来的地步。迫不得已，张朝阳向他的投资人发出了紧急求救，三位投资者再次为张朝阳提供了 10 万美元的“桥式”贷款。1998年2月，张朝阳正式推出了第一家全中文的网上搜索引擎——搜狐。1998年3月，张朝阳获得Intel等两家公司210万美元的投资，他的事业开始蒸蒸日上，1998年9月搜狐上海分公司成立，1999年6月组建搜狐广州分公司。2000年搜狐在纳斯达克成功上市，并购了中国最大的年轻人社区网站Chinaren，网络社区的规模性发展给门户加入了新的内涵，奠定了业务迅速走上规模化的基础。

（资料来源：http://tech.southcn.com/special/fxtz/case/200403050125.htm，节选，有改动.）

风险投资者的投资偏好如下。

① 具有优势领先的企业，尤其是新技术、新产业领域。如果创业企业有一项受保护的先进技术产品，那么该企业就会引起风险投资者更大的兴趣。

② 风险投资者都有一定的专业投资领域，包括地理区域和技术领域。风险投资者所投资的企业大多分布在公司所在地附近区域或集中在某一选定区域，这主要是为了便于沟通，控制和节约成本。就技术领域而言，风险投资者通常只对自己所熟悉行业的企业或自己所了解的技术领域的企业进行投资。

③ 大多数风险投资者更偏爱成长性高的小公司，这是因为小公司技术创新效率高，更能适应市场的变化。一方面，小公司的规模小，需要的资金少，风险投资者所冒的风险也小；另一方面，小公司的规模小，发展的余地更大，因而同样的投资额可以获得更多的收益。

④ 融资资料齐备也是重要的考虑因素。创业者在准备和风险投资者洽谈融资事宜之前，应该准备投资建议书、业务计划书、尽职调查报告、营销报告等相关资料。在这之前，应递交创业（商业）计划书，争取得到风险投资者外延网络专业人士的推荐，这通常是使创业企业的创业（商业）计划书得到认真考虑的重要一步，因为风险投资者最容易相信这些人对业务的判断能力。

⑤ 融资商谈客观中肯。风险投资者的典型提问一般涉及产品、竞争、市场、销售、生产、供应、人员、财务等方面。创业者在回答风险投资者的提问时应注意：不要逃避风险投资者的提问；不要模棱两可地回答；不要隐瞒重要问题；不要希望或要求风险投资者立刻就对投资做出决定；在交易定价问题上不要过于僵化；不能过度包装。

以优秀的技术和知识产权获得投资

托尼和马丁是思科和IBM公司的工程师，他们一起合作发明了一种无线通信技术，然后在实验室里通过模拟软件证明了这种无线通信技术的可行性。他们向美国专利局提交了专利申请。曼妮在做投资者之前是一位通信技术公司的技术主管，对这种新兴的通信技术十分感兴趣，在看了托尼和马丁的实验结果、专利申请资料和商业计划书后，她觉得该技术有独特之处。通过对他们公司进行估价后，曼妮决定向他们公司投资200万美元，占公司30%的股份。从托尼和马丁的经历可以看出，知识产权对企业很重要，他们的技术十分先进且有一定的复杂性，不容易被人模仿，而且有着广泛的市场前景，从而得到投资者的青睐。

（资料来源：刘云兵，王艳林，2016. 大学生创新创业教程［M］. 北京：人民邮电出版社.）

因此，要想获得风险投资者的青睐，创业者要了解风险投资者对投资项目的评判标准，主要有以下几点：①足够的吸引力；②独特的技术；③具有成本优势；④创造新市场；⑤能迅速占领市场；⑥财务状况稳定；⑦具有盈利能力；⑧利润创造与增长好；⑨良好的经营管理团队；⑩有明确的投资退出渠道。

（4）投资退出方式

在创业（商业）计划书中要给投资人设计合理的退出方式，可以根据融资项目特点、创业团队资源整合情况及市场预期等因素进行设定。投资退出方式，一般有上市、企业并购、管理层回购、股权转让 4 种方式。

1）上市。上市是最优的投资退出方式。

2）企业并购。企业并购就是企业之间的兼并与收购行为。

3）管理层回购。企业管理层购买本企业的股份，从而使企业的原经营者变成了企业的所有者。

4）股权转让。股权转让是公司股东依法将自己的股东权益有偿转让给他人，使他人取得股权的民事法律行为。

案例启发 9-4

阿里巴巴的融资过程

1999 年年初，马云和他的妻子、老师、同事和一些被他吸引的精英，成立了一个创业团队，决定开始一次轰轰烈烈的创业，阿里巴巴就这样在马云杭州的家里诞生了。

阿里巴巴从一个小网站逐渐开始发展，还被美国的《商业周刊》和英文版的《南华早报》进行了报道，因此它在海外开始有了一定的名气。但阿里巴巴最初的 50 万元创业资金是由所有的创业人员集体筹集的，这笔资金很快就不够用了。于是，马云开始寻找一些可以支撑公司运转的投资者。

马云希望阿里巴巴的第一笔风险投资除了带来钱以外，还能带来更多的市场空间，如进一步的风险投资和其他的海外资源。因此，他拒绝了一些投资商，但此时阿里巴巴已经快山穷水尽了。就在这时，一批以高盛为主的投资银行向阿里巴巴投资了 500 万美元，为他们解了燃眉之急。

1999 年秋，更大的投资者也注意到了阿里巴巴，并让马云自己开价投资资金，当时马云却拒绝了对方。没想到没过多久，马云又在东京见到了这位投资者——孙正义（日本软银总裁，当时的亚洲首富），他表示要给阿里巴巴投资 3 000 万美元，占阿里巴巴 30%的股份。经过反复的思考，马云决定接受 2 000 万美元的软银投资，但阿里巴巴管理团队仍拥有绝对控股权。

2000 年 4 月，在大多数互联网公司倒闭的时候，阿里巴巴仍然坚挺着，这是因为它有充足的资金支持。2003 年，中国互联网行业得到了飞速发展，阿里巴巴创办了淘宝网，电子商务开始逐渐进入人们的生活。2004 年，阿里巴巴再次获得了 6 200 万美元的战略投资。2005 年 8 月，雅虎、软银又向阿里巴巴投资了数亿美元。

之后，阿里巴巴创办支付宝，收购雅虎中国，创办阿里软件。2007 年 11 月，全球最大的 B2B 公司阿里巴巴在中国香港联交所正式挂牌上市，正式登上全球资本市场的舞台。

（资料来源：刘云兵，王艳林，2016．大学生创新创业教程［M］．北京：人民邮电出版社．）

第三节　企业成长的现代思维

1．“独角兽”企业成长逻辑

（1）标准

什么是独角兽？独角兽是神话传说中的一种虚构生物，形似白马，头顶螺旋角。在西方的传说故事中，独角兽的出现表示幸运的到来。“独角兽”企业是指创办时间相对较短、估值超过 10 亿美元的创业企业。“独角兽”企业的判定标准有两点：①时间（成立时间少于 10 年）；②估值（估值超过 10 亿美元）。按时间点来分，2 年内达到标准的称为新生独角兽或初生独角兽，超过 10 年的就会在榜单上被剔除。按估值来分，估值小于 10 亿美元但有发展潜力的，称为潜力独角兽；估值在 10 亿～100 亿美元的称为一般独角兽；估值超过 100 亿美元的称为超级独角兽。

（2）成长的原因

根据德勤发布的《中美独角兽研究报告》（以下简称《报告》），截至 2017 年 6 月 30 日，全球有 252 家“独角兽”企业，美国 106 家，占总数的 42.1%，全球排名第一；中国有 98 家，占 38.9%，全球排名第二；而排名第三的印度只有 10 家。超级“独角兽”企业（即估值超过 100 亿美元的“独角兽”企业）榜单显示，截至 2017 年 6 月 30 日，全球估值前 10 名的“独角兽”企业里，中国占 5 家，分别是蚂蚁金服、滴滴出行、小米、陆金所、美团大众点评。

根据《报告》，中国共有 16 大行业有“独角兽”企业，排名前三的电子商务、金融、文化娱乐行业的“独角兽”企业数量占总数的 46%。从估值角度来看，金融、汽车交通、硬件行业的平均估值水平较高，尤其是金融行业，不仅“独角兽”企业数量多，而且估值高，该行业“独角兽”企业估值占中国“独角兽”企业总估值的 30%。

“独角兽”企业的快速增长，不仅展现了我国的科技创新能力，而且让普通老百姓享受到了科技创新带来的实惠。“独角兽”企业成长的动力和原因如下。

1）机会窗口。中国经过 40 多年的改革开放，经济正处在增长速度换挡期、结构调整阵痛期、前期刺激政策消化期“三期叠加”的特殊历史阶段。这样的时代呼唤各种新技术、新产业、新商业模式加速融合，以满足多样化的市场需求。大多数的“独角兽”企业成立于 2011～2012 年前后，在 2013～2014 年快速成长。

2）投资风口。一方面，创新需要资金，特别是科技型企业，其核心竞争力离不开大量资金的投入；另一方面，我国资本市场的逐渐完善及多元化、多层次化发展，也为促进创新企业良性发展创造了条件。

3）政策支持。为了加快建设创新型国家，政府监管渐次转向负面清单制、后置监管和综合监管，有利于“独角兽”企业的快速有序成长。

4）团队引领。人才是创新创业的第一资源，“独角兽”企业的发展更离不开一支强大的创业团队。中国的创业人才红利正在逐步释放，无论是大量留学归国人员还是本土人才，加入创业大军的越来越多；连续创业者逐渐增多，从大企业离职的高管级别创业者也在增加，这批创业者往往具有较高的创业素质及丰富的创业经验。专业化团队、核心技术和创新的商业模式是“独角兽”企业成功的核心要素。

5）创新的商业模式。“独角兽”企业拓展的业务和产品多数会改变甚至颠覆大众或行业的日常行为方式，但同时又符合未来的发展趋势，具有不可替代性。“独角兽”企业还需有自己独具的新技术和新模式①。创新的商业模式取决于企业提供的服务是否符合商业逻辑，是否满足终端用户的刚性需求，其用户体验是否符合个性化、多层次的市场要求。国外很多“独角兽”企业的影响力涉及科学、技术、商业模式等各领域，如谷歌、特斯拉等；国内的“独角兽”企业真正从事科技研发的偏少，而侧重商业模式创新的占多数。

2. 精益创业逻辑

精益创业是硅谷流行的一种创业方法论，它的核心思想是先在市场中投入一个极简的原型产品，然后通过不断的学习和有价值的用户反馈，对产品进行快速迭代优化，以期适应市场。精益创业需要以客户为中心，尊重客户价值，防止服务不足与服务过度，杜绝无价值的经济活动，并致力于持续改进、追求卓越、尽善尽美，不断优化投入产出。

精益创业的目标是提升效益，手段是降低成本，标准是有效价值（即客户的实际价值需求），导向是市场客户，关键是细节管理。精益创业要做到以下几点：①全过程，精益创业的实施路径是不放过任何一个环节；②全员化，创业企业要树立全员成本控制的理念，而不是仅靠创业者自己；③标准化，有目标才会有成功，成本管理要力求做到量化，能够定量的要定量，不能定量的要定性，做到成本管理有标准可依；④责任化，创业企业成本管理和控制一旦失去了应予承担相应责任的明确对象，成本目标和手段将失去实际载体而形同虚置。

精益创业的原则如下②。

（1）创业者无处不在

新创企业是指在充满不确定性的情况下，以开发新产品和新服务为目的而设立的个人机构，这意味着创业者无处不在。精益创业的方法可以运用到各行各业、任何规模的公司甚至庞大的企业中。

（2）创业即管理

新创企业不仅代表了一种产品的问世，更是一种机构制度，所以它需要某种新的管理

① 新模式是对传统的生意形态、业务形态通过模式层面的改造，带来业务效率及用户体验的革命性提升。

② 佚名，2014. 精益创业＆精益创业的五项原则［EB/OL］. http://blog.sina.com.cn/s/blog_6ab284e40102v1k9.html，节选，有改动。

方式，特别是要能应对极端不稳定的情况。

（3）认知要经证实

新创企业的存在不仅仅是为了制造产品、赚取金钱、服务顾客，更是为了建立一种可持续发展的业务。创业者可以通过频繁的实验检测其愿景的各个方面，这种认知是可以得到验证的。

（4）测量认知

新创企业的基本活动是把点子转化为产品，衡量顾客的反馈，然后认识到是应该改弦更张还是坚守不移。所有成功的新创企业的流程步骤都应该以加速这个反馈循环为宗旨。

（5）创新核算

为了提高创业成果，并让创业者负起相应的责任，我们需要关注细枝末节，如何衡量进度，如何确定阶段性目标，如何优先分配工作，等等。这需要为新创企业设计一套新的核算制度，让每个人都肩负职责。

精益创业是可以帮助创业者降低试错成本和提高效益的方法论。采用精益创业方法，需要创业者具备敏锐的思维、前瞻性的视角、积极的思考、优秀的执行力、整合资源的能力、卓越的领导能力及足够的运气；需要找到风险性最小的一种商业模式，作为开展业务取得突破的切入点。为不同的商业模式进行排序，其遵循的原则是：有足够大的市场；有合适的客户渠道；客户真的需要你的产品，且能借此发展壮大。具体来说，可以按以下顺序来判断：应针对最需要产品的客户开展业务；获取客户渠道的难易程度；价格/毛利的多寡；市场规模；技术可行性。同时，应时刻保持清醒的头脑，科学匹配资源，根据内外要素适时进行调整，提倡可持续化精益管理制度设计，遵循创业企业扩张主义的成长逻辑，最终实现所创企业基业长青。表 9-1 为创业企业扩张主义成长逻辑。

表 9-1 创业企业扩张主义成长逻辑①

序号	比较的维度	理性还原主义（批判性思维）	创业扩张主义（创业思维）
1	追求	问题解决	机会寻找
2	主要关注点	开发	探索
3	准则	单一的最佳方案	多种方案的组合
4	方式	限制条件下的优化	挑战限制条件的创新
5	思维模式	固定型	成长型
6	思维轨迹	线性	迭代
7	市场调研	本地	本地及远方
8	对未来的假设	已知的概率与分布	不确定性，伴随着前景预测
9	创新的特点	渐进型创新，能够增强能力	颠覆性创新，能够增强或破坏能力
10	商业规则	刻意的主动	信念基础——不断试错
11	优势来源	市场势力或独特的资源	熊彼特的创业者优势
12	新风险项目的发展	全面的商业计划	精益创业

① 吉姆·德瓦尔德，2018．你的公司需要来一次创业：企业长寿的秘诀［M］．郑罗颖，译．杭州：浙江大学出版社．

延伸阅读

马化腾与腾讯成长战略

1. 单纯模仿只为吃饱

1998 年 11 月，马化腾和他的大学同学张志东等 5 人，凑了 50 万元人民币，注册了自己的公司，这就是腾讯的雏形。

腾讯的最初业务是为一些寻呼台做系统集成，几个合伙人既当销售员，又做工程师，忙得不亦乐乎。一个偶然的机会，马化腾看到了基于 Windows 系统的 ICQ 演示，ICQ 在当年已经席卷全球，却没有中文版。由此，马化腾开始思考，是否可以在中国推出一种 ICQ 的集寻呼、聊天、电子邮件于一身的软件。马化腾和他的同事们开始模仿 ICQ 的功能和特性，开发出中文界面的即时通信工具——“网上中文寻呼机”，简称“OICQ”，也是 QQ 的前身。1999 年年初，他抱着试试看的心态，把 OICQ 放到互联网上，由原来的定向赠送改为免费下载方式，这一举动使 OICQ 在当时的大学校园里风靡一时。1999 年 10 月，也就是公司运营后一年，腾讯开始正式融资。一个企业进行融资，要么有核心技术，要么有好的项目。但对于腾讯来说，融资的唯一优势就是用户。那时，OICQ 用户已经是百万级了，但没有任何收入。腾讯幸运地拉来了 IDG 和李泽楷旗下的盈科数码 220 万美元的投资。

2. 多领域涉足不惧消化不良

220 万美元占了腾讯公司 40%的股份，这在今天看来，风投占了太大的便宜。但马化腾认为，“当时的情况下，最要紧的不是给他们多少股份，关键是公司要能够活下去。现在很多新创公司，很惜售股份。我们当时给风投 40%股份确实多了，加上后来他们手里的可转债，股份已接近 50%了。直到 2001 年，IDG 和电讯盈科退出，南非的传媒大鳄 MIH 以 3 000 多万美元取而代之。”就凭这 220 万美元，马化腾把腾讯从死亡边缘拉了回来，腾讯暂时没有了生死存亡的忧虑。OICQ 注册人数继续疯涨，与之背离的是 OICQ 依然没有找到盈利模式。他们发现，自己曾模仿的 ICQ 也一直没有找到盈利模式。看到搜狐、新浪通过广告盈利，马化腾也决定将 OICQ 的盈利模式从网络广告入手。

2000 年 7 月，腾讯试水网络广告。几个月的时间，腾讯的广告销售很快跃居第三，仅次于新浪和搜狐。但是，相对于每天新增注册用户几十万、一个月就要新加两台服务器的投入而言，广告收入杯水车薪。融资后的几个月，腾讯再次陷入资金危机。

拥有上千万的用户，却无法从中盈利，马化腾开始打起客户的主意。仅仅半年时间，腾讯的现金流就开始正常运转。到 2001 年年底，腾讯实现了 1 022 万元的纯利润。于 2001 年 3 月，将 OICQ 的名字改为 QQ。接着，腾讯学习新浪的短信和铃声、复制网易的交友业务 QQ 男女、模仿盛大开展网络游戏，随即将它们发扬光大，统统放到 QQ 社区上。同时，腾讯又向网络拍卖和在线支付等方面拓展。腾讯希望通过产品的多元化来留住客户。

3. 围绕核心竞争力注重营养搭配

当腾讯为公司的高速发展振臂高呼的时候，马化腾意识到腾讯的管理团队和业务架构已经无法满足现有的发展需求。

2005 年年底，腾讯已经拥有 30 多个业务部门，员工超过 3 000 人。但是，这么大的公司，包括马化腾在内的高管层几乎没有跨国经验的管理者。到 2006 年，腾讯公司架构调整完成，管理制度得到进一步完善。这次大规模的公司架构调整，马化腾毫不避讳地借鉴了华为等企业的经验。同时，腾讯还效仿华为、中兴等企业，建立起新的企业薪酬体制。

经过一系列调整，腾讯完成了从小企业向中型科技企业的跨越。此时，经过长时间的借鉴、加工、再造之后的马化腾，也开始考虑腾讯的核心竞争力。

马化腾不是一个真正的原创者，而是一个“拷贝者”；他不是互联网的第一，但他能在这个互联网领域把“拷贝”做到了第一。除了腾讯，许多中国互联网企业都是靠对美国“硅谷”商业模式和企业制度的“拷贝”，进而获得风险投资，最后成功的。而“拷贝者”们同样明白，单纯的模仿可以生存，却无法发展和壮大。腾讯的成功，同样是由模仿到借鉴、再到创新的一个过程。

4. 马化腾的经营哲学——“三问自己”

马化腾在经营中总是小心翼翼地追问自己三个问题，而这“三问”准确地揭示了马化腾的经营理念。

一问：这个新的领域你是不是擅长？竞争对手多半对商务、利润、资本感兴趣，却不一定把握客户的真正需求；而马化腾凭着对网络市场一种朦胧而又相当有预见性的理解，用近乎偏执的兴趣和近乎狂热的工作热情搭起腾讯的架子，牢固坚持以技术为核心的公司理念，极端专注于技术开发和提升质量，当然能高出对手一筹。

二问：如果你不做，用户会损失什么吗？做软件工程师的经历使马化腾明白，开发软件的意义就在于实用，而不是作者的自娱自乐：“其实我只是个很爱网络生活的人，知道网迷最需要什么，所以为自己和他们开发最有用的东西，如此而已。”

三问：如果做了，在这个新的项目中自己能保持多大的竞争优势？1999 年下半年，腾讯在网络寻呼系统市场上越做越大，淘到大桶“金银”，然而也面临着重大选择：一方面，寻呼行业在走下坡路；另一方面，腾讯的 QQ 用户数达到了 100 万，而且还在迅猛增长。起初，QQ 只是作为公司的一个副产品存在的，马化腾们对 QQ 所蕴含的巨大市场价值并没有足够的认识，而且无论从技术上还是资金上，他对自己究竟能保持多大的竞争优势并没有把握。

（资料来源：黄海燕，2017. 大学生创业教育［M］. 长沙：湖南师范大学出版社.）

思考与训练

1. 请调查一下新创公司能够上市的比例有多少，有多少公司被并购，有多少公司没有坚持到最后而倒闭。

2. 创业企业有哪些主要的筹资渠道？

3. 创业融资的目的与原则有哪些？

第十章　创业风险防范——基业稳健

风险充斥着创业企业的发展之路，任何企业都必须重视风险管控与防范。创业阶段，企业的风险防范更加重要，创业初期企业的抗风险能力较弱，因而必须防患于未然。

案例导入

创业搭档选择的风险

B 创业者在创业前是一家民营企业的人力资源总监，与一些主动创业的人不同的是，他是“被创业”。

他所工作的民营企业是个不小的企业，年销售额近 2 亿元。后来老板撤资不干了，无奈中他就和该公司的公关总监、销售总监联合组成创业团队。可以说，三个人并没有特别的理念，只是在大股东撤资的情况下被迫创业。B 创业者拿出了 300 万元入股。

然而 300 万元资金在不到半年的时间里就用得差不多了，而随后企业每个月都在亏损。三个股东协商后继续按股份比例投资弥补亏损。于是，B 创业者每个月从家里拿钱补亏，大概持续了将近一年。在资金的压力下，B 创业者最终退出创业，重新走向打工的生涯。在退出时，不仅股份没有变现，前后投进的 300 多万元也没有要回来。

B 创业者创业失败的原因在于他们创业的搭档组成不合理。创业搭档的组成一定要有三个核心前提：志同道合、能力互补、行为风格差异。案例中看不出他们是否具备这三个核心条件。

但是从案例的描述中可以看出，他们的创业属于冲动型的，他们是在无奈中进行创业的，没有筹划与规划。三个人组成的创业搭档是原有公司的同事，只是因为觉得放弃原有业务可惜。创业后的治理模式可能与原有公司差不多，而且在新公司里，原有骨干人员太多。从一个销售额 2 亿元的公司到一家刚刚创业的公司，很多人都不适应，包括三位总监级创业者，角色也可能没有完全调整过来。一般来讲，创业公司应该尽可能利用新人，而不是旧人，除非志同道合。

（资料来源：佚名，2011．创业指导：合伙创业前必须要扫清的三大雷区［EB/OL］．http://www.cscyw.com/article/detail/id/579/class/81，节选，有改动．）

第一节　创业风险的内涵与形成[①]

1．创业风险的内涵

风险是指一定环境、一定时间段内，影响决策目标实现的不确定性，或是某种损失发

---

① 蒋心亚，敬丽华，2015．创业实务［M］．北京：北京交通大学出版社．

生的可能性。风险具有以下特征：①风险与不确定性有差异；②风险是客观存在的；③风险是可以预测的。创业风险是指在企业创业过程中存在的风险，是指由于创业环境的不确定性、创业机会与创业企业的复杂性，创业者、创业团队与创业投资者的能力与实力的有限性而导致创业活动偏离预期目标的可能性。

创业风险具有以下特性。

（1）客观性

客观性表现为风险是不以人的意志为转移的、是客观存在的，其不确定性是风险发生的条件；同时，风险的程度和种类也是不确定的。

（2）可预测性

随着科技的进步和人们对风险认识的加深，可以通过定性或定量的方法来预测其发生的概率及可能造成的不利影响，为风险管控提供可靠的依据。

（3）可控制性

可控制性是指可以通过适当的技术来规避风险，或控制风险导致的不利影响程度。同时，基于时间和空间的差异，面临的风险大小也不完全相同。

（4）关联性

关联性是指创业者面临的风险与其创业行为及决策是紧密相连的。同一风险事件对不同的创业者会产生不同的风险，同一创业者由于其决策或采取的策略不同，会面临不同的风险结果。

（5）损益双重性

创业风险意味着可能会出现坏的结果，对于创业收益不是仅有负面影响，创业者如果能正确认识并充分利用风险，则会使创业收益有一定程度的增加。

（6）不确定性

创业过程往往是将某个“奇思妙想”或创新技术变成现实的产品或服务的过程，创业者面临各种各样的不确定因素。

（7）变化性

事物总是处于不断发展变化之中，机会风险也不例外，它将随着风险单位与外界环境一起发展变化，尤其是高新技术的运用，使风险的变化性变得更为突出。

2. 创业风险的形成

创业环境的不确定性，创业机会与创业企业的复杂性，创业者、创业团队与创业投资者的能力与实力的有限性，是创业风险形成的根本来源。研究表明，由于创业的过程往往是将某一构想或技术转化为具体的产品或服务的过程，在这一过程中，存在着几个基本的、相互联系的缺口或不足，创业风险在既定的外部条件下，往往直接来源于这些缺口或不足。

（1）商业伦理缺失

一个成熟的、健康的商业竞争，不是简单地在法律法规的框架下追求利益，它更体现商业伦理规范良性运转。对创业者来讲，要想取得事业成功，体现主流商业价值观，就要塑造好企业家精神和企业追求商业价值的社会责任；否则，就会埋下风险的隐患。

（2）项目选择市场分析不足

项目选择多集中在高科技和智力服务领域，如软件开发、网络服务、零售、连锁加盟等，但有些创业者并不了解市场，只凭自己的兴趣和想象决定创业项目，甚至一时心血来潮就决定干哪一行，缺乏前期的市场调研与论证。仅凭个人兴趣所做的决策分析和短期市场潜力的商业判断，缺乏严谨的市场分析论证，是不可行的，易形成较大的创业风险。

（3）缺乏创业能力

在创业中，存在两种不同类型的人：①技术专家；②管理者（投资者）。这两种类型的人接受不同的教育，对创业有不同的预期、信息来源和表达方式，因而会出现不同的创业风险。同时，有些创业者既不了解创业的相关政策法规，也没有在相关行业企业工作、管理和营销的实践经验，这都会产生一定的创业风险。当创业计划转变为实际操作时，才发现自己根本不具备解决问题的能力，这样的创业无异于纸上谈兵。

（4）融资缺口

资金难筹几乎是每一个创业者都会遇到的难题。创业者可以证明其构想的可行性，但往往没有足够的资金将其实现商品化，从而给创业带来一定的风险。通常，只有极少数基金和风险投资者愿意鼓励创业者跨越这个缺口。

（5）资源整合能力弱

创业者如果没有所需的资源，创业也就无从谈起。在大多数情况下，创业者不可能拥有所需的全部资源，这就形成了资源缺口；同时，创业者掌握的社会资源非常有限，而企业创建、市场开拓、产品推介等都需要调动社会资源，从而需要较强的资源整合能力。如果创业者没有能力弥补相应的资源缺口，创业将举步维艰。

（6）管理不力

一些创业者在理财、营销、沟通、管理等方面的能力不足，缺少必要的经营企业的经验：①创业者利用某一新技术进行创业，他可能是技术方面的专业人才，但却不一定具备专业的管理能力，从而形成管理缺口；②创业者在战略规划上不具备出色的才能，或不擅长管理具体的事务，从而出现管理不力。

第二节　创业风险的分类与识别[①]

创业风险按照产生的内容，可以分为市场风险、资金风险、管理风险、决策风险、技术风险、机会风险、环境风险、人力资源风险、法律风险等；按照风险的性质，分为

① 王本贤，崔成前，2014．创业基础［M］．南京：南京大学出版社．

纯粹风险和投机风险[①]；按照风险产生的环境，分为动态风险和静态风险[②]；按照风险产生的原因，分为主观风险和客观风险[③]；按照风险的影响范围和能否避免，分为系统性风险和非系统性风险[④]；按照创业过程，分为机会的识别与评估风险、准备与撰写创业计划风险、确定并获取创业资源风险和新创企业管理风险。

下面介绍机会风险、决策风险、管理风险、技术风险、生产风险、财务风险、市场风险、资金风险等主要创业风险类型。

1. 机会风险

风险和不确定性是两个不同的概念，但很多人将风险与不确定性等同使用，认为风险就是一种不确定性，风险是损失或收益发生的不确定性。有价值的创业机会也是有风险的，机会风险就是创业机会中所蕴含的风险。在机会风险中，一些是可以预测的，一些是不可预测的，创业者需要结合对机会风险的估计，努力防范和降低风险。机会风险的构成要素包括风险因素[⑤]、风险事件[⑥]和风险损失[⑦]3 个方面，风险因素引起风险事件，风险事件导致风险损失，共同构成了风险存在与否的基本条件。

2. 决策风险

管理者决策水平的高低对创业企业的成败影响巨大，据美国兰德公司统计，世界上破产倒闭的大企业，85%是因企业家决策失误造成的，中国的企业更是如此。例如，企业在不成熟的时机，采取多元化经营决策的企业很多，但因此而获益的企业并不多。从目前来看，涉足多元化经营的多为一些实力强且有核心业务的企业。但多元化经营情况下行业跨度过大，可能风险重重。例如，五粮液投资百亿元进入计算机芯片业，这就意味着其原有的人才资源、渠道资源、管理经验、企业文化等不能共享，一切从零开始。这种不相关的多元化经营遭到了多方质疑，此前其制药、威士忌、塑胶等项目已经屡遭失败。

---

① 纯粹风险是指那些只有损失机会而无获利可能的风险，如由于自然灾害和意外事故所造成的财产损失的不确定性。与纯粹风险相对的是投机风险，当某种既可能产生收益又可能造成损失的事件存在不确定性时就是投机风险，如价格风险等。在这类风险中，收益和损失都可能发生，改变了风险的不确定性的性质。在同一情况下，纯粹风险和投机风险可能同时出现。

② 动态风险是指由社会经济或政治变动所导致的风险，可以是纯粹风险，也可以是投机风险。静态风险是指由自然力的不规则变动、人们的行为所引起的，与社会的经济、政治变动无关的风险，如各种自然灾害是任何社会都不可避免的。需要说明的是，静态风险和动态风险不是相互独立的，大的动态风险可能会增加一些静态风险。

③ 主观风险是指对于给定事件结果有疑虑的人所处的心理状态。本质上是一种心理的不确定性，而这种心理的不确定性源于个人的思维方式与心理状态。客观风险是预期的经验与现实可能之间的差异。客观风险与主观风险的不同之处在于其更精确的可观测性以及由此而来的可衡量性。

④ 系统性风险主要是创业环境中的风险，如市场风险等，一般不能消除，也称为不可避免风险。对于系统风险一般采取相关措施加以规避。非系统性风险是指创业者自身的风险，如技术风险等，一般可以采取相关措施加以消除和防范，也称为可避免风险。

⑤ 风险因素是指能够引起或增加风险事件的发生机会或影响损失严重程度的因素，是风险事件发生的潜在条件，一般又称为风险条件。风险损失是指非故意的、非预期的、非计划的利益减少，这种减少可以用货币来衡量。

⑥ 风险事件是风险因素综合作用的结果，是产生风险损失的原因，也是风险损失产生的媒介物。

⑦ 风险损失是指非故意的、非预期的、非计划的利益减少，这种减少可以用货币来衡量。

对于创业者而言，环境风险[①]是创业决策的重要影响因素之一。例如，国家和地方政府所采取的政策影响创业企业的决策效果。创业者在创业过程中应该积极关注和预测国家的政策走向，并应及时适应政策变化。

3. 管理风险

管理风险是指创业过程中由于管理不善而导致创业失败所带来的风险。管理风险主要体现在经营决策、战略规划、营销组合、组织制度、创业者综合素质，以及生产运作、内部沟通、激励等方面。

（1）管理风险的识别

管理风险的识别主要从以下两个方面来进行。

1）创业者的综合素质和经验。创业者的综合素质和经验可以从创业者的技术能力、管理能力、经验、企业家精神、创业者的身心素质等方面来考察。

2）管理机制的成熟度。新创企业在管理制度方面往往不够成熟，应通过调查产业内相似企业的管理制度，将本企业与之对比，从而识别出自己企业的哪些管理制度还不够完善。

（2）管理风险的防范

建立科学的决策和监督机制是新创企业防范管理风险的前提，而这些又离不开合理的产权制度与健全的内部治理结构。因此，为防范管理风险，新创企业必须按照现代企业制度的要求，建立真正完善的法人治理结构。对新创企业的中高层管理人员必须坚持德才兼备的用人标准，要具有强烈的创新精神与创业意识，具有敏锐的机会意识和高超的决策水平，并善于发现机会、把握机会和利用机会；借鉴国家创业企业的成功经验，组建技术专家、管理专家、财务专家、营销专家的有机组合，形成团队的整体优势，从而为创业企业奠定坚实的组织基础。同时，要有良好的商业伦理，如有的创业企业为了追求利润，不顾后果，铤而走险，出售假冒伪劣产品导致企业陷入严重困境，因而要引以为戒。

4. 技术风险

技术风险是指由于技术方面的因素及其变化的不确定性而导致创业失败的可能性。其主要表现在技术成功的不确定性、技术寿命的不确定性、技术前景的不确定性和技术效果的不确定性几个方面。

（1）技术风险的识别

技术风险可以从以下 4 个方面进行识别。

1）技术成熟度。新颖、独创、先进的技术可以为新创企业带来独特的优势，技术成熟度的判断标准一般根据国内外同类技术达到的水平参数指标来确定。

2）技术适用性。技术适用性描述了技术适用的范围，推广和实施的难易程度。技术的适用性与市场的大小有密切关系，一项技术所面对的市场越大，则这项技术的适用性就越

① 环境风险是指由于外部环境的变化给企业带来的风险。其主要表现为经济环境风险、政治法律风险、社会文化环境风险、自然环境风险和人口环境风险。

强；反之，则越弱。

3）技术配套性。在新创企业成立初期，必须确认与该技术配套的工程技术和产品生产技术是否已经完善、是否达到标准。

4）技术生命周期。高技术产品往往生命周期较短，不但自身更新速度快，而且还有被其他类似技术替代的可能。如果不能有效地提高技术的更新速度、维持更新成本或防止技术老化，并在技术生命周期内迅速实现产业化，收回初始投资并取得利润，新创企业就将蒙受损失。

（2）技术风险的防范

技术风险的防范根据技术合作等方式，可以从以下几个方面来把握。

1）采用多元化技术开发战略。一次技术研发的失败可以用另一次技术研发的成功来弥补，新创企业总体技术风险可以分散到各个具体的技术创新项目上，对于单独的一项技术风险，其风险就大大降低了。

2）组建战略联盟。新创企业可以联合其他企业共同参与技术创新的活动，在利益共享的前提下实现资源的优势互补和风险共担，以达到防范技术风险的目的。

3）转移技术风险。新创企业可以利用风险投资等方法，使技术风险由投资者、投资机构及企业共同承担，从而实现部分技术风险的转移。

4）采用有效的激励机制。新创企业对技术创新人员采取有效的激励机制，可以防范由于技术人员因素而给新创企业带来的技术风险。

创业者在选择投资项目时，当一项投资花费巨大，可能需要较长时间才能收回成本并获得赢利时，投资者就要考虑它的现在和将来，以及可能给企业带来哪些风险，若达不到创业前所预期的效果，就可能会造成大的损失甚至令创业夭折。例如，20 世纪 70 年代，杜邦公司曾对一种称为 Corfam 的皮革替代品进行产品开发并上市销售。预测和试穿的成功，让杜邦公司决策层非常乐观，他们希望 Corfam 不仅能一帆风顺上市，而且能像公司曾经发明的尼龙一样，成为世界性的畅销商品，引发鞋面用料的革命，再现杜邦公司的辉煌。然而最终结果却大大出乎人们的意料，Corfam 的产品开发亏损了近 1 亿美元，成为杜邦公司历史上重大的技术风险失败。

5. 生产风险

生产风险是指新创企业在发展过程中，由于生产环节的有关因素及其变化的不确定性而导致创业失败或利润受损的可能性。

（1）生产风险的识别

对于新创企业来说，生产人员的配备、生产要素的供给、各类资源的配置等生产方面的要素需要根据企业的具体情况摸索，存在着较大的风险。生产风险的识别应从生产技术人员构成、生产设备与工艺水平、生产资源的配置状况、原材料供应状况 4 个方面加以识别。

（2）生产风险的防范

为了避免研发技术被替代技术所替代或超越、现有生产设备与工艺无法达到产品市场化的要求等情况，新创企业在技术研发时就应考察：①替代技术状况，评估技术本身的替代性；②综合考虑现有设备与工艺水平，以及自我研发相关设备与工艺的能力；③综合考虑原材料及能源供应，公司的地址要接近原材料产地及能源供应地等。

6. 财务风险

财务风险是指因资金不能适时供应而给企业带来的风险。在新创企业中，有80%的企业生命周期不超过3年，其主要原因之一就是财务风险的影响。

（1）财务风险的识别

财务风险的识别主要从资产负债表状况和企业收益状况两个方面来进行。

1）资产负债表状况。从资产负债表状况分析，主要分为3种类型：①流动资产的购置大部分由流动负债筹集，固定资产由长期自由资金和大部分长期负债筹集，自有资本全部用来筹措固定资产，这是正常的资本结构，财务风险较小；②资产负债表中累计结余是红字，表明有一部分自有资本被亏损侵蚀，说明出现财务危机；③亏损侵蚀了全部自有资本，还占据了一部分负债，这种情况属于高度风险，企业必须采取强制措施来缓解这种状况。

2）企业收益状况。从企业收益状况分析，可分为3个层次：①经营收入扣除经营成本、经营费用后的经营收益；②在第一层次上扣除财务费用后，为经常收益；③在经常收益基础上与营业收支净额的合计，为期间收益。对这3个层次的收益进行分析，可以分成以下3种情况：①如果经营收益为盈利而经常收益为亏损，说明新创企业的资本结构不合理，举债规模大，存在一定的风险。②如果经营收益、经常收益均为盈利，而期间收益为亏损，这种情况如果严重可能会引发财务危机，必须要加强监控。③如果从经营收益开始就已经亏损，说明企业财务危机已经显现；反之，如果3个层次收益均为盈利，则是正常经营状况，财务风险不存在或很小。

（2）财务风险的防范

财务风险的防范要加强财务会计制度的建设，新创企业要按照科学规范、职责分明、监督制约、财务核对、安全谨慎和经济有序的原则建立严密的财务会计制度。

7. 市场风险

市场风险是指在创业的市场实现环节，由于市场的不确定性而导致创业失败的可能性。其主要表现为：市场需求量的不确定性、市场接受时间的不确定性、市场竞争能力的不确定性、竞争战略的不确定性、盈利或亏损的不确定性。

一个全新的产品，要打开市场需要一定的过程和时间，若创业企业缺乏雄厚的财力投入到营销广告中，则产品被市场接受的过程就会更长，因而不可避免地会出现产品销售不畅，前期投入难以收回，从而给创业企业资金周转带来极大困难。例如，世界著名的贝尔实验室在20世纪50年代就推出了图像电话，但直到20年后才开始了商业应用。

8. 资金风险

资金风险是指因资金不能适时供应而导致创业失败的可能性。对于新创企业，资金缺乏是最为普遍的问题，如果创业者不能及时解决，非常容易造成创业夭折。企业在加速扩张时，可能因为遭遇资金瓶颈而影响整个企业的运作。例如，2001 年号称中国第一家专业连锁店的温州百信鞋业，辉煌一时，五年间在未得到银行支持的情况下，曾在全国发展了 100 多家连锁鞋城，号称拥有 30 多亿元资产。当资金被连锁店消耗殆尽，资金链断裂，创始人拖欠货款，百信鞋业随之倒闭。又如，辉煌一时的德隆集团，短短几年进入了十几个行业，总负债高达 570 亿元，酝酿了巨大的资金风险。2004 年年初，德隆集团由于资金链开始断裂，最终导致失败。百信鞋业、德隆等企业的失败均归于资金风险。

另外，新创企业也可能会受到资本市场风险的威胁。资本市场[①]可能给新创企业带来的风险主要有：利率风险[②]、购买力风险[③]、流动性风险[④]等。当这类风险将要出现时，创业者应该快速作出响应并采取措施，使新创企业适应这一变化。

案例启发 10-1

网上创业的机会与风险

随着互联网的高速发展，很多 80 后、90 后渴望并试图通过网络营销，用电子商务缔造自己创业的“梦工厂”，但是互联网创业，风险与机遇并存，一定要谨慎。

1. 网上创业机会分析

1）市场巨大。首先，网络市场是一个全球性的大市场。在这个市场内，不需要任何中介就能将产品和服务信息传送给全球任何一个角落的顾客。其次，这个规模巨大的市场，还在快速增长着。最后，网络营销和电子商务具有方便性、交互性、高效性、经济性，在满足消费者个性化需求方面具有传统经营方式不可比拟的优越性。

2）成本低廉。首先，网上创业开办费用低。相对于实体店的租金费用来说，网络空间的租金可以忽略不计。其次，采购成本低廉。通过阿里巴巴等 B2B 平台，小批量进货或者代发，可降低库存积压与资金占用成本。最后，营销成本低廉。通过网络收集市场信息、发布企业信息、开展售后服务活动、发布广告，其营销成本比传统营销方式要低得多。

3）营销便捷。互联网的各种功能都能作为营销工具，如网站、搜索引擎、电子邮件、即时通信工具、网络广告等。

2. 网上创业风险分析

1）竞争激烈。由于网上创业资金门槛低且进入容易，大量的创业者已经进入这个领域，一些传统企业也纷纷将市场扩展到网络，这使新进入者面临着巨大的竞争压力。

2）法律与信用环境有待提高。现阶段，我国网上经营的法律制度还不健全。电子合同、在线支付、产品交付等问题虽然有了初步的法律规范，但还没有做到全面的法律保护。个人隐私权保护、欺诈等问题困扰着消费者，使其不敢大胆地在网上购物。

---

① 资本市场是长期资金市场，是指证券融资和经营 1 年以上的资金借贷和证券交易的场所，也称为中长期资金市场。

② 利率风险，又称为货币风险或信用风险，是指银行利率变动而影响企业融资成本增加的可能性。

③ 购买力风险，又称为通货膨胀风险，是指由于通货膨胀造成货币贬值，货币购买力下降，从而使消费者购买力不足的可能性。

④ 流动性风险，又称为变现能力风险，是指投资者将手中持有的证券、存货等迅速变为现金而发生损失的可能性。

3）物流成本过高。相比实体运营，网店经常需要支付额外的快递费等物流费用，而且目前已有的物流配送公司经常存在物流配送效率低且不规范的问题。

4）电子商务系统安全风险。黑客攻击、计算机病毒等会造成支付信息、订货信息、销售信息、谈判信息、机密的商务往来文件等商务信息被窃、篡改和破坏。机器失效、程序错误、错误操作、错误传输等都会造成信息失误或失效，给创业者带来不可挽回的损失。

（资料来源：佚名，2011．网上创业机会风险分析［EB/OL］. http://www.sunbus.cn/static/a211482d556f.html，略有改动.）

第三节　创业风险识别流程与管控[①]

创业风险识别是指企业依据创业活动的迹象，在各类风险事件发生前运用各种方法对风险进行的辨认和鉴别，是系统地、连续地发现风险和不确定性的过程。

1. 创业风险识别流程

识别创业风险是一项复杂而细致的工作，要按特定的程序和流程，采取适当的方法逐层地分析各种现象，并客观地作出评估。

（1）确定创业目标的不确定性

要发现或推测所有要素是否存在不确定性，如果所有要素是确定的，不能称为风险。在此基础上，要确定要素的不确定性必须是客观存在的，不以人的意志为转移，不是凭空想象和捏造的。

（2）建立创业风险因素清单

建立创业风险因素清单是识别创业风险的基础工作和前提条件。创业风险因素清单可以在创业风险机理研究的基础上构建起来。风险因素清单中应明确列出客观存在和潜在的各种风险，包括各种影响创业研究、制定、实施、控制及影响企业的生产、经营和经济效益的各种因素，可以通过理论研究成果和实际经验进行判断。建立风险因素清单可以通过商业清单或一系列的调查表进行深入研究、分析制定。

（3）确定重要风险事件并测算结果

根据清单中的各种重要风险来源，分析和推测各种可能性，结合创业管理的方法和手段对创业的影响程度、创业成本耗费和各种绩效指标的变化进行测算。

（4）进行创业风险因素分类

对创业风险因素进行分类的目的是更加深入地理解创业风险的性质、特征和构成，并在此基础上制定更好的管理对策。对创业风险因素进行分类必须结合创业风险因素的性质和可能性结果及彼此之间的关联程度，这样有利于更加确切地理解风险预测结果。

（5）进行风险排序

风险识别的结论是对其进行归类，即根据风险因素分类和各种可能的影响结果按照一

① 姚圆鑫，王佳，2016．大学生创新创业教育［M］. 北京：国家行政学院出版社.

定的方法进行排序，分别列入不同的风险级别。每个风险级别都有自己的风险特征，包括不同的发生频率和严重性。

2. 创业风险承担评估

创业者风险承担能力是指创业者所能承受的最大风险。创业者在进行风险识别的过程中，不但要确定其决定接受的风险程度，还要对其实际能承受风险的程度进行评估，以采取合理的风险管控方法，减少创业过程中的不确定性。影响创业者风险承担能力的因素主要有以下4个方面。

（1）特定阶段承担的风险

从创意/创新到商业构想，再到创业企业的建立，不同阶段的创业风险大小会有所不同。一般来说，随着时间的推移和创业活动的深入，创业者面临的风险会逐渐增大。创业者首先要能够根据风险的来源及其对创业活动的影响程度，预测出在不同时间段可能要承受的总风险。

（2）可用于承担风险的资金

一般来说，创业者的年龄和家庭状况会对创业者用于承担风险的资金有所影响。刚毕业的大学生因为很少有创业资金的积累，其用于承担风险的资金较少。通常情况下，用于承担风险的资金数量和创业者的风险承担能力呈正相关关系。

（3）从其他渠道取得收入的能力

从其他渠道取得收入的能力越强，创业失败对创业者的情绪和生活水平的影响就越小，创业者能够用来偿还创业失败所引致的债务能力就越强，其风险承担能力也就越强。从其他渠道取得收入的能力和创业者的风险承担能力也呈正相关关系。

（4）危机管理能力

创业者的危机管理能力会影响创业风险发生时采取的风险抑制措施的效果，从而影响损失的大小。危机管理能力越强，风险因素导致风险事件发生并进而可能形成风险损失时，创业者就越能及时采取有效的风险防范措施对损失状况进行抑制，避免损失的进一步扩大，减少损失所产生的危害。所以，创业者的危机管理能力越强，其风险承担能力就越强，二者也呈正相关关系。

3. 创业风险管控

创业风险管控主要有4种方法：减少可避免的风险、实行损失管理计划、分散风险、非保险方式的转移风险。

（1）减少可避免的风险

当创办企业发现从事某一项活动会涉及过高的风险时，可决定减少或放弃这项活动，以便减少甚至完全避免风险。避免风险有两种方式：①完全拒绝承担风险；②放弃原先承担的风险，但是这种方法的适用性很有限。

（2）实行损失管理计划

损失管理计划分为防损计划和减损计划。防损计划旨在减少损失的发生频率或消除损失发生的可能性。建造防火建筑物、质量管理、驾驶技术考核、颁布安全条例、提供劳动保护用品、检查通风设备及产品改进等均是减少损失频率的措施。同时，加强事前、事中、事后风险管理，健全风险多维管控制度和风险预警体系，可以化解企业风险。

（3）分散风险

分散风险是指通过增加风险单位的个数来减少风险损失的波动。企业一方面可以比较准确地预测风险损失，另一方面可以减少预防风险所需预备的资金。

（4）非保险方式的转移风险

在风险管控中，较为普遍使用的非保险转移风险的方式是合同、租赁和转移责任条款。例如，一家公司在与某建筑承包商签订新建厂房的合同中规定“建筑承包商对完工前厂房的任何损失负赔偿责任”；计算机租赁合同中规定“租赁公司对计算机的维修、保养及损坏负责任”。

延伸阅读

潘石屹在创业机会和风险中寻求平衡

1979年，潘石屹考入兰州培黎学校（中专）。1981年，被中国石油管道学院（大专）录取，三年后分配到河北廊坊石油部管道局经济改革研究室工作。

1. 六个失意人聚会海南

1987年，潘石屹递交“停薪留职申请书”，结果被除名，再也没有退路，随即他变卖所有家当远赴深圳。他在牟其中的公司一路做到常务副总，然而1989年公司倒闭了，他只好到新建的海南经济特区寻找机会。当时海口秀英区有很多砖厂，潘石屹进了一家打工。20多天后，他说服老板让他来改变砖厂管理落后、效率低下的现状，并当上了厂长。1991年8月，潘石屹结识了冯仑。同样出身于体制内，同样曾效力牟其中，同样失意海南，他们加上王功权、张民耕等人成立了万通公司。冯仑从北京一家信托公司以高息借到500万元，又以此为抵押贷了1 300万元。以3 000元/m^{2}买进8栋海边别墅开始，潘石屹负责销售，从而赚了第一桶金300万元。

2.“土鳖海龟”组合

万通众人派潘石屹北上探路，为万通转战北京奠定了基础。到北京两年后，潘石屹遇到张欣，开始了他的第二次起飞。张欣童年移居香港，毕业于剑桥大学，曾在华尔街的高盛任职，能讲一口流利的英语。张欣回国后，在同学张维迎的介绍下，认识了潘石屹。“土鳖”潘石屹对“海龟”张欣一见钟情，结为夫妻。当时，潘石屹与其他五人就万通发展方向产生了分歧。深受西方价值观影响的张欣认为，不行就分。于是，潘石屹离开万通，1995年与张欣创立北京红石（SOHO中国前身）。

第一个项目叫SOHO现代城，引入了日本“SOHO”（居家工作）的理念。SOHO现代城后来创下了40亿元销售业绩的神话。他们夫妻创业18年来，张欣负责建筑设计、资本运作，潘石屹负责销售和政府关系。同时，潘石屹善于营销，被称为“营销大师”。

3. 被聚焦的“负面”

潘石屹似乎总能将自己变成“最佳男主角”，将公司的负面新闻转化为事件营销，屡创销售奇迹。对刚起步的小公司来说，这无可厚非，但对大公司而言，高曝光率往往意味着风险。

潘石屹不是最有钱的，他的公司也不是规模最大的，但他的SOHO中国绝对是最吸引眼球的。出生在甘肃小山村的潘石屹，后来出书、拍电影、写博客、发微博，用高调的言论与宣传，将自己塑造成“最有娱乐精神的地产商”，时时身处聚光灯下。有时，这种聚焦成为他营销的推动力；有时，这种聚焦却给他带来麻烦。潘石屹的聪明与麻烦，成为中国地产界独一无二的标记。

（资料来源：姚圆鑫，王佳，2016．大学生创新创业教育［M］．北京：国家行政学院出版社．）

思考与训练

1. 请分析创业过程中可能出现风险的环节。
2. 规避风险的方式有哪些？如何运用？
3. 试列举创业项目，并分析其可能存在的风险。

参 考 文 献

埃里克·莱斯，2012．精益创业：新创企业的成长思维［M］．吴彤，译．北京：中信出版社．

奥利弗·加斯曼，卡洛琳·弗兰肯伯格，米凯拉·奇克，2017．商业模式创新设计大全［M］．聂茸，贾红霞，译．北京：中国人民大学出版社．

鲍杰军，程国平，2018．全价值经营：如何为消费过程创造价值［M］．杭州：浙江大学出版社．

比尔·奥莱特，2017．有序创业 24 步法：创新型创业成功的方法论［M］．徐中，译．北京：机械工业出版社．

彼得·德鲁克，2009．创新与企业家精神［M］．蔡文燕，译．北京：机械工业出版社．

彼得·斯旺，2013．创新经济学［M］．韦倩，译．上海：格致出版社，上海人民出版社．

毕传福，2015．赢在商业模式：移动互联网时代创新与创业机遇［M］．北京：人民邮电出版社．

布鲁斯·R．巴林格，等，2010．创业管理：成功创建新企业［M］．杨俊，薛红志，等译．北京：机械工业出版社．

布鲁斯·R．巴林杰，R．杜安·爱尔兰，2017．创业管理：成功创建新企业［M］．薛红志，张帆，等译．5 版．北京：机械工业出版社．

曹献飞，2017．中国企业创新资助绩效评价研究［M］．北京：经济管理出版社．

查尔斯·汉普登，2017．创新与创业教育：基于新加坡教育实验的分析［M］．武晓哲，吴瑕，译．北京：商务印书馆．

陈颉，2013．高科技产业衍生创业行为研究［M］．北京：经济管理出版社．

陈夙，项丽瑶，俞荣建，2015．众创空间创业生态系统：特征、结构、机制与策略［J］．商业经济与管理（11)：35-34．

陈燕，2012．高校创业教育的再思考［J］．江苏高教（6)：107-109．

陈永奎，2015．大学生创新创业基础教程［M］．北京：经济管理出版社．

陈中正，2016．创客：商业革命中的创业与创新［M］．北京：电子工业出版社．

程然，2017．聚变式创新：打造爆款的产品创新策略［M］．北京：机械工业出版社．

迟福林，2018．动力变革［M］．北京：中国工人出版社．

大卫·S．基德，2018．创业脚本：41 位超级创始人的独家创业笔记［M］．康洁，等译．北京：新世界出版社．

丁忠明，焦晓波，郝喜玲，2018．大学生创业启程［M］．北京：机械工业出版社．

董碧娟，2015-02-07（3)．“众创空间”为发展注入新动力［N］．经济日报．

高万里，柏文静，2016．创业基础［M］．北京：中国人民大学出版社．

高文兵，2016．众创背景下的中国高校创新创业教育［J］．中国高教研究（1)：49-50．

郭超，沃尔夫冈·比勒菲尔德，2017．公益创业［M］．徐家良，等译．上海：上海财经大学出版社．

海迪·M．内克，帕特里夏·G．格林，坎迪达·G．布拉什，2017．如何教创业：基于实践的百森教育法［M］．薛红志，李华晶，张慧玉，等译．北京：机械工业出版社．

贺尊，2016．创业学概论［M］．2 版．北京：中国人民大学出版社．

洪银兴，安同良，孙宁华，2017．创新经济学［M］．南京：江苏人民出版社．

黄海荣，2016．大学生创新创业教育指导［M］．上海：上海交通大学出版社．

黄海燕，刘玉，2016．大学生创新创业基础［M］．沈阳：东北大学出版社．

黄俊，冯诗淇，2015．创业理论与实务：倾向、技能、要素与流程［M］．北京：清华大学出版社．

黄亚生，王丹，张世伟，2016．创新的创新：社会创新模式如何引领众创时代［M］．杭州：浙江人民出版社．

吉姆·德瓦尔德，2018．企业长寿的秘诀［M］．郑罗颖，译．杭州：浙江大学出版社．

蒋键，2016．创业管理与实务［M］．上海：上海交通大学出版社．

卡米尔·S．加布里埃尔，2018．创新的解剖［M］．程翔，徐伟，译．南京：江苏人民出版社．

克里斯汀娜·埃尔基莱，2017．创业教育：美国、英国和芬兰的论争［M］．汪溢，常飒飒，译．北京：商务印书馆．

劳拉·P．哈特曼，约瑟夫·德斯贾丁斯，克里斯·麦克唐纳德，2017．企业伦理学［M］．苏勇，郑琴琴，顾倩妮，译．北京：机械工业出版社．

李家华，2013．创业基础［M］．北京：北京师范大学出版社．

李家华，卢旭东，2010．把创新创业教育融入高校人才培养体系［J］．中国高等教育（12)：9-11．

李鹏祥，2011．大学生自主创业指导［M］．北京：北京大学出版社．

李庆奇，李智锋，2017．大学生职业生涯规划与就业指导［M］．北京：科学出版社．

李向辉，李艳茹，2014．美国硅谷科技创业经验研究［J］．江苏科技信息（2)：11-13．

李宇，苗莉，2018．创新管理：获得竞争优势的三维空间［M］．北京：机械工业出版社．
李志刚，2007．裂变型创业［M］．北京：经济管理出版社．
理查德·韦伯，2017．创业教育评价［M］．常飒飒，武晓哲，译．北京：商务印书馆．
梁云志，2010．孵化器商业模式研究：理论框架与实证分析［J］．研究与发展管理，22（1）：43-51，67．
林嵩，2011．创业生态系统概念发展与运行机制［J］．中央财经大学学报（4）：58-62．
刘春晓，2015．创新 2.0 时代：众创空间的现状、类型和模式［J］．互联网经济（8）：38-43．
刘丹，2016．“互联网＋”创业基础［M］．北京：高等教育出版社．
刘沁玲，陈文华，2012．创业学［M］．北京：北京大学出版社．
刘万利，2012．创业者创业机会识别与创业意愿关系研究［D］．成都：西南交通大学．
刘志彪，陈柳，2006．论创业型雇员的进入行为与竞争政策［J］．经济研究（1）：57-65，77．
刘志阳，2012．创业管理［M］．上海：格致出版社．
刘志阳，2018．创业画布：创业者需要跨越的 12 个陷阱［M］．北京：机械工业出版社．
刘志阳，2018．众创空间：创业型社会新群落［M］．北京：社会科学文献出版社．
刘志迎，徐毅，洪进，2016．众创空间：从“奇思妙想”到“极致产品”［M］．北京：机械工业出版社．
路江涌，2018．共演战略：重新定义企业生命周期［M］．北京：机械工业出版社．
罗伯特·D．赫里斯，迈克尔·P．彼得斯，迪安·A．谢泼德，2017．创业学［M］．蔡莉，葛宝山，等译．9 版．北京：机械工业出版社．
罗志敏，夏人青，2011．高校创业教育的本质与逻辑［J］．教书育人（高教论坛）（5）：7-9．
马化腾，张孝荣，孙怡，等，2016．分享经济：供给侧改革的新经济方案［M］．北京：中信出版社．
毛正行，2016．创新之路：提升商业价值的八大创新法则［M］．侯伟鹏，译．北京：中信出版社．
梅强，2011．创业管理［M］．北京：清华大学出版社．
梅伟惠，2015．论创业体验学习及其应用［J］．教育研究（2）：117-122．
聂元昆，王建中，2011．创业管理：新创企业管理理论与实务［M］．北京：高等教育出版社．
牛长松，2007．英国大学生创业教育政策探析［J］．比较教育研究，28（4）：79-83．
帕姆·亨德森，2018．创新者的机会思维［M］．袁伟，译．北京：中国人民大学出版社．
潘卡基·马斯卡拉，2018．为创业而生：创业者的创业书［M］．陈耿宣，译．北京：中国人民大学出版社．
芮明杰，等，2017．中国新型产业体系构建与发展研究［M］．上海：上海财经大学出版社．
单标安，2017．创业网络与创业学习过程：基于中国情境的研究［M］．北京：清华大学出版社．
沈超红，杨璐，2012．创业教育的评价指标研究［J］．创新与创业教育（5）：3-7．
宋之帅，徐美波，乔宁，2012．高校创业教育质量评价体系及实证研究［J］．合肥工业大学学报（社会科学版）（5）：122-127．
孙忠娟，2017．中国企业的创新路径［M］．北京：经济管理出版社．
汤海孺，2015．创新生态系统与创新空间研究：以杭州为例［J］．城市规划，39（21）：19-24，63．
唐德淼，2015．新工业革命与互联网融合的产业变革［J］．财经问题研究（8）：24-29．
唐德淼，2016．产业融合发展研究：工业 4.0 逻辑［J］．南方论刊（9）：4-6，17．
唐德淼，2017．“众创空间”的内涵、功能与作用研究［J］．合作经济与科技（8）：144-147．
唐德淼，2017．“众创空间”发展现状、演进与趋势研究：以江苏发展为例［J］．产业与科技论坛，16（24）：12-14．
唐德淼，2017．“众创空间”生态成长机制与路径研究：以江苏发展为例［J］．科技经济市场（8）：194-196．
唐德淼，2017．“众创空间”演进、机制与发展对策研究［J］．中国商论（25）：185-187．
唐德淼，2017．“众创空间”中外发展模式比较研究［J］．合作经济与科技（19）：85-88．
唐德淼，2017．高校创新创业教育课程体系构建与评价［J］．当代教育实践与教学研究（3）：422-424．
唐德淼，2017．高校创新创业教育现状与“双创”人才培养模式创新［J］．当代教育实践与教学研究（5）：115-116，114．
唐德淼，芮明杰，2016．互联网＋PPP 模式创新与 VFM 适度评估［J］．科研管理（S1）：205-209．
托马斯·H．拜尔斯，理查德·C．多尔夫，安德鲁·J．尼尔森，2018．技术创业：从创意到企业［M］．陈劲，等译．北京：北京大学出版社．
王本贤，崔成前，2016．创业基础［M］．南京：南京大学出版社．
王炳成，2016．商业模式创新理论与实证［M］．北京：经济科学出版社．
王晶晶，姚飞，周鑫，等，2011．全球著名商学院创业教育比较及其启示［J］．高等教育研究（7）：80-86．
王杉，2017．12 堂关键创业课［M］．北京：民主与建设出版社．

王永友，2003．创业学概论［M］．哈尔滨：哈尔滨工程大学出版社．
王占仁，2016．中国创新创业教育史［M］．北京：社会科学文献出版社．
吴晓义，2014．创业基础：理论、案例与实训［M］．北京：中国人民大学出版社．
伍祥伦，何东，杨德龙，2017．大学生就业指导与创新创业教育［M］．北京：科学出版社．
夏昌祥，2008．实用创新思维［M］．北京：高等教育出版社．
肖恩·怀斯，布拉德·菲尔德，2018．创业机会：创业成败的核心要素［M］．凌鸿程，等译．2 版．北京：机械工业出版社．
谢志刚，2015．“共享经济”的知识经济学分析：基于哈耶克知识与秩序理论的一个创新合作框架［J］．经济学动态（12）：78-87．
徐刚，2014．创业学［M］．重庆：重庆大学出版社．
徐重远，2016．众创空间［M］．上海：文汇出版社．
杨雪梅，王文亮，2017．创新创业教育论［M］．北京：清华大学出版社．
姚圆鑫，王佳，2016．大学生创新创业教育［M］．北京：国家行政学院出版社．
伊查克·爱迪思，2017．企业生命周期［M］．王玥，译．北京：中国人民大学出版社．
伊查克·福斯特，2017．创新：进攻者的优势［M］．孙玉杰，等译．北京：北京联合出版公司．
尤建新，邵鲁宁，薛奕曦，等，2017．产业创新生态系统：理论与案例［M］．北京：清华大学出版社．
约翰·马林斯，2017．如何测试商业模式：创业者与管理者在启动精益创业前应该做什么［M］．郭武文，叶颖，译．北京：机械工业出版社．
约瑟夫·熊彼特，2017．经济发展理论［M］．王永胜，译．上海：立信会计出版社．
臧玲玲，2016．国际视野下的高校创业教育课程研究［M］．北京：社会科学出版社．
张根明，易睿，2013．企业家商业模式创新行为分析［J］．财经理论与实践，34（1）：117-120．
张玲斌，董正英，2014．创业生态系统内的种间协同效应研究［J］．生态经济，30（5）：103-105．
张汝山，2018．创新与创业概论［M］．北京：国家行政学院出版社．
张帏，高建，2006．斯坦福大学创业教育体系和特点的研究［J］．科学学与科学技术管理，27（9）：143-147．
张孝荣，孙怡，陈晔，2017．探寻独角兽：解读分享经济创新创业密码［M］．北京：清华大学出版社．
张应辉，2017．大学生创业教育导论［M］．北京：清华大学出版社．
张玉利，李政，2006．创新时代的创业教育研究与实践［C］．北京：现代教育出版社．
张玉利，杨俊，2017．创业管理（行动版）［M］．北京：机械工业出版社．
张志，乔辉，2016．创新创业入门教程［M］．北京：人民邮电出版社．
张志强，2017．创新创业看我行：案例与应用［M］．北京：国家行政学院出版社．
张志强，2017．创新创业怎么做：思维与方法［M］．北京：国家行政学院出版社．
赵立祥，2011．创新型创业管理［M］．北京：科学出版社．
赵炎，2012．创新管理［M］．北京：北京大学出版社．
中国国际经济交流中心课题组，2016．互联网革命与中国业态变革［M］．北京：中国经济出版社．
钟晓红，2014．大学生创业教育训练教程［M］．长沙：中南大学出版社．
周昌芹，李建清，林琢人，2016．创新与创业指导教程［M］．南京：河海大学出版社．
周宏桥，2017．半面创新［M］．北京：机械工业出版社．
周磊，2017．失败课：1000 个初创项目换来的 6 步思维［M］．长沙：湖南文艺出版社．
周秀芳，林秀芬，2017．大学生职业规划与创业教程［M］．北京：中央广播电视大学出版社．
朱恒源，余佳，2016．创业八讲［M］．北京：机械工业出版社．
朱沛，2005．创业战略管理［M］．厦门：厦门大学出版社．
庄文韬，2016．创新创业实用教程［M］．厦门：厦门大学出版社．
左军，2017．“互联网＋”与大学生创新创业［M］．北京：科学出版社．
CAPDEVILA I, 2014. Coworkers, makers,and fabbers-global local and internal dynamics of innovation in localized communities in Barcelona [D]. Montreal: University of Montreal.